上海体育大学人才引进科研项目
上海市哲学社会科学规划课题（2021XSL032）
上海体育大学马克思主义理论研究专项出版资助计划

强化全社会广泛参与城市软实力建设的思想基础研究

王资博 ／ 著

吉林大学出版社
·长春·

图书在版编目（CIP）数据

强化全社会广泛参与城市软实力建设的思想基础研究/
王资博著. -- 长春：吉林大学出版社，2024.3
ISBN 978-7-5768-1576-4

Ⅰ.①强… Ⅱ.①王… Ⅲ.①城市文化 – 文化事业 –
研究 – 上海 Ⅳ.①G127.51

中国国家版本馆CIP数据核字(2023)第053594号

书　　名：强化全社会广泛参与城市软实力建设的思想基础研究
QIANGHUA QUANSHEHUI GUANGFAN CANYU CHENGSHI RUANSHILI JIANSHE
DE SIXIANG JICHU YANJIU

作　　者：王资博
策划编辑：张宏亮
责任编辑：孙宇辛
责任校对：张文涛
装帧设计：雅硕图文
出版发行：吉林大学出版社
社　　址：长春市人民大街4059号
邮政编码：130021
发行电话：0431–89580028/29/21
网　　址：http://www.jlup.com.cn
电子邮箱：jldxcbs@sina.com
印　　刷：长春市中海彩印厂
开　　本：787mm × 1092mm　　1/16
印　　张：13.25
字　　数：220千字
版　　次：2024 年 3 月　第1版
印　　次：2024 年 3 月　第1次
书　　号：ISBN 978-7-5768-1576-4
定　　价：70.00元

前　言

人类文明新形态是"五位一体""五个文明"的协调统一。马克思、恩格斯指出："为了实现思想，就要有使用实践力量的人。"据此，本课题的出发点是全面提升"五个文明"领域的软实力，关键点是全社会广泛参与，落脚点是人民城市，贯穿其中的是以人民为中心的城市软实力建设思想。在现实生活中，中国共产党领导广大人民群众建设人民城市、全面提升城市软实力，这既体现了党的主张，又体现了广大人民群众的愿望。这并非抽象的、看不见摸不着的事情，而是具体的、科学系统的实践，其以人民城市人民建、人民城市为人民、让人民过上好日子为旨趣。

全面提升城市软实力的上海行动是对"人民城市人民建，人民城市为人民"理念、全球视野、中国特色的务实彰显，是对人民至上、胸怀天下、中国道路的坚定坚持，必然有着以人民为中心、睿智开放、系统发展的思想基础，重在全社会广泛参与。

加强思想工作，需要统筹网上网下、国内国际、大事小事，让群众更多了解党和政府正在做什么、还要做什么，更好强信心、暖人心、聚民心。显然，全局的谋划、变局的把握、格局的转换、新局的开创，都离不开发挥着非常关键作用的"思想先行"①。因此，"强化全社会广泛参与城市软实力建设的思想基础研究"具有重要的意义。

城市软实力与人民生活息息相关。"'文明'的进步和'历史'的发展，其真实内涵总是生命'意义'的充实和'幸福'生活的实现"，②秉

① 骆郁廷. 中国共产党"思想先行"的历史经验及其现实价值 [J]. 马克思主义研究, 2021(9)：40.
② 孙正聿. 当代中国哲学的主体性与原创性 [J]. 中国社会科学, 2022(3)：36.

承为中国人民谋幸福，"以人为核心"始终被一以贯之地作为推动新型城镇化建设的主轴线。因此，关于"全社会"，我们坚持以人民为中心，在"人民城市"理念导向下来把握，彰显"人人参与软实力建设"和"人人都是软实力"。就是要发挥社会各方面的作用，激发全社会活力，群众的事同群众多商量，特别是把社区居民的积极性、主动性和创造性调动起来，做到人人参与、人人负责、人人奉献、人人共享。质言之，要努力形成人人都是参与者、人人都是责任人以及人人都是建设主体的局面。

国家层面强调超大城市要"统筹兼顾经济、生活、生态、安全等多元需要"①。根据从抽象到具体的剖析思路，关于"广泛参与城市软实力建设"，我们运用总体研究和个案研究相结合的方法，从"五位一体"来体现和确证。软实力的强弱在根本上取决于经济、社会、文化、生态等建设成就是否全面。需要指出的是，强化全社会广泛参与城市软实力建设，这里的软实力就具有全面性的特点，涵盖"五位一体"总体布局，主要包括经济软实力、理政软实力、文化软实力、社会软实力、生态软实力。

从内在关系来看，其是相得益彰、具有合力的有机体，"不再把'软实力'范畴仅仅限定为'文化的吸引力、制度和价值观的吸引力、掌握国际话语权的能力'，而是涵盖除物质硬实力以外的，所有无形的、难以计量的，表现为精神、智慧、情感的力量，主要包括文化的吸引力……理想的感召力……智慧的创造力……"②，关乎"吸引力、影响力、创造力、竞争力"③。第一，经济软实力是基础。除吸引力外，经济软实力侧重创造力、竞争力。经济建设是社会稳定、人民幸福的重要基础，唯有自强才能自立，需要更多地并跑、领跑，也就是要提升创造力、竞争力。社会主义市场经济体制的建立与完善，能激发社会成员的创造力，培育竞争力优势。第二，理政软实力是风向标。除吸引力外，理政软实力侧重公信力、感召力。在理政上，强调人民是党执政兴国的最大底气。干部心系群众、

---

① 中华人民共和国国民经济和社会发展第十四个五年规划和2035年远景目标纲要 [N]. 人民日报，2021-03-13 (9).

② 张国祚. 中国文化软实力建设必须回答的几个重要问题 [J]. 科学社会主义，2015 (5)：8.

③ 张国祚. 文化软实力研究 [J]. 中国高校社会科学，2015 (1)：43.

埋头苦干，群众就会赞许你。据爱德曼"全球信任度晴雨表"，人民对政府信任度最高的国家是中国。① 把群众和人才组织起来，凝心聚力干事创业，很重要的一大软实力依托就是感召力。第三，文化软实力是灵魂。除吸引力外，文化软实力侧重凝聚力、影响力。新时代对文化软实力提出了"更具凝聚性"② 的新要求。这就需要不忘本来、吸收外来、面向未来，创造符合新时代发展要求的新文明，推进国际传播，进一步提升影响力。第四，社会软实力是支撑。除吸引力外，社会软实力侧重共建共治共享的亲和力。群众工作是社会治理基础性、经常性的工作。为此，要培育内生动力，"处理好'他助'和'自助'的关系"③，注重塑造和重点展示更加具有亲和力的形象。第五，生态软实力是外显。除吸引力外，生态软实力侧重人与自然和谐共生、彰显美丽的生命力。"生命共同体"的理念的倡导与实践，这无疑是一大升华。④ 为此，要增强全民节约意识、环保意识、生态意识。总起来讲，中国建设五大文明协调发展的人类文明新形态，"提供了天然的示范，形成了自然的吸引力"⑤。

新时代强化全社会广泛参与城市软实力建设思想基础，需要把系统推进人民城市软实力人民建、人民城市软实力为人民的因由说透，通过价值引领，明确方向；通过理论阐释，推动实践；通过政策解读，落实目标、任务；通过对策建议，优化条件和动力。

这里，主要从价值逻辑、理论逻辑、历史逻辑、实践逻辑与发展逻辑的辩证统一来展开思考，以避免研究的碎片化与片面性。基于立体式视角来看，就是要以人民立场为价值根基（提升社会认知认同的高度）、以创新理论为思想重心（提升社会认知认同的深度）、以天下胸怀为历史镜鉴（基于积极适应中国走向世界的宏观历史语境，在经验借鉴中提升社会认

① 本刊记者. 中国"新时代"与世界"大变局"——访中国文化软实力研究中心主任张国祚教授 [J]. 马克思主义研究, 2022 (3): 15.

② 张国祚, 刘存玲. 新时代背景下的文化软实力提升 [J]. 马克思主义研究, 2020 (9): 82.

③ 杨灿明. 社会主义收入分配理论 [J]. 经济研究, 2022 (3): 8.

④ 于冰. 生态文明观变革的逻辑演进和实践意义 [J]. 马克思主义研究, 2022 (5): 86.

⑤ 马峰. 中国式现代化创造人类更好发展"中国蓝图" [J]. 哲学研究, 2022 (6): 13.

知认同的厚度）、以系统观念为实践依托（在宽领域实践中提升社会认知认同的宽度）、以未来面向为发展诉求（提升社会认知认同的长度）。

归结起来，以人民为中心的城市软实力建设，为了人民、依靠人民、由人民共享，是共建共治共享的有机统一。

拙著系上海市哲学社会科学规划课题"强化全社会广泛参与城市软实力建设的思想基础研究"（2021XSL032）、上海高校马克思主义理论学科重点建设项目"中国特色社会主义体育强国建设研究中心"（ZX2018-ZK03）和上海体育大学人才引进科研项目、上海体育大学马克思主义理论研究专项出版资助计划的成果，谨以此书抛砖引玉。

目　录

第一章　强化全社会广泛参与城市软实力建设思想基础的价值逻辑

这里的价值逻辑主要表征价值取向、价值承诺与价值规范。城市软实力建设要见物，更要见人，应当体现人的社会本质、契合人的具体需要、尊重人的价值。为了人民、依靠人民、属于人民，这是我们强化全社会广泛参与城市软实力建设思想基础需要遵循的价值逻辑。这样的价值逻辑，本源于人民城市软实力建设为了人民，体现了共识凝聚、力量凝聚、典型引领、舆论引导的有机结合；筑基于人民城市软实力建设依靠人民，体现了方方面面积极性、主动性、创造性的内在融合；旨归于人民城市软实力建设属于人民，体现了"各美其美""美美与共"以及"近悦远来"的辩证统一。

一、价值之本——人民城市软实力建设为了人民

共享发展坚持人民是发展的价值主体。中国共产党的为民思想，不仅将人民作为价值主体，而且将人民作为价值评价的主体；它强调人民利益是一切利益中的最高利益，人民的发展是一切价值中的最高价值，以人民利益的实现程度作为衡量工作成效的标准，以实现人民自由而全面的发展作为工作的价值追寻。城市软实力建设是为了人民的重要建设，诚如党的二十大报告强调"人民城市人民建、人民城市为人民"①。软实力建设是

---

① 习近平. 习近平著作选读: 第1卷[M]. 北京: 人民出版社, 2023: 27.

事关人人的"人心工程"。人心思安、人心思进、人心思富是主流。城市软实力建设目标举措，始终坚持"为了人民"这一根本性的价值追求，努力把人人都有人生出彩机会、人人都能有序参与治理、人人都能享有品质生活、人人都能切实感受温度、人人都能拥有归属认同的美好愿景化为现实图景。全面提升城市软实力的目标是为人民创造更加幸福的美好生活。这是从发展现实需要中得出来的，从市民群众的热切期待中得出来的。

（一）共识凝聚与力量凝聚的有机统一

规律既是本质的、必然的、稳定的联系，也是事物运动、变化和发展的必然趋势和确定的秩序；规律总是体现、贯穿于事物发展的现实过程之中的，是事物的本质联系在发展中的表现。规律是各门学科得以成立的客观依据与实在内容。全社会广泛参与城市软实力建设的基本规律包括聚同化异、统筹共赢、因势利导。它们相互联系、互为支撑。最大限度地凝聚全社会共识和力量，就是要形成人民聚合的磅礴之力。

1.聚同化异是基本保证

聚同化异表明全社会广泛参与城市软实力建设就是要讲团结——融通深厚强大的文明血脉，互相尊重、互相包容、求同存异、聚同化异，这样才能为了共同目标、共同诉求而团结奋斗。不团结，一个人本事再大，也办不成任何事情。同心才能同力，同德才能同道。聚同化异是全社会广泛参与城市软实力建设的首条规律，其内在寓意着巨大的包容性（和而不同）与广泛的统一性（同心同德）的有机统一，凝聚人民力量进行"共建"。凝聚力量，强调的是画好最大思想"同心圆"，谋求共识，"尊重既有共识、扩大现有共识以及达成未来共识"①。共识凝聚得越广泛，汇聚的力量就越牢固。概括地说，聚同化异的学理蕴涵在于：在共同目标追求的基础上增进共识——加强一致性，才能在相互包容、照顾各方利益的基础上强化全社会广泛参与城市软实力建设的思想基础。为此，新时代城市软实力建设就是要推动政府、社会、市民同心同向行动，网上网下同心聚力，从而凝聚共识、巩固共识、发展共识，最大限度地凝聚起共同

---

① 刘同舫. 当代中国马克思主义的哲学境界［J］. 中国社会科学, 2021（9）: 19.

奋斗的力量。

具体说来，唯物辩证法认为，任何事物都是矛盾统一体。在强化全社会广泛参与城市软实力建设思想基础的理论和实践中，同与异的关系实际上也是一种对立与统一的关系。"同"是指在共同理想、共同愿景、共同目标等基础上的同一性、一致性；"异"是指诸方面利益和要求的差异性，等等。要正确处理一致性和多样性的关系，不断巩固共同思想政治基础。思想认知认同的含义是通过人的思维活动理解和认识，增进共同认知。强化全社会广泛参与城市软实力建设思想基础，首先要善于寻求和增进共同点，这是出发点和目的，化异是为了更好地求同，为了更好地巩固和发展共同的思想基础。要创新话语表达，提升与不同群体进行沟通的能力。聚同化异，着眼同、重视同、发展同，也正视异、转化异。群众的事同群众多商量、大家的事人人参与，这是题中之义。团结的实质就是聚同化异，它要各个方面围绕共同的目标去努力，促成多方而不冲突，多样而不分散。只有把握人民城市理念中"个体—群体—人民"的辩证统一关系，多做统一思想、凝聚力量的工作，统筹局部与整体、多元社会群体之间的关系，才有可能找到全社会意愿和要求的最大公约数。①

社会总体中人与人的关系生成了每个人的本质，而个人活动也不断对社会总体做出自己的贡献，生成社会总体。有关部门需要多做协调关系、理顺线条的工作，预防和消除各种不稳定因素，为软实力发展减少阻力，增加助力；力求把社会一切进步力量和积极因素，以最佳的方式结合起来，凝聚成"合力"。聚同化异可以使各种意见在统一共识的基础上相互借鉴而不对立，各种诉求在达成共同愿景的基础上相互尊重而不冲突。有关部门还需要主动面向社会各界宣传政策，积极开展教育引导工作，强调共同愿景，发展共同红利，凝聚人心、鼓舞士气，不断加强和提升全社会广泛参与城市软实力建设的自觉性和责任感。

党的奋斗目标和人民的希望诉求相一致。党在波澜壮阔的文明建设实

---

① 程鹏，李健. 在人民城市建设中放大中心辐射作用的机制与路径研究——以上海实践为例 [J].
南京社会科学，2022（1）：66.

践中丰富和发展了改革的认识论与方法论。人民对美好生活的向往就是我们的奋斗目标,这是我们党显性而有力量的人民话语。人民是中国梦的主体,是中国梦的创造者和享有者。在我们这么一个有着14亿人口的国家,每个人出一分力就能汇聚成排山倒海的磅礴力量,每个人做成一件事、干好一件工作,党和国家事业就能向前推进一步。从时代发展来看,城市软实力提升之效果必须接受实践检验——软实力建设要努力与硬实力发展相匹配。新时代有新矛盾,这一理论自觉和历史自觉,将焦点由"有没有""有多少"变为"好不好"。换而言之,在经济发展起来的基础上,要持续"增强人民群众的文化参与感、获得感和认同感"①,需要集中各方面智慧、凝聚最广泛力量。

2.统筹共赢是根本遵循

真正的软实力都能得到最广大人民群众的广泛拥护。共赢的时代潮流不可阻挡。统筹共赢表明全社会广泛参与城市软实力建设就是要讲和合——植根伟大变革的壮阔实践,注重协同、协作、协商,重视统筹各个地区、各个行业、各个群体,坚持和谐共生、精诚合作、统筹融合,这样才能为了共同利益、共同胜绩而并肩战斗。高档社区、老小旧远小区及国际社区等多形态并存,都是城市的重要组成部分。统筹共赢是全社会广泛参与城市软实力建设的核心规律,其内在寓意着多元的开放性(统筹兼顾)与鲜明的指向性(合作共赢)的有机统一,把人民美好生活作为最根本的目的。概括地说,统筹共赢的学理蕴涵在于:充分整合各种资源,团结一切可以团结的力量,调动一切可以调动的积极因素,尽可能形成最大优势,从而提升城市软实力。

具体说来,共同利益是实质基础和逻辑前提。实现中华民族伟大复兴,是最广大人民群众的共同利益。千头万绪的事,说到底是千家万户的事。按照共赢思维,就是要统筹兼顾和协调配置,互补共生、互惠互利,实现共赢。只有共赢才能充分调动社会成员的积极性、主动性、创造性,才能取得整合成效。互补体现在内向组成上,涉及的是内向的协调匹配,

① 关于实施中华优秀传统文化传承发展工程的意见[N].人民日报,2017-01-26(6).

内聚潜力，保障互促的有感性和实用性；共生体现在外向作用上，涉及的是外向的发展匹配，外释活力，保障共同发展的平衡性和机动性，强调"与他者共生"的和谐视野。我们倡导构建人类命运共同体，实现共赢共享。要扩大利益汇合点，在巩固共同利益的基础上包容具体利益、照顾特殊利益，把准大多数人的共同利益及不同阶层群体的具体利益，把各种特殊需求变成综合要求，以利益整合、共赢共享推动全社会广泛参与城市软实力建设，使全体人民"共享"改革发展成果。

社会的进步取决于全体人民能否各尽其能、各得其所。全社会广泛参与城市软实力建设，作为一种"利益共同体""命运共同体"要根据大改革、大发展、大开放的实际，充分动员和整合各种力量，加强利益统筹和正能量凝聚，以此来增大内聚强度。城市软实力建设是一项复杂的系统工程，要以体制机制改革作为坚实保障，促进每个人都为实现美好梦想而奋斗。在坚持问题导向、注重系统性协同性等改革方法论的指导下，城市软实力建设组织机构的建立健全是应运而生、顺势而为的，配套管理体制机制改革也是时代的呼唤和现实的要求。一些环节的推进可谓"因势而新"，是深化文化领域供给侧改革、完善管理体制和运行机制的生动实践。制度创新主要包括制度的顶层设计、制度的自我完善、制度的镜鉴建构、制度的调整探索等，强调公平正义的价值之善。要把顶层设计和基层探索紧密结合起来。实践创新，内蕴着先行先试、开拓进取，也意味着理论与实际的结合、科学与技术的转化、制度与治理的匹配、科技与文化的交融。软实力建设有着优化人文环境的功能。区域利益统筹共赢，就是要构建各种共存与共生关系，形成高效和高度有序化的整合。这种合作发展不仅可以产生新的资源整合形态，而且能激发共生关系的协同作用和创新活力，最终实现多方共赢。例如，文化遗产的保护要重视对自然环境、人文环境、有形遗产、无形遗产进行整体保护、原地保护。

3.因势利导是必然要求

在世界格局深刻变动的历史节点，软实力是综合实力中具有无限力量的动力元素。人类命运共同体等理念是基于中华优秀传统文化和中国与世界发展大势提出的。①因势利导表明全社会广泛参与城市软实力建设就是要讲进取——把握不断跳动的时代脉搏,乘势而上、顺势而为、不进则退、齐驱并进,这样才能为了共同使命、共同责任而同心奋战。实现中华民族伟大复兴,必须跟随时代潮流、顺应人民意愿,激发奋勇前进的强大动力。要把握发展第一要义,坚持解放发展软实力是硬道理。因势利导是全社会广泛参与城市软实力建设的重要规律,其内在寓意着显著的社会性(协同共进)与永恒的发展性(与时俱进)的有机统一。概括地说,因势利导的学理蕴涵在于:发挥最优效应,关键在于坚持人民至上,把握历史大势,用历史之光照亮未来,顺势而为、协同共进,激发创造力和战斗力,向有利于实现战略目标的方向前进。

具体说来,引导全社会广泛参与城市软实力建设首先反映为与时俱进。"因为时代变了,世界变了"②,必须掌握规律、讲究方法。随着时间的推移,软实力建设的环境和对象等发生了变化,就需要方式方法、平台载体也随之创新。创新,才能挺立潮头、争取主动。显然,世间万事,其成功都离不开"势",抓住了机遇能赢得主动。要透过现象看本质,准确识变、科学应变、主动求变,洞察先机。引导全社会广泛参与城市软实力建设,谋势、造势、乘势,强调的都是如何顺势而为、趁势而上,多做鼓舞士气、提振信心的工作。要总结经验,不断回答时代之问、实践之问、人民之问。坚持胸怀天下,乘胜前进、把握机遇、直面挑战、因势利导,把态势变为优势,把优势变为实力,把实力变为实绩,把实绩变成新经验,形成良性循环。面对新的历史条件和新的考验,要善于不断创新,增强工作的主动性、前瞻性、创新性、战略性和适应性、引领性,着力打造融通中外的新概念、新范畴、新表述、新创意,推介那些具有世界价值的智慧和精神财富,同时需要从软环境角度入手增进交流互信;注重研究不同社会阶层群众的精神文化需求,切实做到实事求是、有的放矢、内外兼顾、趋利避害,干在实处、走在前列。

---

① 张国祚,邓露.对李根软实力理论的评析[J].湖南大学学报(社会科学版),2021(1):123.
② 孙周兴.开拓面向技术人类文明的艺术人文学[J].探索与争鸣,2022(3):5.

引导全社会广泛参与城市软实力建设，要准确把握不同阶段的新变化新特点，引导公众将认知认同转化为实际行动，使主观世界更好地符合客观实际。没有一种根基比扎根于人民更坚实。民之所忧，我必念之；民之所盼，我必行之。城市软实力提升的实践内容要聚焦人民群众的需求，把人民的痛点作为城市建设发展的重点，为改善人民生活而不懈奋斗。这就要求我们牢固树立进取意识、机遇意识、责任意识，善于处理局部和全局、当前和长远、重点和非重点的关系，作出最为有利的行动，营造既充满活力又富有凝聚力的社会环境。不能盲人摸象、坐井观天、揠苗助长、削足适履。要加强调查研究，坚持系统地而不是零散地、普遍联系地与单一孤立地推进城市软实力建设。一个重要任务在于有的放矢、因势利导地开展工作。城市软实力建设要科学谋划城市"成长坐标"①，团结人民进行"共治"。终极目标是实现人民幸福、人的全面发展；过程上力求高质量发展，既不能一蹴而就，更不能一劳永逸，而是要科学推进，在动态中改革、在开放中发展、在包容中稳中求进。全社会广泛参与城市软实力建设，是一项庞大的复杂工程，需要调动一切积极因素，依靠市民群众，融合各方力量，实现全民参与。要深入持久地开展思想动员，提高广大干部和市民群众的使命感，争取社会各界的参与和支持。要鼓励各行各业以及个人的投入和支持。各级人大代表，都要忠实代表人民利益和意志，更好更紧密地联系群众，努力做到民有所呼、我有所应。政协委员要更好地发挥建言资政作用。众望所归的是，全社会广泛参与的城市软实力建设以促进人的全面发展为旨趣。

（二）典型引领与舆论引导的点面结合

强化全社会广泛参与城市软实力建设思想基础，必须抓好典型引领与舆论引导的点面结合，最大限度地集聚正能量。上海城市软实力建设旨在打造成为引领未来超大城市发展的典范标杆，包括在市域、大都市圈、长三角、全国乃至全球等多个空间层次，更应当重视典型引领和舆论引导。

---

① 中央城市工作会议在北京举行[N]. 人民日报, 2015-12-23 (1).

1.体现鲜明的问题导向性，注重示范引领

文明是实践的事情，是社会的素质。面对"经济、文化、生态、社会等各种问题在空间同时布展"①，这就有一个认识条件、优化条件，发现问题和解决问题的过程。人类是关系性存在物，解决问题进而提升社会文明程度及治理是证成人类文明新形态的重要条件。纵观人类文明演进的历史和现实逻辑，"五位一体"总体布局的五大文明全景图建构表征了伟大事业的日益完善和伟大梦想的稳步推进。而其中的一个重要指标是，"十四五"乃至到2035年，更加注重提升社会文明程度，更加强调提升社会治理水平，能真正提升我们的国际话语能力。这，是全体中华儿女的共同愿望与热切期盼。

一方面，"市民素质及其总体行为产生的软实力"②是城市软实力的重要构成。人的德性或德行不是抽象的，通常是通过处理人与自然、人与人和人与自我的关系中体现出来的。③上海"50%以上的新常住人口都接受过大学教育"④，这让城市更为雅致，推动了社会文明的提高。社会文明程度是民族复兴的一个显著标志。规划纲要是中国社会文明持续稳定发展的强大支撑。"提高社会文明程度"在第《十四个五年规划和2035年远景目标纲要》中单列一章，彰显了其重要地位。⑤一是理想励人。要依靠文化自信坚定理想信念。理想信念之火一经点燃就会产生巨大的力量。文化自信的重要根基是党员干部和人民群众对优秀文化、先进文化的坚守和发展。无论是中国梦，还是中国式现代化道路，都体现了以社会理想来激励、感召和凝聚人。中国梦让每个人获得发展自我与奉献社会的机会，最根本的是实现中国人民的美好生活，引领国人共奋进。中国式现代化道路是全体人民共同富裕的现代化路子。二是立德树人。把立德树人作为中心

① 仰海峰.中国式现代化的特点[J].马克思主义理论教学与研究,2022(1):18.
② 胡键.城市软实力的构成要素、指标体系编制及其意义[J].探索与争鸣,2021(7):47.
③ 李培超.中国传统美德叙事中的道德榜样意象[J].湖南师范大学社会科学学报,2020(5):15.
④ 杨扬.城市文化软实力建设的基础与路径[J].探索与争鸣,2021(7):38.
⑤ 中华人民共和国国民经济和社会发展第十四个五年规划和2035年远景目标纲要[N].人民日报,2021-03-13(10).

环节和根本任务，德智体美劳全面发展，培育时代新人。我们注重家庭教育、学校教育、社会教育形成合力，协同育人。三是成风化人。基层群众的文明生活是社会文明的基础，从社会风气抓起，从每一个人抓起。"垃圾分类""厕所革命""文明旅游""光盘行动"等蔚然成风，使得讲文明成为良好生活习惯。依托新时代文明实践中心，各地进一步培育了城市新风尚。

另一方面，大学与城市协同共生，公园开放，在形成"为了人民"的城市软实力上大有可为。诚如上海强调的，松江新城要推进"大学城与新府城融合发展"①。大学是社会文明传承的载体，校园软实力也是一笔宝贵的软实力资产，上海正在推动校园软实力向社会软实力转变，把最好的资源留给人民，一切为了最广大人民的根本利益。音乐文化是城市软实力的重要组成部分。上海音乐学院汾阳路校区打开校园，使市民游客能够在校园内体验一场联结曾见证名曲《梁祝》诞生的原犹太人俱乐部、比利时原驻沪领事馆等的都市音乐艺术之旅。上海戏剧学院已制定了关于校内一处剧院的改扩建方案，将加大剧院面向街区和社会的开放力度，还将沿街建设上戏美术馆、戏剧新空间等，使上戏门口的华山路街区成为一条开放的"戏剧艺术主题大道"，让艺术资源融入市民日常生活。自觉传承所在地文化是大学文化发展的重要工作。华东政法大学长宁校区拆除了原本用于分隔校园与苏州河河滨步道的围栏，校园内的"圣约翰大学历史建筑群"向市民游客开放。如今，上海438座城市公园已有425座免费，把更多绿色空间留给人民。2021年上海世博文化公园（北区）正式开园，市民游客新添开放共享、多彩可及的好去处。2022年中山公园整体开放及品质提升工程正式完成，公园北侧高耸的围墙彻底打开。打开后的公园不仅颜值提升，百年名迹的风范也进一步彰显，市民游客享受属于人民群众自己的舞台。

---

① 上海市国民经济和社会发展第十四个五年规划和二〇三五年远景目标纲要［N］.解放日报，2021-01-30（9）.

2.体现与时俱进的创新性，塑造品牌形象

价值追求是行为者努力奋斗所要实现的目标。品牌形象就是实力。塑造品牌形象居于"拓展"的地位。品牌形象涵盖认知以及情感、态度与价值判断等层面，一直被视为软实力的重要组成部分。"发展中的城市""为人类文明作贡献的中国城市"等话语，有助于塑造大国大城形象。上海要塑造城市品牌形象，增强全球叙事能力。

（1）城市有机更新的民生向度

城市更新始终伴随着城市建设。政府的重要原则是追求公共利益最大化。我们不能忘记实现这个目标的"约束条件"。《上海市城市更新条例》强调"民生优先、共建共享"[①]。城市更新应该兼顾政治、经济和社会等综合性、整体性和关联性层面，关注情感民生，赢得更多公众参与。不能割断城市文脉，应该按照城市街区的肌理进行有度、有序、有情、有机更新。在存量上，要推动沪西工人文化宫等文体设施更新，这需要分阶段推进。在更新中要加强精神层面的集体记忆、身份认同的保护，向动态保护思维转换。[②]城市的文化记忆有多种载体。要谋长远之策、行固本之举，凭借公共价值和空间美学优化旅游热门打卡点。国际一线时尚品牌先后把杨浦滨江的百年厂房作为时尚大秀举办地和全球首发地，"秀带生活节"成为这里的标志性群众活动。这彰显了人民至上的价值立场。

（2）城市品牌培育的口碑向度

品牌创新实质就是赋予品牌要素以创造价值的新能力的行为，即通过技术、质量、商业模式和企业文化创新，增强品牌生命力。上海应协同政府、企业、其他社会力量率先培育一批品牌。[③]要以上海元素为核心，打响上海服务、上海制造、上海购物、上海文化。人民满意与否反映了品牌

---

① 上海市城市更新条例[N].解放日报,2021-08-29（5）.

② 李利文.中国城市更新的三重逻辑:价值维度、内在张力及策略选择[J].深圳大学学报（人文社会科学版）,2020（6）:48

③ 刘晶明.上海应当好创新发展先行者——以社会主义现代化进程中的品牌意识创新为视角[J].毛泽东邓小平理论研究,2021（10）:52.

的口碑。南京路步行街区品牌丰富，旨在打造"美好生活体验地"①。品牌建设应重视文化的力量，用文化滋养品牌，支持一批特色鲜明的非遗品牌做精做强。

（3）城市形象塑造的推广向度

文化广泛传播时将会产生强大的力量。城市交往成为推进文化交流与社会融合之纽带。世界格局正在经历前所未有的深刻调整。基于人类文明、综合国力、世界大国与社会主义内在要求，习近平总书记指出，"要注重塑造我国的国家形象，重点展示……文明大国形象，……东方大国形象，……负责任大国形象，……社会主义大国形象。"②城市有着各自的形象，这些个别形象是组成整体国家形象的有机部分。讲形象才能打动人。形象更多地表现为一种情感和思想的混合物。为此，要提炼城市形象视觉符号体系，设计好国际大都市对外推广标识，使其成为展现美丽形象的发力点。我们要敏锐抓住信息化发展的历史机遇，要秉持优秀文艺创作都了为了人民的思想，推进"人民城市"品牌形象的数字化塑造与传播。

3.体现不忘初心的人民性，讲好精彩故事

一时初心不改易，永远践行初心难。忘记了初心，那么就会失去民心。民族的复兴、国家的崛起，总是伴随着故事的讲述。作为一个连接过去、现在与未来的时空命题，新时代城市软实力建设担负着讲好精彩故事之重要使命。

我们的发展，靠的是人民的辛勤劳动、艰苦奋斗。我们要坚持为人民谋幸福，为民族谋复兴，深化细化"文明交流互鉴"的"中国方案"，在城市软实力建设中积极表达中国话语、展示中华文明。要讲好中国故事，更加及时地发出中国声音，展现文明形象，坚决反对一切损害人民利益、脱离群众之行为。

正因为讲故事就是讲事实、讲形象、讲情感、讲道理，更能发现事物

---

① 上海市南京路步行街区管理办法[J].上海市人民政府公报,2022（4）：3.

② 中共中央文献研究室.习近平关于社会主义文化建设论述摘编[M].北京：中央文献出版社，2017：202.

的优点与特质，因而更加雄辩。为此要秉持着人人都是精彩传播者，面向国际社会讲好城市故事，推动文明交流互鉴。要依托讲故事，通过富有感染力与说服力的内容，增强对外话语的创造力、公信力，提升上海国际传播能级。以"上海实践"为题材，创新超大城市治理的全球叙事方式，以纪实的美学表征获得国外受众认同。①让我们的城市故事具有世界意义，提升知名度和美誉度。

二、价值之基——人民城市软实力建设依靠人民

人民群众是我国各项事业胜利的力量源泉。设若脱离人民，我们会成为无源之水、无本之木。贯彻群众路线，"知"是基础、是前提，"行"是重点、是关键。必须以知促行、以行促知，做到知行合一，既解决认识提高问题，又解决行动自觉问题，使群众路线落地稳、扎根深，融入经济社会发展全过程。人民城市的规划、建设、治理离不开广大人民群众，人民城市软实力的提升同样离不开广大人民群众。人民群众是历史发展和社会进步的主体力量，历史、文明都是人民创造的。没有一种力量，比从人民主体中汲取更强大。城市软实力建设就是要把人民力量作为最根本的依靠力量，"调动各方面的积极性、主动性、创造性"②，推动经济社会发展取得新成就。公共价值的实现是万众一心、齐心协力的过程。中国共产党拥有强大的社会动员能力。③"主体性是对人的实践性、自主性、创造性的确证"④，从历史主体和实践主体来看，就是要依靠人民主体提升城市软实力。从价值主体和权利主体来看，就是要坚持城市软实力建设服务人民群众的生产生活。从认识主体和发展主体来看，就是要坚持把人的感受度作为最根本的衡量标尺，科学把握人民群众对城市软实力提升的新期

① 罗华, 宁楠. 国际传播中讲好中国故事的影像话语建构——以纪录片《中国脱贫攻坚》为例 [J]. 电视研究, 2021 (5)：61.

② 中央城市工作会议在北京举行 [N]. 人民日报, 2015-12-23 (1).

③ 吴忠民. 论中国共产党的现代化观 [J]. 中国社会科学, 2022 (7)：37.

④ 董慧. 中国式现代化的唯物史观意蕴 [J]. 哲学研究, 2022 (6)：11.

待。共治是实现共建与共享的有效载体和途径。这为全社会广泛参与城市软实力建设创造了主体条件。

（一）必须充分激发方方面面参与的积极性

一句"人民对美好生活的向往，就是我们的奋斗目标"[①]，激发了无限积极性。"以人民为中心"在这里已经呼之欲出了。[②]这就有了"五级书记抓扶贫、全党动员促攻坚……并调动全国人民的积极参与"[③]。积极性情感因素的融入使得价值的认同更可靠，从而促进良性循环的形成。显然，营造"人人参与软实力建设"的浓厚氛围，有利于充分激发人民群众的积极性，增强志气。

理想体现了人们对美好生活的向往和追求。建成现代化强国，凝聚了几代中国人的理想。中国式现代化新道路坚持重点突破与统筹兼顾相融合，就是要使各方面制度更加科学、更加完善，是适合中国国情、符合人民意愿之路。现代化是一个国家从欠发达走向发达的历程。中国式现代化新道路的话语建构，促进以人民为中心的经济社会发展路径构建，其把实践成就、发展成效、先进经验转化为话语权力。话语代表着政策立场。在中国式现代化新道路话语实践上，人民将享有更加富裕、公平、幸福安康的生活，对成功充满渴望，对未来信心坚定。要让改革发展成果更多、更公平地惠及人民，更好地用制度推动问题的解决。由此，社会各方面积极因素得到广泛调动，以合力的形式推动中国式现代化的发展。

要形成人人参与建设、普遍重视软实力的社会氛围。具体来说，激发社会各方面参与的积极性，特别是激发市民积极性有许多载体和活动方式。从生产来看，广大人民群众在生产劳动中创造着人类历史。从消费来说，上海建设国际消费中心城市，强调"增强内生动力，提升城市软实力"[④]。首届上海市民文化节于2013年3月23日举行，是全面展示上海群

---

① 十八大以来重要文献选编（上）[M].北京：中央文献出版社，2014：70.

② 田心铭.论坚持人民立场[J].马克思主义研究，2022（1）：7.

③ 关信平.中国共产党百年社会政策的实践与经验[J].中国社会科学，2022（2）：117.

④ 上海市人民政府办公厅关于印发《上海市建设国际消费中心城市实施方案》的通知[J].上海市人民政府公报，2021（21）：30.

众文化建设成果和市民文化风采的平台。其搭建了文化创造平台、表现舞台。这就表明，城市为人的解放和自我实现提供了条件。居民群众看到那么好的平台空间场所，其文化参与热情异常高涨，积极性不断增强。2021年12月，上海体育学院绿瓦体育书店在"2021年长三角及全国部分城市最美公共文化空间大赛"中被上海市民文化节指导委员会评为"优秀公共文化空间案例·公共阅读空间"。

人们的实践活动必须不断满足人的需要。2013年9月，《关于政府向社会力量购买服务的指导意见》出台。党的十九届四中全会提出，建设人人有责、人人尽责、人人享有的社会治理共同体。要强化制度保障，建立健全长效机制，研究制定针对性政策，形成系统完备、有效管用的政策制度体系。强化投入支撑，建立软硬实力统筹建设的财政保障机制，积极探索多元化、多渠道、多层次的投入机制，确保城市软实力建设有力有序有效推进。《上海市红色资源传承弘扬和保护利用条例》强调对红色资源保护责任人开展红色资源保护利用工作给予激励和支持；建立与经济社会发展相适应的经费保障机制。[①]《上海市城市更新条例》强调"激发市场主体参与城市更新活动的积极性"[②]。实践表明，现代环境治理要充分激发公众参与积极性。

新时代人民城市的软实力是依靠人民的力量、实践和智慧创造出来的。要把方方面面的力量凝聚起来，就要多宣传市民中涌现的可敬、可学的先进典型，发挥带动作用。志愿活动被视为公民参与的一种重要形式。市民积极参与进博会，同时还积极参与"一带一路"建设。进博会志愿者"小叶子"用微笑服务多彩进博，用实践书写文明风尚。在推动构建人类命运共同体的伟大实践中，上海近百名青年赴老挝等国从事体育教学等多方面的志愿者工作，取得了明显成效。

（二）必须充分激发方方面面参与的主动性

中国人历来抱有家国情怀，崇尚天下为公、克己奉公，信奉天下兴

---

① 上海市红色资源传承弘扬和保护利用条例［N］.解放日报，2021-05-31（11）.

② 上海市城市更新条例［N］.解放日报，2021-08-29（5）.

亡、匹夫有责，强调和衷共济、风雨同舟，倡导守望相助、尊老爱幼，讲求权利和责任统一。中国梦就是要让每个人获得发展自我和奉献社会的机会，共同享有人生出彩的机会，共同享有梦想成真的机会，共同享有同祖国和时代一起成长与进步的机会。只要每个人都把人生理想融入国家和民族的伟大梦想之中，把小我融入大我，敢于有梦、勇于追梦、勤于圆梦，就会汇聚起实现中国梦的强大力量。学者亦持有一种情怀"来研究软实力"①。"家国情怀"把国家利益、集体利益与每个人的具体利益紧紧相连。正因为有家国情怀等"心往一处想，劲往一处使"的大情怀，从而能够充分激发方方面面参与的主动性。"美丽中国与绿色家园的协同推进"②，其表明，行为认同是价值认同的目标和归宿。行为主动性是自主性、能动性与目的性的有机统一。正是从最广大人民的立场出发，应鼓励市民群众参与城市活动和社区项目。奋斗是青春最亮丽的底色。诚如上海强调的，还要"激发各类人才和各级干部再起宏图再创业的主动性"③。这有利于动员、集合、凝聚社会力量促成社会治理的高绩效和社会发展的加速度。

营造"人人参与软实力建设"的浓厚氛围，有利于充分激发人民群众的主动性，增强骨气，充分发挥更为主动的精神力量。中国式现代化新道路是历史与现实互动融合的产物，从被动现代化走向主动现代化，更加突出发展的整体性与协调性。历史从来不是事先给定，它需要"剧中人"和"剧作者"主动地参与，每个人都不同程度地参与了社会历史活动。总体看，动力胜过阻力。中国式现代化新道路，把人民的智慧和力量凝聚到改革上来，蕴含了"知与行"的奋斗形成机理，以奋斗开创未来成为新时代中国的最强音，具有深厚的历史渊源与广泛的现实基础，"家是国的根本，国是家的扩大，国家'立国为家'，人民'化家为国'，家国之间是一种'小家'和'大家'的关系……当前，中国正在建设一个以家庭为基

① 胡键. 软实力研究在中国：一个概念演进史的考察[J]. 国际观察, 2018(6)：123.
② 王岩. 生态正义的中国意涵与逻辑进路[J]. 哲学研究, 2022(5)：14.
③ 上海市国民经济和社会发展第十四个五年规划和二〇三五年远景目标纲要[N]. 解放日报, 2021-01-30(5).

础的民生中国"①。人民群众经由中国式现代化新道路,把理想逐步变成现实。14亿多人全面建成小康社会,在此基础上全面建设社会主义现代化国家,是世界文明史进程中的一个重大事件。广大社会成员的主动性被极大地调动起来。这有助于现代化建设内生动力的整体激活与系统生成。

道德建设属于"软实力"②。城市的精神、品格、形象最终决定于人的德行素养。其意义在于强调人的德性精神力量与主观能动性,实现人在社会生活中的主体性价值。国无德不兴,人无德不立,立身先立德。立德树人是新时代精神文明建设价值追求的崇高境界,其以立德为根本,服务于中华民族伟大复兴事业。要在人民城市社会实践育人中促进以德育德、以规立德和以文化德,进一步健全全员、全程、全方位育人范式。

要把方方面面的力量动员起来。人民城市人民建,要共同承担社会责任,共同指向市民福祉的增长与改善。《上海市城市更新条例》强调"建立健全城市更新公众参与机制"③。人民要有城市建设者和主人翁意识。城市生态文明是人民群众共建共享的事业,提高人民群众的生态福祉,具有令人信服的必然性、广泛性。认准了就要一抓到底,坚持不懈拼搏奋斗。要增强全民节约意识、环保意识。上海市实施生活垃圾分类两年多来,居民垃圾分类参与率和准确投放率高,垃圾分类成效显著,已逐渐成为上海市民的一种生活习惯、一种内涵追求。上海徐汇区凌云绿主妇环境保护指导中心案例"上海社区垃圾分类减量项目"荣获生态环境部、中央文明办开展的"美丽中国,我是行动者"2019年"十佳公众参与案例"等一系列荣誉。④这是保持经济社会持续健康发展的内在要求。

(三)必须充分激发方方面面参与的创造性

正因为"人民是历史的创造者,是真正的英雄",所以能够以人民为

---

① 焦长权,董磊明.迈向共同富裕之路:社会建设与民生支出的崛起[J].中国社会科学,2022(6):159.

② 张国祚.谈谈"软实力"在中国的发展[J].思想政治工作研究,2014(6):17.

③ 上海市城市更新条例[N].解放日报,2021-08-29(5).

④ 徐选国,吴佳峻,杨威威.有组织的合作行动何以可能?——上海梅村党建激活社区治理实践的案例研究[J].公共行政评论,2021(1):30.

中心充分激发方方面面参与的创造性。人民群众的创造力是无穷无尽、永不枯竭的。改革开放每一个方面经验的创造和积累，无不来自亿万人民的实践和智慧。营造"人人参与软实力建设"的浓厚氛围，有利于充分激发人民群众的创造性，增强底气。

人民具有无限的创造潜能，是历史的创造者。要"坚持尊重社会发展规律与尊重人民主体地位的有机结合，既充分考虑到一定历史时期各种客观条件的制约性，又充分尊重人民群众的伟大创造力量"①。我们更好地把握现代化建设的普遍性与特殊性，强调共同富裕，释放出无法抑制的善美魅力，凝聚了人民群众的智慧和力量，转换为巨大的活力和创造力。我们有良性循环的发展成果和持续释放的改革创新红利，还有不断完善和增强的与之相配套的话语体系建构，实现民族复兴已是大势所趋。大批惠民举措落地实施，人民生活不断改善。我们党领导人民创造了两大奇迹，走出了中国式现代化新道路，中国已经可以平视这个世界了。这有助于提升中国人的底气，增添中国式现代化新道路的话语创新分量。

创新创造的主体是人。人民呼唤软实力提升，软实力更需要人民。全部的草根大众，每一个人都有创造的权利。②正因为"市民参与机制是构成城市文化治理的核心机制"③，上海城市文化可谓市民共创共有共享共治的文化，是广大市民群众创造活力迸发的都市文化。《上海市城市更新条例》强调"推动多方协商、共建共治"④。社会各界在城市更新实践中的创新创造活动得到支持，创新创造才能得到发挥。

要把方方面面的力量整合起来。坚持以人民为中心的思想，就是要懂得，社会主义事业包括城市软实力建设事业的兴旺发达和最终胜利，离不开人民群众世世代代的艰苦奋斗和创造精神的充分发挥。必须充分激发方方面面参与的创造性，也就是要彰显人的创造和超越本性。具体说来，就

① 侯衍社. 历史主动精神的科学内涵[J]. 马克思主义研究, 2022(4): 23.
② 张晓明. 我国当前文化软实力建设的几个问题[J]. 艺术评论, 2012(6): 68.
③ 宋道雷. 从城市生产到文化治理: 中国城市文化建设实践的历史、现实和机制研究[J]. 山东大学学报(哲学社会科学版), 2021(6): 41.
④ 上海市城市更新条例[N]. 解放日报, 2021-08-29(5).

是要把握定位，用好政策，打造载体，激发活力，创新实践，形成良性循环链条。

三、价值之旨——人民城市软实力建设属于人民

人民就是软实力最重要的承载者、受用者。共享即全体社会成员共同享有改革发展成果。要树立以人民为中心的工作导向，把服务群众同教育引导群众结合起来，把满足需求同提高素养结合起来，多宣传报道人民群众的伟大奋斗和火热生活，多宣传报道人民群众中涌现出来的先进典型和感人事迹，丰富人民精神世界，增强人民精神力量，满足人民精神需求。软实力来源于人民日常生活，其建设也服务于人民日常生活，要更加贴近人民群众的所思所想、所盼所求，才能更好地面向群众、体现群众、彰显群众，促进人的现代化。所谓人的现代化，是指人的生产生活方式和观念、思维方式等从传统转向现代的过程，是人的自身素质的提高和人的社会关系的全面发展。由此，"人人都是软实力""各美其美""美美与共"，"近悦远来"，这也是一种由下而上、远近兼顾的力量。"世界百年未有之大变局"对中国"新时代"意味着"各美其美，美人之美，美美与共"的文明互动。①

（一）"各美其美"——要鼓励各区、各部门发挥比较优势

城市是为了人民更美好地生活，乃至诗意地栖居。这并非一句简单的口号，而有着丰富具体的内涵。城市软实力让市民"在寻常的生活中产生自尊感、自豪感和自信心"②。习近平总书记明确指出，"古往今来，任何一个大国的发展进程，既是经济总量、军事力量等硬实力提高的进程，也是价值观念、思想文化等软实力提高的进程"③。在大国大城软实力建

---

① 本刊记者. 中国"新时代"与世界"大变局"——访中国文化软实力研究中心主任张国祚教授[J]. 马克思主义研究, 2022（3）：16.

② 王国华, 江波. 文化软实力的提升路径[J]. 人民论坛, 2018（16）：238.

③ 中共中央文献研究室. 习近平关于社会主义文化建设论述摘编[M]. 北京：中央文献出版社, 2017：198.

设实践中，要着力提高先进榜样的发现力。通过典型示范来进行社会动员，增强实效性。

1.竞相打造有显示度的软实力建设亮点，营造社会氛围

人民中心是马克思主义价值观的生动表达。新时代开启了人民强起来的美好向往。马克思主义依然充溢着科学思想的伟力。成风化人，基础在"风"。城市软实力建设，包括亮点打造、社会氛围营造，一切都是致力于提供属于人民的更美好的城市生活。

（1）竞相尚原创

时尚在英国起源，于法国发展，到意大利变为艺术，来上海彰显魅力。上海城市软实力最好的"老百姓表达"就是"魔都"。上海首发、首秀、首购方兴未艾，正在打造"亚洲演艺之都"。腾讯文学作为文化原创企业，把总部放在上海。2015年，腾讯文学和盛大文学合并成立的阅文集团挂牌。2021年，上海提出"增设具有国际影响力的原创艺术赛事"[①]。当下，上海深入实施文艺再攀高峰工程，正在努力推出更多"上海原创"精品。

（2）竞相促开放

当下，发展格局发生重大变化。不变的是，开放是上海的最大优势。上海澎湃向前的每个乐章，都凝结着一起促开放的视野和智慧。当下城市软实力建设并不缺少世界意识和世界关怀。构建人类命运共同体，关键在行动。从城市个性来看，上海拥有进博会，得天独厚，在国际舞台上扮演着更加重要的角色，"实现在全球价值链中的位置攀升"[②]。面向未来，要坚持凸显包容大度的特质和宽广的胸怀。上海致力于走解放思想、深化改革之路，既发挥好市场的作用、也发挥好政府的作用。临港新片区发挥在引领改革和创新体制机制等方面的试验示范和引领带动作用，推动形成科学方案。上海越发展，就越开放，将开放、创新、包容的城市品格融入

---

① 上海市国民经济和社会发展第十四个五年规划和二〇三五年远景目标纲要［N］.解放日报，2021-01-30（8）.

② 罗珊珊.进博会 展会质量持续提高［N］.人民日报，2022-08-31（19）.

社会生活各方面。从长远来看，其能产生涵盖经济效益在内的巨大效益。

（3）竞相重文明

人民城市理念强调人民的主体性，汲取和弘扬了人类文明的优秀成果。文明是社会进步的重要标志。人民城市的社会文明有着丰富内涵：其一，社会主体文明；其二，社会关系文明；其三，社会观念文明等。[①]城市软实力建设就是要"提高市民文明素质"[②]。要注重长远发展，不断促成更加合理、健康、积极的善治城市，加强社会文明建设。要吸引群众广泛参与文明创建活动，在为家庭谋幸福、为他人送温暖、为社会作贡献的过程中培育文明风尚。坚持绿色发展是为了实现和谐共生。要努力增强榜样故事的感染力，倡导绿色发展，"形成群众广泛参与生态文明建设的磅礴力量"[③]。总之，这是客观性与主体性、个体与总体的辩证统一。

（4）竞相优传播

文化转化为软实力的基本途径即传播。依靠现代传媒进行动员和资源转化，有着较强的渗透力与感染力。据悉，"照片墙（Instagram）传播力指数上海排名全国第一"[④]。为提升上海城市软实力和国际传播能力建设，由市委宣传部、市委外宣办发布的上海城市形象资源共享平台在第四届进博会上正式上线。其积极探索人人创作、人人展示、人人分享的国际传播模式，面向海内外机构和个人征集与上海有关的图片、视频、声音、文字、出版物、设计素材以及对外传播项目、活动、案例等资源，共同打造上海故事的传播新平台。上海还在全国推出首档大型健康科普节目《健康脱口秀》，全网观摩人次超过十亿，产生了广泛影响力。

2.分别形成可复制可推广的经验做法，育成生活情景

城市通过集聚周边地区的生产要素获得发展，功能的集聚和辐射作用

---

① 王正. "人"之视野下的人类文明新形态［J］. 哲学研究，2022（1）：18.

② 中央城市工作会议在北京举行［N］. 人民日报，2015-12-23（1）.

③ 张辉，徐越. 坚持和加强党的领导 推动生态文明建设取得历史性转折性全局性变化［J］. 管理世界，2022（8）：9.

④ 上海市人民政府办公厅关于印发《上海市"十四五"时期深化世界著名旅游城市建设规划》的通知［J］. 上海市人民政府公报，2021（14）：20.

是城市的基本特质。城市人才生态建设是人才竞争的关键，软环境是重要因缘。"生活性、日常性日益成为城市的重要属性"①，就人民城市软实力建设而言，很重要的就是找准工作的切入点和着力点，形成可复制可推广的经验做法，育成最优化生活情景，积聚人气，引导人们把对榜样的敬佩转化为实际行动。

（1）提升创意设计

市民群众中蕴含着巨大的智慧与力量。上海具有开放包容的人文之美，在创新创意上具有优势。2010年，上海被UCCN授予"设计之都"的称号。2021年，上海强调"加快建设国际文化创意产业中心"②，这是一个需要充分发挥人的主观能动性的创造性行动。要打造文创品牌，提高文化软实力。③数字化是推动社会变革的重要力量，使社会文化生活更加丰富多彩。当前，上海致力于打造全球数字设计城市典范。2022年8月，设计理念实现全面升级的上海城市规划展示馆正式开放。其序厅和"人文之城""创新之城""生态之城"等展厅创意纷呈，创新性地展出了人民城市重要理念。

（2）推崇运动健康

城市是构成集体认同与集体行为的场所。新时代"全民参与的健康支撑体系逐步健全"④。从运动促进健康来看，体育代表健康活力，牵动着广大市民的幸福康乐。上海致力于在践行主动健康理念、建设全球著名体育城市的实践中不断完善城市功能、提升人民生活的幸福度，"培育运动健康师"⑤，体现了鲜明的科学性。

一方面，推崇体育运动。上海坚持将体育作为城市软实力与健康上海

---

①　陈忠.城市软实力的日常生活营建[J].探索与争鸣,2021(7)：40.

②　上海市国民经济和社会发展第十四个五年规划和二〇三五年远景目标纲要[N].解放日报,2021-01-30(8).

③　王国华,江波.文化软实力的提升路径[J].人民论坛,2018(16)：238.

④　庄琦.始终把人民健康放在优先发展的战略地位——党的十八大以来健康中国行动的成就与经验[J].管理世界,2022(7)：29.

⑤　上海市人民政府办公厅关于印发《上海市体育发展"十四五"规划》的通知[J].上海市人民政府公报,2021(20)：55.

建设不可或缺的内容。近年来，"上马"和"上艇"等提档升级，成为极富影响力的标志性体育赛事，也成为较有国际影响的社会文化现象。上海大力建设体育城市，取得了明显成效。就其量化指标而言，譬如2021年，上海健儿在东京奥运会取得5金4银2铜的佳绩，这创造了新的历史纪录。此外，2022年2月6日，中国女足夺冠亚洲杯产生了巨大影响，其背后蕴含了上海故事、上海贡献——普陀发展足球运动的经验值得推广。此次中国女足23人的名单中，唐佳丽、张馨、赵丽娜和杨莉娜4位都是上海市普陀区输送的女足队员，她们与队友配合默契，共同为国争光，在赛场上绽放出"铿锵玫瑰"的光芒。此外，主教练水庆霞也是普陀区居民。

另一方面，推广运动促进健康。健康福祉损益，已构成评估治理成效的重要考量。党政部门和高校、社会组织等携手推进创新性社会健康服务项目。党建工作的难点在基层，亮点也在基层。2020年，上海市杨浦区与上海体育学院首创了社区运动健康师，受到好评。这一探索随着实践的发展而不断丰富完善。局地在试点时，以顶层设计为前提，将其与地方实际紧密结合，通过创新体制机制，发挥示范引领作用，为顶层设计探索新路径、积累新经验。2021年，"支持上海开展'运动健康师'试点工作"纳入国家体育总局印发的《"十四五"体育发展规划》。如今"一江一河"滨水沿线成为市民群众实现运动促进健康的重要载体。质言之，上海致力于建设人人运动、人人健康的活力之城。

（3）打造公园城市

自然环境从第一感觉上决定了一个城市的吸引力。公园城市成为新时代引领城市践行新发展理念的重要支撑和展示平台。其响应生态文明建设的要求和号召，在新的历史条件下加以提升发展，体现了自然生态域与城市社会场的深度耦合，已从单一功能利用向多功能利用演化。上海注重城市生态软实力建设，致力于打造成为自然中的公园城市。《上海市城市更新条例》明确强调"按照公园城市建设要求，完善城市公园体系"①，表征了生态文明的合规律性与合目的性的统一。公园城市是赓续文明发展

---

① 上海市城市更新条例 [N]. 解放日报，2021-08-29（5）.

的巨大容器，体现公共性价值的回归与重塑。社会公众倾向于直观表达其在日常生活中的具体感受。人生是自然与人文两方面的统一整体。保护自然，打造公园城市，其目的是让人民更幸福，体现"我不仅仅是我，也是我们"。截至2022年8月，全市公园达到532座，人均公园绿地面积在过去十年从7.1平方米提高到8.7平方米。[①]由此，全面彰显其美学、生态、人文、经济、生活价值。面向未来，上海将加快打造"公园+"的多彩天地，让城市处处有公园、公园处处是美景，营造人人都能亲近自然、尊重自然、爱护自然的氛围。

（4）打响旅游品牌

旅游只有成为品牌，才会产生竞争力。品牌一旦打响则对形象产生深远影响。"上海旅游业市场配置力、影响力全面提升"[②]，正在打响上海旅游品牌。中办国办发布的《"十四五"文化发展规划》强调，推动文化和旅游业态融合、产品融合、市场融合。[③]上海将深化世界著名旅游城市建设，努力成为文旅领域国内大循环的中心节点和国际国内双循环的战略链接，赋能城市软实力。2021年以迪士尼为核心的上海国际旅游度假区无论是旅游人次还是收入都超过疫前水平。2022年上海文学馆开工，文学群星璀璨之地再燃梦想，使全体市民更好地感受和体验城市文化。《上海市红色资源传承弘扬和保护利用条例》强调"培育红色旅游品牌"[④]，体现的可复制可推广的经验就是坚持以文塑旅、以旅彰城，从而让在者舒心、来者倾心、未来者动心。

（二）"美美与共"——整合提升一批城市软实力资源要素

软实力是一个城市发展品位的体现。"软资源转化为影响力时，软实力才发挥了作用"[⑤]。中国主要城市的"软"资源一般都比较丰沛，但要

---

① 用改革开放思路和创新办法闯出新路［N］.解放日报，2022-08-09（3）.

② 上海市人民政府办公厅关于印发《上海市"十四五"时期深化世界著名旅游城市建设规划》的通知［J］.上海市人民政府公报，2021（14）：20.

③ 中办国办印发《"十四五"文化发展规划》［N］.人民日报，2022-08-17（13）.

④ 上海市红色资源传承弘扬和保护利用条例［N］.解放日报，2021-05-31（11）.

⑤ 张国祚，邓露.对李根软实力理论的评析［J］.湖南大学学报（社会科学版），2021（1）：118.

实现软实力的有效转换和显著提升并不容易。有的城市，丰富的文化资源并未得到有效利用。上海应在促进新旧资源元素重组与交融上下功夫，不断提升城市软实力，"着力提升人民群众的边际感受"①。

1.一起致力于资源要素的整合

从系统科学的视野来看，城市软实力包含着多层次、多维度、多元素的内容。其竞争，既是资源存量、更是资源增量之间的竞争。要多域、多层地开展软实力建设工作，构建一个多维、多效的资源整合网络，以求实现立体式参与"版图"。系统科学很少讲元素，更多的是使用要素概念，要素就是要紧的元素。要坚持古为今用、洋为中用，融通各种资源，既要观照要素之多，又要处理要素关系之繁。整合，不仅是原有资源的丰富，更是一种软实力的育成和提升。要一起致力于资源要素的整合，把改革开放的伟力焕发出来，为全面高质量提升城市软实力夯实基础。

（1）作为刚性的物质、资金和政策资源整合

城市软实力建设，离不开强大的物质经济条件。要推进产业链、创新链、价值链"三链整合"。从物质资源来看，要加强新基建，其随着时代与实践的变化而不断发展；也要用好存量资源，要积极创造条件，向公众开放机关、学校、企业事业单位的文化体育设施。博物馆是保护和传承人类文明的重要殿堂，日益被推向中心。博物馆助力城市软实力提升。②正是在这个意义上，可以说我们兼具历史文化空间、社会空间等多重空间的体育相关博物馆是衔接"三全十育人"的独特中介，是链接学校体育、职业体育和社会体育的主要桥梁，是以社会主义核心价值观为引领，传递思想政治教育功能和活力，培养学生体育精神和塑造正确的体育价值观的重要纽带，是城市软实力建设的宝贵场域和理想场所。一部百年体育发展史就是一部党的百年奋斗史，上海体育学院国际乒联博物馆（中国乒乓球博物馆）、体育教育博物馆等场馆更是创新党史学习教育的好载体，有助于

---

① 上海市国民经济和社会发展第十四个五年规划和二〇三五年远景目标纲要［N］. 解放日报，2021-01-30（10）.

② 郑奕. 博物馆提升城市软实力研究［J］. 东南文化，2019（4）：121.

用体育讲党史，讲清楚"能、行、好"等重大问题，讲透体育强国建设的历史逻辑和现实逻辑。质言之，场馆特别是博物馆本身就是社会的缩影，富含社会价值、文化价值、历史价值，是软实力的重要彰显。进博会是新时代上海特别重要的物质资源，吸引全球各种资源在此交流、汇聚和壮大。2022年8月，走进上海徐汇区绿地缤纷城进博集市，由绿地全球商品贸易港集团主办的"进博嗨购·缤纷生活节"活动正在火热开展，这里不仅有来自30余个国家和地区的上千种进博会同款商品可供选购，还融入啤酒、音乐、美食、运动、展演等多重元素。在社会主义市场经济条件下，缺乏财力很难集中力量办大事，我们必须加大资金资源的整合。基于区域协调发展空间尺度趋于细化，我们要充分发挥长三角一体化等政策导向作用，依靠其促进城市软实力建设。政策协同是最大化发挥政策效能的关键环节，要不断放大政策集成效应。有了明显成效后，更有利于各项政策方针措施的施行。

（2）作为软性的科技、教育和数字资源整合

新时代改革开放站在新的历史起点上。上海作为我国对外展示的重要窗口，软实力蕴藏在科技、教育和数字文化产品及服务之中。我们的时代是科学的时代，科学技术是软实力的重要体现，"越是善于认同、吸纳、蕴涵科学成果，就越是具有内在的发展力量"[①]。智慧科技资源为经济社会赋能的重要性日益凸显，能有效地改进文化接收的方式和效能。那么，怎样让创新成为驱动发展的新引擎？科学城承载了国家自主创新和科技自立自强发展战略。打造策源能力卓越的创新之城，正是上海张江科学城的重要成就之一。教育是育人的工作，"精神上富有，包括受教育机会增多"[②]。这就要求把发展教育作为提升软实力的抓手，加快整合各种教育资源，使之为城市软实力建设作出更大贡献。数据资源作为新的生产要素带来分工深化。这里所谓的数字要素，即活跃于互联网和信息化以及人工智能、虚拟现实中的要素，其"带来生活方式、交往方式、治理方式的数

---

① 易小明. 文化软实力的"硬核"[J]. 吉首大学学报（社会科学版），2018（4）：1.

② 洪银兴. 论中国式现代化的经济学维度[J]. 管理世界，2022（4）：4.

字化"①。互联网创造了"长尾效应",网信智能虽是带有虚拟性特征的变量,却是当今时代精神文化生活的必要因素。互联网是我们这个时代最具发展活力的领域。数字信息资源呈现井喷式增长的态势。"互联网+""智能+"等促使文艺发展进入更高级的阶段,且逐渐成为时兴。传统文化的利用和再造是"时代之需"②。媒体融合发展是我们亲历的一场深刻变革,澎湃新闻成为传统媒体转向新媒体的"爆款"③。上海正在加快打造具有世界影响力的国际数字之都,对提升网络文化软实力大有裨益。当然,网络安全对经济发展具有重要影响。④各国近几年来开始建立数字守门人制度。⑤

（3）作为灵性的人才、智库和组织资源整合

提升城市软实力,是市民群众的共同愿景,也将为大家带来更多利益和机遇。它要求整合海内外人才资源、智库资源和组织资源。一切发展归根结底都要靠人去实现,要聚天下英才而用之。要大兴识才爱才敬才用才之风,注重以奖促培,加强以选促培,实化以育促培,着力以引促培,改进以用促培,从整体上优化人才培养体系。诚如上海强调的,要"集聚更多文化名家和艺术大师"⑥。智库是国家软实力的重要组成部分。⑦一些综合型智库将更为突出专业特色和品牌效应。要整合智库资源,如上海社会科学院软实力研究中心、上海师范大学都市文化研究中心等资源,加强多方案比选论证。要拓展社会智库参与决策服务的有效途径,汇聚实践智慧,淬炼创意火花,为"城市病"的解决提供新思路与新方案。要

---

① 徐梦周.数字赋能:内在逻辑、支撑条件与实践取向[J].浙江社会科学,2022(1):48.

② 高福进.试论文化软实力提升的战略意义[J].贵州社会科学,2017(9):24.

③ 朱春阳,邓又溪.迈向无边界市场:全媒体技术环境下中国传媒集团成长路径创新研究——以上海报业集团为例[J].山西大学学报(哲学社会科学版),2021(6):49.

④ 张守文.经济发展、网络安全及其经济法规制[J].中国政法大学学报,2022(2):44.

⑤ 周汉华.《个人信息保护法》"守门人条款"解析[J].法律科学(西北政法大学学报),2022(5):36.

⑥ 上海市国民经济和社会发展第十四个五年规划和二○三五年远景目标纲要[N].解放日报,2021-01-30(7).

⑦ 张国祚.中国文化软实力建设中几个值得注意的问题[J].红旗文稿,2015(14):30.

"发挥各类'老专家智库'作用"①，不断探索发挥积极作用的新途径。组织保障凝聚中国式现代化的力量资源。社区是城市软实力建设服务基层居民群众的"最后一公里"。在整合组织资源方面，其"不仅是自身的组织建设，更重要的是组织社会"②。既要注意宣传思想文化等系统内部的协作，也要加强相关各部门和各人民团体等的横向联系，在基层实行更大范围的资源整合。社会治理是系统工程，需要全社会共同努力。要善于引导群众、组织群众，善于整合各方力量。只有让全体市民共同参与，从房前屋后实事做起，从身边的小事做起，把市民和政府的关系从"你和我"变成"我们"，从"要我做"变为"一起做"，才能真正实现城市共治共管、共建共享。社会组织在影响带动群众、组织动员群众方面有显著优势。社会组织能采取措施平衡秩序和活力间的关系。③要支持社区、社会组织的发展，使他们更好地链接社会资源，充分发挥桥梁纽带作用。

2.一起致力于资源要素的提升

城市影响每个市民个体的文化生活方式与幸福体验。从人类历史发展的进程进行宏大观照，文化在软实力要素中居于最高层次。④城市文化是城市软实力的根，它在深层本质上是围绕人且指向人的。如果没有丰富的文化资源，那么提升文化软实力的底气就无从谈起。⑤城市文化资源要素的整合提升，是软实力不断成长与积累的过程。文化因素在经济社会和人的现代化进程中的地位越来越重要，"渗透到软实力的各个环节"⑥。资源成果是文化自信系统中更基础的要素。面对软实力资源要素特别是文化资源，人的社会性存在使得其具有基本的共同文化需求，文化认同是指人

---

① 上海市国民经济和社会发展第十四个五年规划和二〇三五年远景目标纲要 [N]. 解放日报，2021-01-30（10）.

② 徐勇，陈军亚. 国家善治能力：消除贫困的社会工程何以成功 [J]. 中国社会科学，2022（6）：119.

③ 李林子. 社会组织参与城市社区治理的制度嵌入性分析——基于社会工作机构的跨案例研究 [J]. 城市发展研究，2022（6）：22.

④ 张国祚. 中国文化软实力建设必须回答的几个重要问题 [J]. 科学社会主义，2015（5）：8.

⑤ 张国祚，刘存玲. 新时代背景下的文化软实力提升 [J]. 马克思主义研究，2020（9）：83.

⑥ 马克·阿博拉姆苏. 软实力与当前国际关系若干问题——访中国文化软实力研究中心主任张国祚教授 [J]. 马克思主义研究，2014（1）：13.

对于其向往的文化资源的归属感。上海是中国最早进入现代文明的城市，是具有红色基因、传承红色血脉的城市，要展现兼容古今中外的"大气谦和"，以用好用活红色文化、海派文化、江南文化资源为城市软实力建设的关键支撑。红色文化、海派文化、江南文化是上海城市文化自我确认、自我阐释、自我表达之符号系统，缺一不可，不可偏废。每一项要素都具有很强的延展性和渗入性。"群众对于精神文化的需求是动态的"①，要深入探索城市软实力资源转化和再利用的新路径、新举措、新载体。

（1）红色文化是上海作为中国共产党初心地的底色

提升软实力，首先要求我们筑牢理想信念的思想文化根基。深刻认识红色文化的价值意蕴，大国大城实力中有红色文化，红色文化中有大国大城实力。革命文化是中国革命胜利的文化支撑与精神标识，蕴含了宝贵的红色文化本底。没有革命的理论，就不会有革命的运动。坚定革命文化自信，传承红色文化基因，弘扬志士正气，不忘共产党人的初心，是新时代党着力建设伟大工程，领导人民进行伟大斗争、推进伟大事业、实现伟大梦想的必然之举。文化和旅游的关系有着"灵魂载体说""诗与远方说""塑旅彰文说"。②"红色文化是红色旅游资源形成的本体核心"③，上海是中国共产党诞生地、建党精神的源头，红色文化资源丰富。要推动文旅深度融合，"形成持久的旅游形象和吸引力"④。红色文化的背后，是可歌可泣的奋斗。《上海市红色资源传承弘扬和保护利用条例》明确强调："加强对红色资源的传承弘扬和保护利用，彰显上海作为中国共产党诞生地的历史地位"⑤。在红色文化资源的运用上，2022年1月23日上海歌舞团的舞剧《永不消逝的电波》于上海美琪大戏院迎来第400场纪念演出，使大家勿忘昨天之苦难岁月，牢记今天之使命担当。其思想精深、

---

① 徐望. 国家文化软实力指标体系框架建构[J]. 统计与决策, 2018（13）：38.

② 厉新建, 宋昌耀, 殷婷婷. 高质量文旅融合发展的学术再思考：难点和路径[J]. 旅游学刊, 2022（2）：5.

③ 杜涛, 等. 红色旅游资源的社会建构与核心价值[J]. 旅游学刊, 2022（7）：16.

④ 陈岩英. 新时代旅游城市的高质量发展：内涵与路径[J]. 旅游学刊, 2022（2）：13.

⑤ 上海市红色资源传承弘扬和保护利用条例[N]. 解放日报, 2021-05-31（11）.

艺术精湛、制作精良，几乎场场爆满，获得"文华大奖""五个一工程奖"，在由红色经典改编而来的舞台作品中十分成功。

（2）海派文化映射上海软实力地域属性与本土特色

城市是人类社会与特定地域环境相结合的一种实体，文化是人类生活的方式和样态，各区域都有自己的文化特色和文化底蕴。城市软实力建设就要留住城市特有的地域环境、文化特色。必须指出的是，物质基础与文化生成相辅相成。从地域来看，海派文化是上海城市身份标识与文化特色标志。它不仅仅是属于中国的，更是属于世界的。街区体现着城市的魅力、活力与特色。上海南京路步行街区彰显海派文化，着力打造全球消费汇聚地。在上海市域、上海大都市圈和长三角城市群等多尺度空间，上海主城区既是上海承载国际大都市核心功能体现"中心性"的主要区域，也是作为中心城市发挥引领带动作用体现"辐射性"的关键所在，更是人民城市理念的首发地和实践地，具有践行人民城市理念放大中心辐射作用的典型性。衡复历史文化风貌区成为海派文化体验区。①

（3）江南文化系长三角一体化中上海更凸显的暖色

软实力表征将资源"软实力化"的能力。中华优秀传统文化根基博大精深，根系发达结实，根牢蒂固，不同程度地影响着世世代代的中国人。中国文化的繁荣及至伟大复兴，实则是一座座城市软实力的勃兴以及乡村文化振兴的联动。毫无疑问，上海软实力之东方神韵逃脱不了江南文化的数千年积淀浸润。用好江南文化资源，这与积极服务长三角一体化的国家战略相契合。老城厢是上海保存江南文化较为完整之区域。应推进江南水乡古镇联合申遗。质言之，要"充分释放文化协同发展的正向效应"②，发挥江南文化对上海城市软实力的重要支撑作用。

基于以上，上海着力"加快'上海礼物'研发"③，这将促进红色文

---

① 张松. 城市生活遗产保护传承机制建设的理念及路径——上海历史风貌保护实践的经验与挑战［J］. 城市规划学刊, 2021（6）：102.

② 黄仲山. 京津冀文化软实力提升路径［J］. 前线, 2018（9）：71.

③ 上海市人民政府办公厅关于印发《上海市"十四五"时期深化世界著名旅游城市建设规划》的通知［J］. 上海市人民政府公报, 2021（14）：25.

化、海派文化和江南文化资源要素的提升。

（三）"近悦远来"——获得"此心安处是吾乡"之归属感

发展是人类社会永恒的主题。对幸福生活的追求是推动人类文明进步最持久的力量。淡妆浓抹总相宜，软实力强"应该会受到大多数人喜爱"[①]。先贤有云："名与实对，务实之心重一分，则务名之心轻一分。"显然，向实，就是要发扬务实前行的作风，不图虚名、不务虚功，一切从实际出发，立足现实，夯实基础，体现扎实、踏实的作风，不断丰富人民精神世界、增强人民精神力量。"人民"是一个个有血有肉的生命个体。幸福是快乐的心理体验。城市软实力建设就是要因时制宜、因地制宜，拿出有效的解决办法，让人民在城市生活得更方便、更舒心、更美好。软实力作用的发挥是内化、外现的过程。要在宜居、宜业、宜学、宜游上，让人民成为城市建设的受益者、评判者。诚然，做得好不好，最终要用人民群众满意度来衡量。一言以蔽之，此种"近悦远来"——获得"此心安处是吾乡"之归属感的吸引力是城市软实力的本质属性所在。通过情感激发进行动员，能促进人民群众对支持城市软实力建设的心理认同和价值共鸣。

1. "变"与"稳"的协调：共享宜居

人民城市的客体是城市。居住空间舒适便利是生活适宜的集中体现之一。截至2021年底，上海轨道交通运营里程居全球第一。要把握好"稳"这个基础，坚持团结稳定鼓劲。要继续以百姓心为心，把握大变局，完善机制，推进城市创新变革、有机更新，坚持房住不炒、平稳健康，引导公众对未来的预期，使价值体系和制度体系相得益彰。将艺术、科技等与地方文化、社交环境相结合，由此构成的软实力让市民以居住的地方为自豪并感到幸福。城市软实力建设就是要"把创造优良人居环境作为中心目标"[②]，作用方式体现为感染渗透。发展理念是发展行动的先导，生态环境保护贯穿绿色发展理念的实践过程。绿色发展，为解决人类问题贡献了

---

① 游国龙. 软实力的评估路径与中国软实力的吸引力[J]. 现代国际关系, 2017(9)：21.
② 中央城市工作会议在北京举行[N]. 人民日报, 2015-12-23(1).

中国智慧，其有力促进着该区域社会凝聚力的形成和提升。时代潮流浩浩荡荡，当前和今后城市建设必须把让人民宜居安居放在首位。瞄准安居，就要打造具有现实风险防范与化解能力的韧性城市，这成为我们亟待研究与回答的重要课题。为此，还要实施更加开放更加便利的人才引进政策，打响"海聚英才"品牌，建设世界顶尖科学家社区。这是保持可持续发展的内在动力的体现。协调发展提高发展的平衡性。上海坚持协调发展，立足整体布局与城乡协调，兼顾五个新城发展的经济需要、生活需要、生态需要、安全需要，打造宜居的未来之城。2021年8月25日，《上海市城市更新条例》强调"提升整体居住品质，改善城市人居环境"①。面向未来，上海将加快打造"生活圈+"的便捷服务，包括构建完整的智能家居生态圈，有针对性地为居民提供精准化、宜居化服务，使智慧城市、宜居城市的观念深入人心。

2. "竞"与"合"的角逐：共享宜业

各方面工作必须坚持以人民为中心的发展思想。2021年3月，国家层面强调"使更多人民群众享有更高品质的城市生活"②。要贯彻国家战略，落实重大部署、政策安排，引领省际联动，破除以邻为壑，集中体现治理体系和治理能力，在合作中谋求互利和双赢。目前各领域的合作体制机制在动态调整优化中。新时代是奋斗出来的。人民群众是社会建设、社会治理的主体。城市软实力建设终究要走向关注人的现实发展问题，成为各行业各方面的劳动者、企业家、创新人才、各级干部创造发挥作用的舞台。新时代新矛盾，解决途径仍然是通过"发展"满足"需要"。按照人、城、业相辅相成、互兴互荣的逻辑，上海为群众主体和市场主体搭建了探索未来、成就梦想更大的舞台。软实力的实现要以实际的具体成效体现出来。成立三年来，临港新片区实际使用外资金额实现每年翻一番。人民城市软实力建设将进一步激发全社会的创新创业活力，持续形成"点亮

---

① 上海市城市更新条例[N].解放日报，2021-08-29(5).

② 中华人民共和国国民经济和社会发展第十四个五年规划和2035年远景目标纲要[N].人民日报，2021-03-13(9).

一盏灯、照亮一大片"的积极效应。

3."破"与"立"的融汇：共享宜学

知常明变者赢，守正创新者进。要完善政策制度，发挥教育改革试验区的示范带动效应。要加快一流大学和一流学科建设，加大基础研究领域青年人才梯队扶持力度，提升上海教育的国际影响力，努力成为青年人的向往之地。要发挥高等教育在空间布局中的"均衡器"作用。[①]把最好的资源留给人民，从要求走向实践、将愿景变为行动。2019年11月20日，临港开放市民大学在上海电机学院成立，开发一批特色体验学习项目，打造集知识习得、文化熏陶、审美体验、技能获取、情感养成为一体的"市民学习体验中心"。2021年，被网友誉为"全上海最好的溜冰场"的上海大学生体育中心体育馆（国际滑冰馆）的热度不断攀升，吸引了各年龄段的学生走上冰面，体验冰雪运动的快乐。上海中医药大学百草园开园，复旦设立周末大学先修学堂。融汇发展将从"相加"迈向"相融"。

4."点"与"面"的配合：共享宜游

为在全国乃至全球承担好相应的角色，坚持体制改革整体推进与重点突破相结合，定位与发展理念愿景清晰。旅游在全球范围内成为满足人们精神需要的标志性活动。"旅游+"和"+旅游"是业态创新发展的方向。其可带动其他相关产业甚至是整个区域的经济发展。旅游地点呈现的环境与氛围如果能够营造立体式、沉浸式、共情式的情境时，其软实力传播效果更为显著。风光环境是人不可或缺的自然服务提供者。城市软实力建设就要"把好山好水好风光融入城市"[②]。如果缺乏文化互动，所谓的"城"就不会有蓬勃的生命力。2017年5月，上海倡导城市有温度、建筑可阅读、街区可漫步，促进公众之间互动、人与文化及人与空间互动。它作用于市民的心灵，也作用于游客的感官。2019年9月，黄浦区入选首批国家全域旅游示范区。上海还强调"打造具有全球吸引力的美食

---

① 沈蕾娜. 互惠与正义：大学与城市协同发展的空间逻辑——以英国大伦敦区为例[J]. 国家教育行政学院学报, 2020（11）：94.

② 中央城市工作会议在北京举行[N]. 人民日报, 2015-12-23（1）.

之都"①。这种辐射世界的能力，对城市成长有着极为重要的意义。2022年8月20日，上海公开发布了海空探秘之旅等首批10条科普旅游线路，开启面向市内外之共享宜游的科技嘉年华。上海还将加快打造"道路+"的宜人街区。《上海市红色资源传承弘扬和保护利用条例》强调打造点面结合的长三角区域红色旅游圈，②上海还强调，"支持社会力量参与打造一体化、全流程的出行服务平台"③。这些举措最终都是为了全体市民群众更好地共享城市文明进步成果，"不断增强市民游客的获得感、幸福感"④。

总之，要激发全社会求真务实、团结奋进的精气神，从价值逻辑层面"凝聚向上、向善、向美力量"⑤。

①　上海市人民政府办公厅关于印发《上海市建设国际消费中心城市实施方案》的通知［J］.上海市人民政府公报, 2021（21）: 31.

②　上海市红色资源传承弘扬和保护利用条例［N］.解放日报, 2021-05-31（11）.

③　上海市国民经济和社会发展第十四个五年规划和二〇三五年远景目标纲要［N］.解放日报, 2021-01-30（9）.

④　上海市人民政府办公厅关于印发《上海市"十四五"时期深化世界著名旅游城市建设规划》的通知［J］.上海市人民政府公报, 2021（14）: 21.

⑤　上海市国民经济和社会发展第十四个五年规划和二〇三五年远景目标纲要［N］.解放日报, 2021-01-30（7）.

第二章 强化全社会广泛参与城市软实力建设思想基础的理论逻辑

　　伟大时代需要科学理论的指导。所谓理论逻辑，就是理论的概念、范畴的发展要与客观现实的进程相一致，体现出理论生成逻辑的科学性。[①]一项伟大的事业必须有科学理论指导。软实力发展行稳致远的重要准则是理论导向领航。理论自觉，是一个民族进步的力量。我们党是高度重视理论建设和理论指导的党。马克思主义是颠扑不破的真理，是激活了支撑中国现代化的历史的伟力。马克思主义揭示了人类社会发展规律，把握了历史大势。马克思主义表征着科学真理的旗帜，为我们理性认识世界、改造世界提供了强大精神力量。实践表明，一切的关键在于马克思主义"行"，在于党的创新理论"与时偕行"。党的创新理论为新时代"正在做的事情"强化思想支撑。新时代党的创新理论在历史性变革实践中创立并对实践提供科学指导，是对人的发展之问、人民幸福之问、民族复兴之问、人类发展之问等的崭新回答，其成果写在中国的大地上。我们要高举马克思主义的大旗，不断推进其中国化、大众化，用党的创新理论观察时代、解读时代、引领时代，增强理论解释力、认同力、引领力，强化全社会广泛参与城市软实力建设思想基础之理论底子。2022年8月，中办国办发布的《"十四五"文化发展规划》指出：推动当代中国马克思主义、21世纪马克思主义深入人心，健全用党的创新理论武装全党、教育人民的工

[①] 曲洪波，金钰昕.中国共产党关于历史机遇期认识的三重逻辑[J].哈尔滨工业大学学报（社会科学版），2020（4）：64.

作体系。①在深入贯彻落实党的十九届六中全会通过的决议概括的"十个明确"的基础上，我们还要深入贯彻落实习近平总书记在上海提出的人民城市重要理念，切实践行好习近平总书记提炼概括的上海城市精神和城市品格，以及他对提升软实力作出的一系列重要论述。这就是时代、实践和思想有机统一的理论逻辑。

一、以"十个明确"为科学指引

思想是无形的，但思想的力量是巨大的。伟大思想磅礴之力源于对时代的科学把握，体现在党的奋斗历史是不断推进理论创新创造的"理论探索史"②，与时俱进地为中国实践提供了创新理论。新时代，以习近平同志为核心的党中央紧密结合新的实践，实现了科学社会主义的守正创新。守正就是守马克思主义立场观点方法之正，创新则彰显了对科学社会主义的原创性贡献，在当代中国、在21世纪的世界开辟了马克思主义的崭新境界。对此，党的十九届六中全会通过的决议概括的"十个明确"，为我们提供了科学指引。

（一）明确中国特色社会主义最本质的特征是中国共产党领导，中国特色社会主义制度的最大优势是中国共产党领导，中国共产党是最高政治领导力量，全党必须增强"四个意识"、坚定"四个自信"、做到"两个维护"

这一明确，揭示了根本政治保证，贯穿着坚定信仰追求，彰显了根本价值。这里提炼的标识性的新概念、新范畴就是"四个意识""四个自信""两个维护"等。其是对马克思主义政党学说的新发展，特征是对事物的本质和规律的反映。中国特色社会主义最本质的特征是中国共产党领导。党的领导是中国特色社会主义制度的最大优势。必须加强党对城市软实力建设各领域各方面各环节的领导，建立健全党委领导、各方面齐抓共

---

① 中办国办印发《"十四五"文化发展规划》[N].人民日报，2022-08-17（13）.
② 中共中央宣传部.中国共产党的历史使命与行动价值[N].人民日报，2021-08-27（3）.

管、全社会共同参与的工作格局。各级党委（党组）要坚持软硬实力一体谋划、一体部署、一体推进，把城市精神品格融入改革开放和现代化建设全过程各方面，强化责任、狠抓落实。各级领导干部要带头弘扬和践行城市精神品格，提高领导城市软实力建设的政治能力和专业化水平。

先进政党是以人民需要和民族发展为己任的力量，它始终以崇高的理想信念为旗帜。科学谋断的政党智慧获得人民认可。[①]中国共产党既善于凝聚全党的力量，又善于密切联系人民群众，是一个具有强大组织优势和社会号召力的政党。[②]在中国，没有哪个政党而只有中国共产党才能聚合最广大人民群众的力量去实现伟大梦想，"它始终将人民群众凝聚成为不可分离的共同体"[③]。领导城市软实力建设也提供了中国共产党"能"有说服力的证据。坚持中国共产党的领导，能将群众"组织起来"，能促进团结、凝聚社会，凝聚起现代化发展的多样化主体力量。[④]

唯有不忘初心，方可告慰历史。"中国式现代化是由先进力量领导的现代化"[⑤]，"坚持党的全面领导是坚持和发展中国特色社会主义的必由之路"[⑥]。可以说，坚持党的领导是实现中国特色社会主义共享发展的鲜明特征，也是实现全体人民共同富裕的根本保证，把全党和全国人民紧密团结在一起，保证改革开放和社会主义现代化建设的成果惠及全体人民，维护社会公平正义，逐步实现共同富裕，让人民更有获得感、幸福感、安全感。增强"四个意识"、做到"两个维护"必须落实于行动。[⑦]

上海将牢记嘱托、砥砺奋进，"切实提升党的政治领导力、思想引领

① 冯颜利. 坚持党的领导是百年奋斗首要经验的三重逻辑——学习贯彻党的十九届六中全会精神[J]. 河北学刊, 2022（1）: 18.

② 秦宣. 论中国共产党的特质和优势[J]. 马克思主义研究, 2021（2）: 8.

③ 董慧. 中国式现代化的唯物史观意蕴[J]. 哲学研究, 2022（6）: 8.

④ 项久雨. 中国式现代化的显著优势[J]. 马克思主义研究, 2022（5）: 2.

⑤ 张占斌, 王海燕, 毕照卿. 中国式现代化的战略阶段、文明形态和时代意义[J]. 当代世界与社会主义, 2022（4）: 45.

⑥ 中央党史和文献研究院院务会理论学习中心组. 把握和运用党的百年奋斗历史经验的权威教材——深入学习《习近平谈治国理政》第四卷[N]. 人民日报, 2022-09-08（11）.

⑦ 张士海. 伟大建党精神: 生成逻辑、内涵意蕴与弘扬路径[J]. 马克思主义研究, 2022（2）: 27.

力、群众组织力、社会号召力"①。

（二）明确坚持和发展中国特色社会主义，总任务是实现社会主义现代化和中华民族伟大复兴，在全面建成小康社会的基础上，分两步走在本世纪中叶建成富强民主文明和谐美丽的社会主义现代化强国，以中国式现代化推进中华民族伟大复兴

这一明确，揭示了总任务，贯穿着历史担当意识。这里提炼的标识性的新概念、新范畴就是中国式现代化道路、人类文明新形态、中国梦，等等。中国特色社会主义是党和人民历经千辛万苦取得的根本成就。中国特色社会主义是实现中华民族伟大复兴的必由之路。坚持和发展中国特色社会主义的总任务，其不同于各领域的分任务、具体指标，而具有总的规定性。使命呼唤担当，使命引领未来。民族复兴是中华民族近代以来最伟大的梦想，这把对历史使命的认识提升到一个新水平。这锚定大国成为强国即实现"强起来"，串联起中国发展的演进脉络与复兴图谱，为我们提供了更高的站位、更广的视野，为人民矢志奋斗提供了方向指引。山再高，往上攀，总能登顶。我们要深入领会贯穿其中的坚定信仰信念。

第一，强调我们聚焦现代化。历史智慧越丰富，对前途的掌握就越主动。现代化是人类历史不可逆转的历史进程。实现现代化，一直是中国共产党人的奋斗目标，"'两个结合'是中国的现代化走向成熟的一个根本特征"②。党的诞生和发展，始终是和民族复兴联结在一起的，其一步一个脚印把前无古人的伟大事业推向前进。这可谓一部不懈奋斗史、理论深化史和为民造福史。世界现代化进程已进行了几百年，至今全世界实现现代化的发达国家的总人口也还不到10亿人。在人口比较集中的现代化经济体中，欧盟有4亿多人，美国有3亿多人，日本有1亿多人。而中国是14亿多人共同走向现代化。③这历程可谓从被动趋于主动，从追赶、发展

———————————

① 李强. 弘扬伟大建党精神 践行人民城市理念 加快建设具有世界影响力的社会主义现代化国际大都市［N］. 解放日报，2022-06-30（3）.

② 林进平. 中国式现代化是推进中华民族伟大复兴的必由之路［J］. 中山大学学报（社会科学版），2022（3）：5.

③ 李培林. 中国式现代化和新发展社会学［J］. 中国社会科学，2021（12）：5.

趋于逐渐引领，体现了注重过去、现在、未来统一的大历史观，不断彰显中华民族的实践自觉。其是在中国大地上生长着的现代化，"立足于最广大人民群众的全面发展"①，尊重广大人民群众的意愿，回应了"举什么旗、走什么路"的问题，使人民在理想信念、价值理念上团结在一起。中国实现现代化将使现代化的体量增加14亿，其启示我们把握和应对重要战略机遇期，自觉为担当新时代的伟大使命不懈奋斗。中国式现代化承载着伟大复兴的重要任务。要加快推进国家富强、民族振兴、人民幸福的步伐，为人类对现代化道路的探索作出新贡献。其以人类文明与生态的兴衰变化为历史根基，加快解决历史交汇期的生态环境问题，守护民族复兴的生态底线，是以人民为中心协同推进人民富裕、国家强盛、中国美丽的必由之路，是对强国复兴梦想的坚守与求索。其表明"中国式现代化"是实现复兴的道路和方法。"上海成了写在中国大地上的现代化建设蓝本"②。

第二，点明我们的主题是中华民族伟大复兴。这凝聚了中国社会大众的心理诉求与利益愿望。中国式现代化是中华民族伟大复兴的现代化，前景无限光明，蓝图必将实现。大历史观表明，中国特色社会主义符合中国国情，致力于解决当代中国面临的历史性课题，是中华民族走向复兴的必由之路。中国式现代化新道路话语建构以"中国特色社会主义"为本质规定，不是别的什么主义的现代化。与时俱进的是，其话语建构着眼于新的实践和新的发展，意味着我们对社会主义现代化建设规律的认识不断深入，形成继往开来的强烈诉求。其内在地蕴含着理论的发展性、规律性与创造性，是历史趋势和历史现实的具体统一。其科学地阐明了发展中国家如何推进全面发展。这里提炼的具有标识性的新概念、新范畴就是中国梦。伟大梦想不是等得来、喊得来的。实现中华民族伟大复兴，是一场接力跑，用"中国梦"话语有助于最大限度地凝聚海内外中华儿女的力量。高举中国特色社会主义旗帜，其实质就是要坚持和发展中国特色社会主

---

① 孙熙国，陈绍辉.中国式现代化新道路的独特创造[J].国家现代化建设研究，2022(2)：50.

② 杨扬.城市文化软实力建设的基础与路径[J].探索与争鸣，2021(7)：37.

义，为现代化道路砥砺前行提供理论指南、智慧支持和精神保障。中国人民是具有伟大团结精神的人民。承载中国梦的主体是人民群众，实现中国梦的根本动力自然是群众力量。民族复兴，是要恢复曾经长期走在世界前列的荣光，是一个内含文化软实力彰显的伟大任务。在这段宏阔的复兴征程里，上海正在给出自己的注解。

第三，揭示强起来的总特征：富强民主文明和谐美丽。质言之，这一大课题属于"强国之问"，描画了未来蓝图。新战略目标赋予新的伟大社会革命崭新内涵。中国特色社会主义事业是亿万人民自己的事业，"富强民主文明和谐美丽"内化为人民群众的理想信念与行动方向。大城是大国视野下的城市，同样要向着富强民主文明和谐美丽而努力奋斗，这是对西方现代化逻辑的"祛魅"①。前瞻性一般是指对事物未来发展趋势的预测，建成社会主义现代化强国是需要实现的前瞻战略安排。新时代目标明确，时间紧，任务也是艰巨的，成就是要靠人民用自己的勤劳双手创造得来的。

上海将秉持人民立场、为人民大众谋利益，为加快建设具有世界影响力的社会主义现代化国际大都市、为实现中华民族伟大复兴的中国梦不懈奋斗。

（三）明确新时代我国社会主要矛盾是人民日益增长的美好生活需要和不平衡不充分的发展之间的矛盾，必须坚持以人民为中心的发展思想，发展全过程人民民主，推动人的全面发展、全体人民共同富裕取得更为明显的实质性进展

这一明确，揭示了社会主要矛盾，贯穿着真挚为民情怀。这里提炼的标识性的新概念、新范畴就是以人民为中心、全过程人民民主，等等。伟大实践推动了社会主要矛盾的新变化。②其主要是解决人民生活"美好不美好"的问题，可谓推动实现总任务的根本动力。国际社会高度关注中国

---

① 刘超.全面建设社会主义现代化国家的内在逻辑——基于国家与社会关系的视角[J].思想理论教育，2022（1）：53

② 唐正东.社会主要矛盾新阐释：内涵及意义[J].唯实，2017（11）：21.

的新时代。矛盾新变化决定中国特色社会主义进入新时代。不能脱离人民的美好生活需要去孤立地谈之论之。一部社会文明发展史，既是一部社会主要矛盾的演进史，也是一部美好生活追求史。新矛盾"来源于社会生产和社会需要的新变化"①。习近平总书记一贯具有为民情怀和使命担当。一是立足人民立场，坚持人民至上。人民立场是马克思主义的鲜明特色。"群众路线"坚持一切为民的价值取向。二是以人民为中心，坚持人民主体、人民目的、人民标准，人民共建共治共享。人民群众是历史的主体与社会变革的决定力量。党的决策的实现依靠人民群众的自觉行动。"以人民为中心"，就是破解社会主要矛盾、创造社会美好生活的道路自信金钥匙，赋予"人民观"以新的时代内涵。其既表征了马克思主义基本原理同中国具体实际相结合的理论创新，也体现了对中国优秀传统文化中重民、贵民、爱民、养民、恤民、安民、亲民、惠民、利民思想的创造性转化和创新性发展。三是践行宗旨，不负人民。人的需要是具体的、历史的、不断发展的。实践证明，美好生活为人类生活理想在中国场域的现实形态和生动话语，厚植民族复兴的民心根本。如今美好生活不再局限于物质文化生活的满足。新时代美好生活的需要是一个复杂系统，发展全过程人民民主，推动人的全面发展、全体人民共同富裕取得更为明显的实质性进展，就是在解决新矛盾中落实"以人民为中心"的科学答卷。敢不敢正视矛盾与问题，显得尤为关键。这一明确，揭示新矛盾，不但讲是什么、还讲为什么，既对发展前景充满信心，又不回避矛盾，融科学性与发展性、价值性与建构性于一体。这是实践的理论，指引着人民改造世界的扎实行动，"高质量发展是应对新时代中国社会主要矛盾转换的主动作为"②。

我国社会主要矛盾，就"发展不平衡"这一话语来说，有其客观依据。第一，发展不平衡包括供给与需求不匹配、不协调。为此，我们在新时代提出"供给侧结构性改革"这一自信话语，强调"去产能""补短板"。第二，区域发展不平衡。正因为"相邻省份间协调发展又存在明

---

① 丁任重，张航.社会主要矛盾[J].经济研究，2022（2）：15.

② 张占斌，毕照卿.经济高质量发展[J].经济研究，2022（4）：24.

显的空间聚集性"①，为此，我们一系列相关话语不断传播和彰显，比如"京津冀协同发展""长江经济带发展""长三角一体化发展"等等。第三，收入分配存在差距。发展起来有发展起来的问题，在跨越"中等收入陷阱"时，收入分配差距成为重要的社会问题。②新时代已经给出"全体人民共同富裕"这一自信话语作为科学引领，"在社会主义市场经济体制下，我们能够实现这种均衡。比如，地域面积和人口规模与韩国差不多的浙江，在我国发达省份中是市场经济比较发达、民营经济产出在地区经济产出中占比较高的省份，2020年地区人均GDP已经相当于韩国人均GDP的2/3，其城乡差距和区域差距在全国都是最小的，具有推进高质量发展和建设共同富裕示范区的良好基础"③。协调发展是实现共同富裕的必由之路。④

　　发展是人类社会进步的基础。当前，中国仍是世界上最大的发展中国家，发展不充分问题仍然存在。首先，发展的失衡失调本来就是一种不充分。为此，我们面对繁重的改革发展稳定任务，强调"处理好政府和市场的关系"这一话语，以更好更优地解决资源配置问题和宏观调控问题。其次，发展不充分既体现为一些量的发展不充分，也意味着一些质的发展不充分。世上没有坐享其成的好事，欲幸福就必须奋斗。为此，针对从求温饱升级到求环保，从求生存升级到求生态，我们强调的"新发展理念""高质量发展"等话语给出了应对之策，顺应广大人民群众希求，符合我国发展实际。理解发展的不平衡及不充分，要遵循辩证法。其实质上意味着要着力解决"强不强"的问题。

　　马克思主义者必须考虑生动的实际生活。美好既是对事物的评价，也是对其的向往。生产力发展与人的发展逻辑成为美好生活需要的双重前提。路径办法很多，关键是解决好社会主要矛盾。中国共产党坚持人民至

①　任栋,曹改改,龙思瑞.基于人类发展指数框架的中国各地社会发展协调度分析[J].数量经济技术经济研究,2021(6):88.

②　鲁全.论经济发展与社会保障[J].中国高校社会科学,2021(2):61.

③　李培林.中国式现代化和新发展社会学[J].中国社会科学,2021(12):13.

④　黄群慧.协调发展是实现共同富裕的必由之路[J].金融理论探索,2022(1):3.

上，情系人民生活需要，解决好"我是谁、为了谁、依靠谁"的问题。随着新矛盾的出现，"美好生活"成为新时代重要的社会文明发展话语。人民性是社会主义城市的根本属性。新时代"美好生活"是动态的话语，更为关切人民生活"好不好"的问题。以人民为中心的发展思想是坚持人民主体地位这一根本原则在发展理论上的创造性运用。从人民富裕角度，目标从让一部分人先富起来到全体人民的共同富裕，再拓展到不仅是人民物质生活富裕，还有精神生活富裕，以及人的全面发展。[①]要有"全"的样子，避免"片面"误区。[②]十九届五中全会提出改善人民生活品质。显然，这事关社会文明发展水平的提高。

上海将始终为了群众、依靠群众，致力于建设人民向往的美好生活，既要有物质生活的丰富，也要有精神生活的富足，扎实推动人民精神生活共同富裕。

（四）明确中国特色社会主义事业总体布局是经济建设、政治建设、文化建设、社会建设、生态文明建设五位一体，战略布局是全面建设社会主义现代化国家、全面深化改革、全面依法治国、全面从严治党四个全面

这一明确，揭示了总体布局和战略布局，贯穿着科学思想方法。这里提炼的标识性的新概念、新范畴就是"五位一体"总体布局、"四个全面"战略布局，等等。这是审度各项工作的顶层设计和总体视野，说明新时代治国理政需要整体推进。总体布局和战略布局是系统工程，体现了社会全面发展的根本要求，构成一个相互贯通、相互支撑的有机统一体，升华了对社会主义建设规律的认识。

这表现为横向上的通观全局。中国特色社会主义进入新时代，"五位一体"总体布局既发展了自身又造福了世界，谱写了一曲感天动地、气壮山河的奋斗赞歌。中国式现代化的重要历史经验话语是坚持理论创新。改革开放以来，总体布局话语体系渐趋成熟，彰显着自立自强、创新创造的

---

① 张晓晶. 中国共产党领导中国走向富强的百年探索[J]. 中国社会科学, 2021(11): 92.

② 燕连福. 中国式现代化新道路的五个特征[J]. 北京联合大学学报（人文社会科学版）, 2022(2): 13.

鲜明特质。新时代的新方位定向导航，继承和弘扬这种与时俱进的品格，在"富强民主文明和谐"之后加上"美丽"，由有内在联系的五大领域构成的总体明晰了中国特色社会主义事业总体布局。统筹意味着一种科学设计和责任担当。

这表现为纵向上各个要素和环节的彼此衔接。中华民族是自强不息、襟怀远大的民族。战略上赢得主动，党与人民事业就大有希望。伟大事业需科学理论指引，需战略抓手推进。战略是关系整体与长远发展的顶层设计，是谋全局、谋发展、谋未来的。"四个全面"是"系统化"了的思想论断，接续提出、不断深化、相辅相成、有机更新、协调推进，实施于"五位一体"的全领域中，把我们党对治国理政的认识提高到一个新格局。"四个全面"每一个"全面"都具有重大战略意义，随着实践的发展而更全面、更多维地加以布局，集中回应人民群众之关切期待。这一顶层设计充满辩证思维，极具科学眼光。强调协调推进，就是新征程中的一个重大创新。

上海将肩负使命担当，致力于统筹推进"五位一体"总体布局，协调推进"四个全面"战略布局，持续提升城市能级和核心竞争力。

（五）明确全面深化改革总目标是完善和发展中国特色社会主义制度、推进国家治理体系和治理能力现代化

这一明确，揭示了改革动力，贯穿着务实思想作风。这里提炼的标识性的新概念、新范畴就是全面深化改革、国家治理体系和治理能力现代化，等等。党的十八届三中全会在提出全面深化改革的目标时，无论是总目标，还是各领域具体目标，所涉及的都是文化软实力的研究范畴：制度、体制、治理体系和治理能力等。[①]

改革是亿万人民自己的事业。要尊重和发挥地方、基层、群众的首创精神。全面深化改革是一场全面深刻的社会变革，反映了我们对历史发展

---

① 张国祚.协调推进"四个全面"战略布局必须着力提高国家文化软实力[J].江海学刊，2015(5)：10.

规律与理论演进逻辑的深入把握。不全面深化改革，发展就缺少动力。[①]改革是创造力和凝聚力的统一，着眼于人民群众最期盼的问题。问题是改革创新的起点，也是改革创新的动力源。每一次重大改革都给党与国家注入新的活力。全面深化改革是一项复杂的系统工程。小智治事，大智治制。广大党员、干部要带头提高制度意识。"中国之治"的核心密码是"中国之制"。这套制度体系特色鲜明、符合实际、符合民意，通过社会主义的制度优势开拓中华文明的崭新图景。

道路合不合适，只有人民才最有发言权。我们党就是靠改革开放振奋了民心。改革开放使我国走向繁荣富强，改革只有进行时，没有完成时。中国特色社会主义进入新时代，要完善和发展制度、推进治理现代化，把改革的合规律性与合目的性提升到一个新层次、新境界。为人民改革是全面深化改革鲜明的价值导向。我们以人民为中心推进改革，坚持加强党的领导和尊重人民首创精神相结合，坚持顶层设计和摸着石头过河相协调，坚持试点先行和全面推进相促进，抓住人民最关心、最直接、最现实的利益问题推进重点领域改革，不断增强人民获得感、幸福感、安全感，全社会形成改革创新活力竞相迸发、充分涌流的生动局面。全面深化改革涵盖各领域的改革，绘就了一幅波澜壮阔、气势恢宏的时代画卷。社会在深刻变革中既生机勃勃又井然有序。中国制度的系统化、规范化、程序化将不断提升。中国人民生活将更加幸福。

科学理论源自伟大实践并指导新的伟大实践。必须从纷繁复杂的事物表象中把准改革节点。实现强起来，全面深化改革是强大动力，是关键一招。要从这个高度去观察问题和解决问题。要将法治作为全面深化改革的基本遵循，有效调动地方与基层推动改革的积极性主动性。城市软实力建设遵循"城市发展需要依靠改革"[②]的要求。紧紧依靠人民群众推动改革，进一步明确了人民群众在全面深化改革中的主体地位、原动力作用。使各项改革举措在目标取向上相互配合，这是保持定力与改革创新的有机

---

① 马怀德. 法治与国家治理［J］. 社会科学, 2022（8）: 11.

② 中央城市工作会议在北京举行［N］. 人民日报, 2015-12-23（1）.

统一。

上海将坚持以人民为中心，致力于推进深层次结构性改革，突出改革系统集成。

（六）明确全面推进依法治国总目标是建设中国特色社会主义法治体系、建设社会主义法治国家

这一明确，揭示了法治保障，贯穿着有关长治久安的思考。这里提炼的标识性的新概念、新范畴就是全面依法治国、中国特色社会主义法治体系，等等。党的十八届四中全会所强调的全面依法治国，无论是立法、执法、守法都与道德和智慧密不可分，都与文化软实力密切相关。[①]

人民是依法治国的主体和力量源泉。要坚持人民主体地位，坚持法治为了人民、依靠人民、造福人民、保护人民。不全面依法治国，就无法形成改革过程中的社会共识。[②]党的领导是中国特色社会主义法治之魂。理论自觉根植于社会治理创新与文明进步，法治已经成为治国理政话语体系中浮现出来的关键词。由此，中国实践形成了对全面依法治国的一系列规律性的认识。我们要深刻认知这些重要的理论话语：科学立法、严格执法、公正司法、全民守法是方针；党对全面依法治国的领导是社会主义法治之魂；中国特色社会主义法治体系是全面依法治国之抓手；统筹推进国内法治和涉外法治是必然要求。这揭示了"中国之治"的发展趋势和本质规律。实践表明，民法典为以后法律法典化提供了良好范例。

全面依法治国是国家治理的革命性飞跃。全面推进依法治国的旨趣是"良法善治"。其"包括两个层面：一是善良意愿，二是善于治理"[③]。这是推动经济社会持续健康发展的重要条件。"良法善治"超越了工具主义法治局限。但"良法善治"旨趣的实现并非一蹴而就，需要配套育成，必然有其背后的促成因素与推动力量。科学立法、严格执法、公正司法、全民守法是体现这一旨趣的重要制度性话语。这是我们党在治国理政上的

① 张国祚.协调推进"四个全面"战略布局必须着力提高国家文化软实力[J].江海学刊,2015(5)：10.

② 马怀德.法治与国家治理[J].社会科学,2022(8)：11.

③ 徐勇,陈军亚.国家善治能力：消除贫困的社会工程何以成功[J].中国社会科学,2022(6)：117.

自我完善。

科学立法是"良法善治"的前提条件。改革对立法的需求日益增强。实现国家治理体系现代化，法治化是关键。立法是先导，科学立法是前提。我们制度优势的一个重要方面是着力科学立法，善于自我完善，向着更加成熟定型的方向迈进。法律是治国之重器，良法是善治之前提，"中国之治"的现实要求在于通过科学立法加快完善制度体系。为此，要把准法律制度的空白点与冲突点，科学地进行立改废释，特别是要提高立法质量，实现从粗放立法向精细立法转变。增强规则制定能力，统筹推进国内法治和涉外法治是题中之义。民法典自2021年1月1日起施行，实现了几代人的夙愿。

严格执法是"良法善治"的关键环节。法律的生命力与权威系于实施。何时重视法治、法治昌明，何时就国泰民安。制度的效力需要通过制度执行来彰显。严格执法是法治对行政机关的基本要求，是"良法善治"的关键环节，执法严格才能发挥好法治在国家治理中的效能。注重运用法治手段维护社会公共价值，要切实做到严格、规范、公正、文明执法，依法应对挑战、抵御风险、解决矛盾，努力实现最佳法律效果、政治效果、社会效果。

公正司法是"良法善治"的重要任务。法治中国建设是一项长期复杂的系统工程，公正司法是建设法治中国的防线。"良法善治"深植着以公正为生命线之法治精神。改革是推动法治中国建设的不竭动力，司法体制改革的价值目标就是实现公平正义。现实表明，要做到定分止争，司法必须公正。人民群众满意的法治答卷，就是最佳成绩单。以人民为中心，就要发挥司法断案惩恶扬善功能，让人民在司法案件中感受到公平正义。

全民守法是"良法善治"的重要要求。法律的权威源自人民的内心拥护与真诚信仰。坚持"法安天下，德润人心"，建设"法治中国"，这是党在治国理政理论上的重大话语创新。道德滋养对于法律信仰培养有基础性作用。[①]实践反复证明并不断深化了我们的认识，培育人们的法律信

---

① 周叶中. 中国特色社会主义法治体系的鲜明特点和突出优势［J］. 红旗文稿, 2022（4）：15.

仰、法治观念、规则意识，最广泛、最深厚的根基在民众，全民自觉守法才是"良法善治"的决定力量。

上海将鲜明体现马克思主义的立场观点方法，致力于形成人人参与法治建设、获得平等保护、感受公平正义、共享法治成果的生动局面。

（七）明确必须坚持和完善社会主义基本经济制度，使市场在资源配置中起决定性作用，更好发挥政府作用，把握新发展阶段，贯彻创新、协调、绿色、开放、共享的新发展理念，加快构建以国内大循环为主体、国内国际双循环相互促进的新发展格局，推动高质量发展，统筹发展和安全

这一明确，揭示了政治经济学的最新成果，贯穿着稳中求进基调。这里提炼的标识性的新概念、新范畴就是新发展阶段、新发展理念、新发展格局、高质量发展，等等。其"指导了新时代我国改革开放和经济发展实践"[①]。

把握新发展阶段，这一论断既清醒务实又鼓舞人心。中国GDP总量在1990年只排在世界第十位，到1995年，中国超过了加拿大、西班牙和巴西，排在第七位，到2000年，中国超过意大利，晋升到第六位。随后，中国又分别在2005年、2006年、2007年相继超过了法国、英国和德国，并于2010年超过了日本，成为世界第二大经济体。[②]1978年到2020年的42年中，中国的GDP年均增长9.2%。[③]全国人民倍感振奋。新发展阶段就是全面建设社会主义现代化国家、向第二个百年奋斗目标进军的阶段，其立足于新的时代大背景"两个大局"。这为更好地发展中国特色社会主义事业指明了方向。理论发展的动力在于提出和解决问题。马克思主义是在实践中不断发展的理论。就基本经济制度完善、处理好政府和市场关系而言，这是推动我国经济发展实践的宝贵经验和智慧结晶。这深化了对社会主义市场经济规律的认识。

这是一个需要理论且一定能产生科学理论的时代。理论之效彰显为以

① 刘伟, 邱海平. 中国特色社会主义政治经济学 [J]. 经济研究, 2022 (1)：25.
② 张晓晶. 中国共产党领导中国走向富强的百年探索 [J]. 中国社会科学, 2021 (11)：86.
③ 李培林. 中国式现代化和新发展社会学 [J]. 中国社会科学, 2021 (12)：7.

理服人。新发展理念传承党的发展理论，坚持以人民为中心的发展思想，进一步科学回答了实现什么样的发展、怎样实现发展的问题。新发展理念涉及发展的基本关系和基本方面，保障经济在实现高质量发展上不断取得新进展。贯彻新发展理念是新时代我国发展壮大的必由之路。其包括的五个维度各有侧重，实现了对马克思主义发展观的集成性创新。其题中之义就是"创新成为第一动力、协调成为内生特点、绿色成为普遍形态、开放成为必由之路、共享成为根本目的"①，是书写在亿万中国人民心中的科学理论。要在解决一个又一个问题中不断创造新的业绩。我国在打造一流营商环境方面取得明显成效。"新发展理念所引领的新的文明发展道路，深刻地蕴含着'和平、发展、公平、正义、民主、自由的全人类共同价值'"②，对此，我们应理直气壮地予以阐释与展现，使之面向世界，为软实力建设注入强大动能。

显然，"'双循环相互促进'是中国与世界经济互动的科学答案"③。基于此，构建新发展格局有利于巩固大国经济优势。新时代是各项事业高质量发展的时代。新时代要推动高质量发展，统筹发展和安全，充分发挥出集中力量办大事的优势，筑牢民族复兴的安全保障。应急管理能力作为综合国力的重要组成部分。④总体国家安全观体现对国家安全的"总体"关照。通往理想的道路从来没有坦途，改革开放已走过千山万水，但仍需跋山涉水。看准了的，就大胆地试，大胆地闯。进博会"助力中国经济高质量发展，推动全球经济复苏，让中国的市场成为世界的市场、共享的市场、大家的市场"⑤，这都是很紧要的。我们一定要从理论与实践紧密结合上学深悟透、弄通做实，书写无愧于时代的壮丽篇章。

上海将运用辩证唯物主义与历史唯物主义之科学方法，致力于主动服务和融入新发展格局。

---

① 中共中央关于党的百年奋斗重大成就和历史经验的决议[N].人民日报,2021-11-17(6).

② 孙正聿.从大历史观看中国式现代化[J].哲学研究,2022(1):11.

③ 裴长洪.中国开放型经济学的马克思主义政治经济学逻辑[J].经济研究,2022(1):53.

④ 杨安华,江发明.应急管理软实力:生成逻辑与作用机理[J].理论月刊,2022(7):29.

⑤ 罗珊珊.进博会 展会质量持续提高[N].人民日报,2022-08-31(19).

（八）明确党在新时代的强军目标是建设一支听党指挥、能打胜仗、作风优良的人民军队，把人民军队建设成为世界一流军队

这一明确，揭示了强军目标，贯穿着战略支撑意识。这里提炼的标识性的新概念、新范畴就是新时代军民融合，等等。要从整体上全面理解和把握。时代之潮，激荡强军力量。越是接近梦想，前进的路就越是艰辛。世界一流的人民军队是实现"强起来"的重要保障。

历史和现实都反复证明，"提高综合实力是全面增强话语权的基础"①。强国必须强军、军强才能国安，人民群众就是党和人民军队的铜墙铁壁。曾经，发展滞后是安全脆弱的内在原因。如今，实现中华民族伟大复兴迎来光明前景，显然，要"统筹推进经济建设和国防建设"②。新时代更加注重军民融合，寓安全于发展，以发展促安全。广大干部群众的国防意识与国防素养持续提高。这些历史性成就，使道路自信有了更为坚实的基础。

上海将致力于强化全民国防教育，做好新时代双拥工作。

（九）明确中国特色大国外交要服务民族复兴、促进人类进步，推动建设新型国际关系，推动构建人类命运共同体

这一明确，揭示了外部环境保障，贯穿着胸怀天下的历史经验。这里提炼的标识性的新概念、新范畴就是中国特色大国外交、"一带一路"倡议、人类命运共同体，等等。人类文明新形态是胸怀天下的文明形态。③世界各国乘坐在一条命运与共的大船上。"天下观念的指导下讲好全人类的故事"④，有助于形成更加主动有利态势。其中很重要的是胸怀天下、放眼世界，推动构建人类命运共同体，立意高远、思想深刻、内涵丰富，必须长期坚持、不断丰富发展。世界百年未有之大变局加速演进，要以共

---

① 张国祚，刘存玲. 新时代背景下的文化软实力提升 [J]. 马克思主义研究，2020（9）：89.

② 侯衍社. 新发展理念是21世纪马克思主义发展哲学的精髓 [J]. 哲学研究，2022（7）：8.

③ 田旭明. 开创人类文明新形态的伟大意义 [J]. 马克思主义研究，2022（4）：59.

④ 夏德元，薛雅丹. 艺术化转向：中国文化国际传播的"破圈"之道——文化软实力视域下国际传播的观念变革、内容甄选与话语转换 [J]. 当代传播，2022（3）：10.

赢与"五通"机制促进"团结合作"①。人类命运共同体重大理念体现对人类未来命运的高度关怀，是对马克思主义世界历史理论的新发展。其给世界人民带来和平发展的新希望，为开辟人类更加美好的发展前景提供中国智慧。

目标任务的实现，都需要全方位环境条件支撑，良好的外部环境显然不可或缺。人类社会早就置身马克思研判的"历史转变为世界历史"的普遍交往情境。当下世情、社情都发生了深刻变化，人类社会再次面临何去何从的历史当口，外部环境考验是长期的、复杂的、严峻的。新的征程上，我们必须增强忧患意识。我们科学理性地借鉴人类一切文明成果，当然不会照抄照搬。和平发展成为推动世界历史进程的重要力量。中国式现代化新道路话语建构，瞄着问题去，追着问题走，为人类谋和平与发展、为世界谋大同，贡献了中国智慧和中国经验，提出了中国方案，发出了中国声音，有助于提升中国的软实力特别是话语权。中华文化得到更多的机会与途径走向世界。中国式现代化新道路反对走战争掠夺和对外转嫁污染的西式现代化老路。我们开辟了和平发展的人类文明新路，促进了世界共同发展，推动了人类命运共同体构建。我们要高扬和平、发展的话语，塑造我国参与国际合作和竞争新优势，致力于优化民族复兴的外部环境。和平发展的理念根植于中华文明的深厚土壤。这实际上也是为解决人类问题贡献的中国方案。这倍受国际社会特别是广大发展中国家的关注。

我们要在历史前进的逻辑中前进，在迅速变化的时代中赢得主动，人类命运共同体是中国提出的全球治理方案。这为解决人类共同问题提供了价值共识基础。知所从来，才能明其将往。从文脉流传来看，和而不同是中华优秀传统文化的重要组成部分，这一话语在经过创造性转化之后焕发蓬勃活力，乃构建人类命运共同体之自信底气。我们以推动构建人类命运共同体谋大同，坚持和平发展的现代化。中国式现代化新道路是通往人类文明新形态之途。一个重要前提和基础是，我们坚持和平复兴，超越了西方"国强必霸论"的国家观。推动构建人类命运共同体，这一价值理念的

---

① 宋超，龚洁. 人类命运共同体生产力发展特点的系统哲学解读[J]. 系统科学学报，2022(3)：61.

提出本就带有强烈的使命担当。这是我国和平发展道路的体现。其突出强调了以人民为中心，蕴含着和平发展、合作共享的精神内涵，把握了时代脉动、引领了时代大潮。话语表达的持续完善创新能够影响价值理念的说服力，这是其能动性的重要体现。人类卫生健康共同体、生命共同体、网络空间命运共同体、海洋命运共同体等价值性话语的建构与传播是其生动注脚。这就充实了内涵丰富、与时俱进、赓续创新的为世界"谋大同"话语体系。

人类命运共同体不是无源之水、无本之木。推动构建人类命运共同体，描绘了人类社会发展进步的美好图景。这一理念性话语蕴含了解决人类难题的"天下为公、世界大同"的文化智慧，深化了对国际关系发展的规律性认识，体现了中国为人类作出新的更大贡献的时代担当。价值共识的达成离不开人类共存共赢的样态。随着人类命运共同体这一中国理念被写入联合国相关决议（2017年2月10日，联合国社会发展委员会；2017年3月17日，联合国安理会；2017年3月23日，联合国人权理事会），其成为广泛共识，需要国际行为体共同努力、携手推进。这些主张体现了"和为贵"的智慧。这是应对人类发展全球性困境的"中国思考"，一定能迎来更加光明的发展前景。当然，实现这一理念，必须携手付出艰苦努力。

历史和现实雄辩地告诉人们：命运最终取决于人心向背，得民心者得天下。我们的不少发展经验得到国际社会广泛认同。中华文明有着尚和合、重共享等传统经验，表现出旺盛的生命力，给予我们透视天下风云的智慧目光。规律表现为大势，大势蕴含着规律。面向世界，就是要强化世界眼光、全球视野，把握世界大势、天下大道，形成新的生产力、市场力和创新力。当今时代诚如马克思所言，即"历史向世界历史的转变"，人类命运共同体语境下国家当在谋求本国发展中促进各国共同发展，交流互鉴推动文明的发展与进步。中国为发展中国家提供经验，其凝结对经济社会发展规律的新认识，将对世界和平与发展起到巨大的推动作用。

人类命运共同体建基于全人类共同价值。中华民族伟大复兴进入关键时期，我国发展越来越融入世界。审视和把握日益错综复杂的国内外发展大势，中国不仅提出了"一带一路"倡议，还倡导和平、发展、公平、正义、民主、自由的全人类共同价值。其不仅有利于国际联通，而且促进人民民心相通。人类命运共同体坚持以全人类共同价值为价值导向，展现出前所未有的光明前景。中国还倡导建构持久和平、普遍安全、共同繁荣、开放包容、清洁美丽的世界。只要国际社会秉持人类命运共同体理念，坚持多边主义、走团结合作之路，世界各国人民就一定能够携手应对各种全球性问题，共建美好地球家园。

上海在世界经济中的地位和作用更为突出，将致力于促进开放优势进一步彰显，营商环境跻身国际前列。

（十）明确全面从严治党的战略方针，提出新时代党的建设总要求，全面推进党的政治建设、思想建设、组织建设、作风建设、纪律建设，把制度建设贯穿其中，深入推进反腐败斗争，落实管党治党政治责任，以伟大自我革命引领伟大社会革命

这一明确，揭示了伟大工程，贯穿着自我革命精神，彰显了根本保证。这里提炼的标识性的新概念、新范畴就是全面从严治党、自我革命、伟大建党精神，等等。全面从严治党的新要求，其中关于理想信念、作风纪律和"反四风"等问题，无不影响党的吸引力、凝聚力、公信力，无不涉及文化软实力。[①]

中国共产党能够带领人民进行伟大的社会革命，也能够进行伟大的自我革命。质言之，这一大课题属于"强党之问"，必须毫不动摇推进党的建设新的伟大工程。不少政治话语的具体化、时代化往往通过治理话语来表达。政党是现代政治生活的常态化现象。在世界上4000多个形形色色的政党中，在世界上130多个共产党组织中，中国共产党取得的成就为何如此辉煌？产生的影响为何如此耀眼？[②]党不断自我净化、自我完善、自我革新、自我提高。治国必先治党，领导伟大社会革命必须勇于进行自我革命，这贯通牢记使命、砥砺奋进的未来。

---

① 张国祚.协调推进"四个全面"战略布局必须着力提高国家文化软实力[J].江海学刊,2015（5）：10.

② 秦宣.论中国共产党的特质和优势[J].马克思主义研究,2021（2）：1.

　　我们党历来重视自身建设，从严管党治党，在攻坚克难的征途上发挥先锋模范作用。推进伟大工程是中国特色社会主义的本质要求。全面从严治党话语特别是突出党的政治建设和推进党的自我革命的管党治党话语，生动体现了新时代中国政治文明发展的理论话语创新，反映了我们党加强自身建设的规律和经验。全面从严治党实践充分证明民心乃最大之政治。其意味着不断提升自我，确保肌体的健康和活力。全面从严治党是党永葆生机活力、走好新的赶考之路的必由之路。这是对马克思主义党建理论的丰富和发展。

　　当前，党和国家事业发展进入新发展阶段。政治建设是党的根本性建设。中国共产党旗帜鲜明地讲政治，尤其强调在领导干部所有能力中，政治能力是第一位的。每一名党员都要牢固树立"四个意识"。严明政治纪律和政治规矩、重视政治文化建设、深化政治巡视、强化政治"三力"、净化政治生态，这些话语的建构和弘扬促进了政治建设高质量发展。政治生态，将生态学的话语引入到政治学中，实现了"术语革命"。党内政治生态建设关系着政治建设的总体效应。勇于担当作为，是共产党人与生俱来的品质。总之，突出党的政治建设，要体现抓"关键少数"与管"绝大多数"相结合。

　　治国理政须臾离不开法治。"伟大工程"需要国法和党纪紧密衔接。中国共产党将制度建设贯穿于党的建设全过程，全面从严治党，以自我革命推动社会革命。进行具有许多新的历史特点的伟大斗争，关键在党。自我革命是一种革命性锻造，可以培元固本。端起历史规律的望远镜去细心观望党的自我革命，其是与我们党的先进性和纯洁性紧密相关的。逆水行舟用力撑，一篙松劲退千寻，作风建设永远在路上。党的纪律是刚性约束，严格执纪是新时代党的自我革命的重要着力点。坚持依法治国和制度治党、依规治党统筹推进，是重要的理论话语建构。"把权力关进制度的笼子里""老虎苍蝇一起打"等成为话语创新的生动例证。

　　自我革命是我们党为跳出历史周期率给出的"第二个答案"，这是非常重大而科学的论断。党的自我革命是伟大社会革命的推进器。从效度来看，全面从严治党是坚持人民立场、赢得党心民心的自我约束战略与制度设计。不要人夸颜色好，只留清气满乾坤。其表征了"属于人民、代表人民、为人民根本利益而奋斗"，弘扬伟大建党精神，不负人民。自我革命是不忘初心、牢记使命的必然要求。

上海将"努力创造无愧于党的诞生地的党建成果"[①]。

二、以"人民城市人民建，人民城市为人民"为理念指引

2019年习近平总书记考察上海期间，提出了"人民城市人民建，人民城市为人民"理念。[②]这深刻揭示了中国特色社会主义城市的人民性，赋予了上海建设新时代人民城市的新使命。我们要深刻领悟贯穿在这一重要理念中的人民立场。要以理念为行动先导，发挥武装头脑、指导实践的作用，为城市软实力建设提供指引。

（一）"人民城市人民建，人民城市为人民"理念提供了科学指引

人民性是马克思主义理论的永恒主题。群众路线是党长期坚持的领导方法与工作方法。民生工作关系国家、民族的兴衰存亡。"以人民为中心"属于我国发展的价值取向。在新时代，"人民"不仅是抽象的具有整体性意义的存在体，也是具体的具有具象性、个体性意义的存在体，是"有血有肉"的"一个一个具体的人"，意味着一个都不能掉队，让每个人获得发展自我和奉献社会的机会，等等。牢记嘱托、砥砺奋进，我们要始终把人民立场作为根本立场，在城市建设、城市软实力建设上关注、代表与实现人民群众的根本利益。

2020年11月12日，习近平总书记在浦东开发开放30周年庆祝大会上进一步指出，"提高城市治理现代化水平，开创人民城市建设新局面。人民城市人民建、人民城市为人民。城市是人集中生活的地方，城市建设必须把让人民宜居安居放在首位，把最好的资源留给人民。要坚持广大人民群

---

① 李强. 弘扬伟大建党精神 践行人民城市理念 加快建设具有世界影响力的社会主义现代化国际大都市［N］.解放日报, 2022-06-30（4）.

② 习近平：人民城市人民建，人民城市为人民［EB/OL］. 光明网, https://m. gmw. cn/baijia/2019-11/03/33288485. html.

众在城市建设和发展中的主体地位，探索具有中国特色、体现时代特征、彰显我国社会主义制度优势的超大城市发展之路。要提高城市治理水平，推动治理手段、治理模式、治理理念创新，加快建设智慧城市，率先构建经济治理、社会治理、城市治理统筹推进和有机衔接的治理体系"①。以人民为中心的发展思想，揭示了我们推动经济社会发展的根本目的和动力源泉。"人民城市人民建，人民城市为人民"，对民情、民意、民心有更为直观和深刻的把握，具有重大意义。

（二）践行"人民城市人民建，人民城市为人民"理念

"人民城市人民建，人民城市为人民"重要理念为中国特色社会主义城市发展道路提供了科学理论支撑。建设人民城市是城市软实力的追求。②上海全面提升城市软实力的行动同"人民城市人民建，人民城市为人民"重要理念高度契合，是基于理性思考和实践需要，坚持客观和主观的有机统一。

我们要深刻感悟凝结在"人民城市人民建，人民城市为人民"重要理念中的人民思想光辉，把坚持人民利益高于一切写在自己的旗帜上，充分发挥其科学引领作用。《上海市城市更新条例》第一条即强调"践行'人民城市'重要理念"③。

"新时代，中国式现代化获得日益丰富的内涵，表现在：立足于人民城市实现城市治理现代化……"④。践行"人民城市人民建，人民城市为人民"理念，体现了理念引领与实践落实的有机统一。要牢记嘱托、砥砺奋进，以时不我待、只争朝夕的精神投入工作，立足上海实际，借鉴世界大城市发展经验，着力打造社会主义现代化国际大都市。要坚持广大人民群众在城市建设和发展中的主体地位，探索具有中国特色、体现时代特征、彰显我国社会主义制度优势的超大城市发展之路。

中国式现代化坚持人的现代化与经济现代化、政治现代化、文化现代

① 习近平. 在浦东开发开放30周年庆祝大会上的讲话［N］. 人民日报, 2020-11-13(2).
② 郑崇选. 提升上海城市文化软实力的价值追求与基本路径［J］. 上海文化, 2021(8)：5.
③ 上海市城市更新条例［N］. 解放日报, 2021-08-29(5).
④ 董慧. 中国式现代化的唯物史观意蕴［J］. 哲学研究, 2022(6)：11.

化、社会现代化、生态文明现代化协同推进，走出了以人的发展为主脉的并联式、叠加式发展。① 上海应为此先行先试。

三、以上海城市精神和城市品格、软实力重要论述为遵循

伟大思想磅礴之力彰显于精神主动。城市精神、城市品格的识别功能，在于其是城市形象最佳的代名词。习近平总书记亲自提炼概括的上海城市精神和城市品格，对提升软实力作出的一系列重要论述是强化全社会广泛参与城市软实力建设思想基础的理论逻辑落脚点。增强发展动力，迫切需要构筑共有精神家园。文化是一种内生性要素。城市精神和城市品格是城市文化的精髓。《上海市城市更新条例》第一条即强调"弘扬城市精神品格，推动城市更新"②。城市软实力是城市精神、城市品格的对象化。③

（一）上海城市精神

历史川流不息，精神代代相传。城市文化基因和精神标识离我们的生活并不遥远。城市精神为经济、社会、文化建设等提供精神动力，是城市软实力的核心，是每一个市民都应为之行动的事。诚如中央城市工作会议强调的，城市软实力建设就是要"结合自己的历史传承、区域文化、时代要求，打造自己的城市精神，对外树立形象，对内凝聚人心"④。

习近平总书记2007年在上海工作期间概括了"海纳百川、追求卓越、开明睿智、大气谦和"的上海城市精神。2018年11月，习近平总书记在上海考察时再次强调，要发扬"海纳百川、追求卓越、开明睿智、大气谦

① 黄建军.唯物史观视野下中国式现代化的历史坐标与世界意义［J］.马克思主义研究, 2022（6）：40.
② 上海市城市更新条例［N］.解放日报, 2021-08-29（5）.
③ 陈忠.城市软实力的日常生活营建［J］.探索与争鸣, 2021（7）：41.
④ 中央城市工作会议在北京举行［N］.人民日报, 2015-12-23（1）.

和"的上海城市精神。①

上海城市精神是逻辑层次明确的科学体系。如果说海纳百川是上海一贯的文化特点，追求卓越是上海的一种文化本质，那么开明睿智本身是一种态度，大气谦和是一种胸襟，这样才能进一步实现海纳百川，进一步追求卓越。

让上海城市精神内化于心、外化于行，从而涵化于人，这是每一位上海市民特别是"新上海人"要上好的"一课"。要内化为精神追求，外化为自觉行动，表征市民积极向上的精神风貌与精神追求。其中，就开明睿智而言，每一个市民在日常生活、工作中均在为提升城市品牌形象、推动城市发展建设出智出力。

（二）上海城市品格

城市品格是城市软实力的又一关键内容。2018年，习近平总书记在首届中国国际进口博览会开幕式主旨演讲中指出"开放、创新、包容已成为上海最鲜明的品格"，强调"这种品格是新时代中国发展进步的生动写照"。②联系新时代新征程，共享发展具有鲜明的开放包容性的特征。全面提升上海城市软实力要高扬上海城市品格，以开放的胸怀和包容的心态拥抱世界，这有利于巩固共同思想基础，巩固强大精神支柱。

坚持胸怀天下，因开放而致广大。上海的发展进步，同其开放品格、开放优势、开放作为紧密相连。因其开放，而能海纳百川，讲好中国新故事，在开放中博采众长、不断完善自己。要秉持开放的心态积极吸收人类现代化进程中的一切有益成果。③开放始终彰显着开明睿智，体现了鲜活的时代性。从软实力建设来看，开放始终是城市的吸引力、影响力、公信力等的寄寓和彰显，应给予足够重视。

坚持改革创新，因创新而立潮头。上海的创新品格，涵盖了城市功能

① 习近平在上海考察时强调：坚定改革开放再出发信心和决心 加快提升城市能级和核心竞争力 [N].人民日报，2018-11-08（1）.

② 习近平.共建创新包容的开放型世界经济——在首届中国国际进口博览会开幕式上的主旨演讲 [N].人民日报，2018-11-06（3）.

③ 张明.大历史观与中国道路的哲学审思[J].哲学研究，2022（5）：24.

创新、制度创新、治理创新，以及科技创新、知识创新，还有理论创新、文化创新，等等。奋力担当新时代新使命，上海必须始终保持开拓创新的勇气、弘扬改革创新的时代精神。今天的上海依然要保持热火朝天、只争朝夕的创业氛围，走打破常规、创新突破之路。进博会"已成为重要的全球新品的首发地、前沿技术的首选地、创新服务的首推地"①。从软实力建设来看，创新是城市的生命力、创造力、竞争力等的寄寓和彰显。

坚持有容乃大，因包容而更美好。近代，上海是"近代中国的光明的摇篮"②；现代，上海是温情和谐宜居的城市。包容普惠、互利共赢才是越走越宽的人间正道。和羹之美，在于合异。各美其美，美美与共。从软实力建设来看，包容是城市的凝聚力、感召力、亲和力等的寄寓和彰显。

（三）关于软实力的重要论述

关于软实力，习近平总书记提出了许多重要论述，这为城市软实力建设提供了遵循。

首先，软实力内蕴着凝聚力、生命力、吸引力、影响力、创造力、竞争力。习近平总书记明确指出，"文化软实力集中体现了一个国家基于文化而具有的凝聚力和生命力，以及由此产生的吸引力和影响力。古往今来，任何一个大国的发展进程，既是经济总量、军事力量等硬实力提高的进程，也是价值观念、思想文化等软实力提高的进程"③。这就突出了"文化"在软实力中的地位。④习近平总书记在参加上海代表团审议时强调，"不断增强吸引力、创造力、竞争力，加快建成社会主义现代化国际大都市"⑤。

其次，软实力彰显着感召力。习近平总书记揭示，"能否构建具有强

---

① 罗珊珊. 进博会 展会质量持续提高 [N]. 人民日报, 2022-08-31 (19).

② 杜尚泽, 等. 寻访上海的红色足迹 [N]. 人民日报, 2021-01-19 (1).

③ 中共中央文献研究室. 习近平关于社会主义文化建设论述摘编 [M]. 北京: 中央文献出版社, 2017: 198.

④ 张国祚. 文化软实力研究 [J]. 中国高校社会科学, 2015 (1): 43.

⑤ 习近平在参加上海代表团审议时强调: 践行新发展理念深化改革开放 加快建设现代化国际大都市 [N]. 人民日报, 2017-03-06 (1).

大感召力的核心价值观，关系社会和谐稳定，关系国家长治久安"①。

再次，软实力体现着公信力。习近平总书记强调，"加快推进法治政府建设，不断提高司法公信力"②；"转变作风、真抓实干，增强党和政府公信力"③。

最后，软实力呈现着亲和力。习近平总书记提出，"要采用贴近不同区域、不同国家、不同群体受众的精准传播方式，推进中国故事和中国声音的全球化表达、区域化表达、分众化表达，增强国际传播的亲和力"④。

①　习近平. 论党的宣传思想工作［M］. 北京：中央文献出版社，2020：54.
②　习近平. 在首都各界纪念现行宪法公布施行30周年大会上的讲话［N］. 人民日报，2012-12-05（2）.
③　习近平. 论坚持党对一切工作的领导［M］. 北京：中央文献出版社，2019：14.
④　习近平在中共中央政治局第三十次集体学习时强调：加强和改进国际传播工作 展示真实立体全面的中国［N］. 人民日报，2021-06-02（1）.

第三章　强化全社会广泛参与城市软实力建设思想基础的历史逻辑

　　历史是现实的根源。历史研究是一切社会科学的基础。国家要富强、民族要振兴，就必须在历史前进的逻辑中前进。所谓历史逻辑，就是强调历史必然性和历史因果联系，把认识对象置于历史发展过程中进行分析，从历史发展过程中揭示事物发展的必然性和合理性。[①]换而言之，其体现了对历史发展规律的总结与原则概括。今天的世界是过去世界的继续与发展。无论是想问题、做决策，均要强化历史眼光，要从历史长河、全球风云中分析演变机理。当前大国大城软实力建设正处于一个大有可为的历史机遇期，软实力的研究要坚持纵向和横向的有机结合。"借鉴"是增强软实力非常重要的战略。就上海城市演进史而言，上海"马桥文化是若干种文化因素相互融合的产物"[②]"绝对年代约为距今3900～3200年"[③]。马桥文化是远古上海开始向近现代国际大城市攀缘上升的原点，在某种程度上成为现代上海城市精神"海纳百川"的源头。显而易见，从中外城市史来看，北京、伦敦是城市软实力建设这方面的重要例证，值得上海科学借鉴。这有利于厘清软实力发展的深层致因与演变趋向。

---

① 曲洪波，金钰昕. 中国共产党关于历史机遇期认识的三重逻辑［J］. 哈尔滨工业大学学报（社会科学版），2020（4）：63.

② 宋健. 马桥文化探源［J］. 东南文化，1988（1）：18.

③ 曹峻. 马桥文化再认识［J］. 考古，2010（11）：58.

一、北京强化全社会广泛参与城市软实力建设思想基础的历史经验借鉴

每当历史转折，每逢关键时刻，我们便要把握传统和现代、继承和创新交互作用之历史逻辑。它意味着时间维度上的长远考虑。这里以北京为例，把准发展脉络、演进过程，专门对提升和保持城市软实力进行历史经验总结。

（一）北京城市软实力的生成源于历史的积淀

城市面貌是历史的积淀和文化的凝结。北京城历久弥新，其历史文化是中华文明源远流长的伟大见证。北京等市文化软实力明显高于全国其他地区，北京在软实力建设方面的城市定位的提出经历了一个不断完善的发展过程。北京夏奥会开幕式充分展现了古老神秘的中华文化，被世界各国称誉"无与伦比"，其镌刻着人类精神文明发展的轨迹。

第一，保护。北京是全球世界文化遗产最集中的城市之一，建立了独特丰硕的文明景观。保护好宝贵的历史文化遗产具有特别重要的意义和价值。牢记历史，才能更好地走向未来。北京2015年提出保护长城、大运河、西山文化带，2016年提出"全面保护"理念，契合线性文化为我国整体文化布局的重要方向。保护长城、大运河是沿线所有地区的共同责任。长城的影响力无疑是世界级的，北京长城又是万里长城的核心区域，北京市长城文化带的规划保护具有重要意义。岸是大运河的经络，城是大运河的明珠。大运河形成水穿京城的城市景观和文化脉络，是认识北京城市历史的载体，大运河北京段已于2021年6月26日全线通航。从系统观念来看，长城、大运河国家文化公园实现了古今同辉的文化生态保护。此外，北京在老城保护方面进行了创新性探索，老城是历史文化凝聚融汇积淀的文化宝藏，今天遇到的很多事情可以在历史上找到影子。

第二，传承。从历史脉络洞悉城市发展的规律，城市的魅力来源于其独特的文脉传承力量。历史上的北京是优秀传统文化之集大成者。历史之中有营养，历史之中有智慧。中华优秀传统文化是中华民族的精神命

脉。我们要本着对历史负责、对人民负责的精神，传承历史文脉，于传承性和创新性的统一中弘扬优秀传统文化。北京坚持中国立场与世界眼光相结合，集纳全国、胸怀天下传承中外优秀文化。其发展的历史轨迹必定是兼收并蓄的过程。中国宋代就有广受欢迎的冰嬉运动，北京冬奥带动之下"全国冰雪运动参与人数已经达到3.46亿"[①]。北京冬奥会会徽设计，以及冬奥场馆称为"雪如意""雪飞天"等，将创意转化为视觉符号语言，是对传统文化的创造性转换和创新性发展。

第三，利用。城市是现代生活的主要承载地。作为文化之都，居民文化参与、权利、生活得到足够优质供给。[②]基于可持续发展和绿色发展，我们要让历史文化与自然生态永续利用。北京798艺术区显现了旧址原貌、园区氛围、活动参与等特色。"鸟巢""水立方"是民族性与世界性的统一体，成为5A景点，2018迎客3500万人次、1500万人次。[③]据调查，居民对旅游业在本地的发展高度支持。[④]在创造性利用上，非遗的复兴与开发成为重要亮点。

第四，传播。用历史发展轨迹来研判现实，自古以来多样文化的交流传播表现了北京厚德载物的包容气度。在传播平台设施建构上，公众对于北京加强新型基础设施建设充满期待。如今，北京5G人均基站数占全国第一。[⑤]北京建构了"1+4+17+N"的全媒体传播矩阵。融媒体"北京时间"以爆款产品提升网络影响力。在北京冬奥会传播上，吉祥物"冰墩墩"呈多中心传播的趋势，火到"一墩难求"。"一起向未来"构建了广泛传播、深入人心的共同话语。在对外文化传播上，北京的文化"走出去"工程一直引领全国。

---

① 吴东."冷冰雪"正在中国成为"热运动"[N].北京日报, 2022-02-07（4）.

② 肖怀德.文旅融合视角下北京建设世界文化之都的思考[J].旅游学刊, 2020（7）：11.

③ 胡博然, 孙湛宁.北京冬奥会背景下奥运场馆与城市体育文化共生内在逻辑与发展策略[J].体育文化导刊, 2021（12）：10.

④ 张鲸, 李强, 李诗雨.世界遗产地居民对旅游影响的感知研究——以北京昌平区十三陵镇昭陵村和长陵村为例[J].城市发展研究, 2019（5）：35.

⑤ 王永贵, 史梦婷.北京率先实现共同富裕的路径选择[J].新视野, 2022（1）：50.

第五，拓展。真正的城市群须是城市间有紧密的联系。北京在京津冀地区扮演着领头羊的角色，带动整个区域的科学发展和高质量发展。2019科技转让收入京津冀23.31亿、长三角17.54亿、珠三角3.42亿。[①]北京城市副中心通州的打造，成为千年古都又一张"名片"，成为留给后人的一笔"宝贵财富"。北京城市副中心通州的打造，唤醒城市记忆，激活了水系文化、漕运文化及其整体性衍生功能，对大运河文化带建设等发挥重要推动作用。

（二）北京城市软实力的发展系于抓手的打造

人民对城市软实力的感知与记忆很大程度上取决于特定抓手。北京融首都功能与城市功能为一体，其软实力的发展系于山水之城、双奥之城、和谐宜居之都、首善之都等抓手群的打造。

第一，山水之城，泽被深远。社会历史发展的必然性并不是抽象的。博大精深的中华文明是中国人民创造的。广大人民群众创造了令世界惊羡的物质财富与精神财富。推进生态文明已成为城市发展方向。北京遵循生态兴则文明兴的马克思主义生态历史观，推进生态软实力建设。老北京人常说大运河漂来的北京城。20世纪90年代以后，北京推出"山水城市"的概念。大运河是历史文脉、经济动脉、社会命脉和生态水脉所在，2014年6月列入《世界遗产名录》，运河文化逐渐深入人心。北京古典园林保存完好，见证着中华文明的辉煌。新时代"美丽中国"并非抽象的图像符号，2019年中国北京世界园艺博览会是讲好中国生态文明故事的国际平台，坚持守正与创新相融合，向世界诠释了"美丽中国"理念，影响深远。其在国际社会得到广泛认同与积极响应。北京世界园艺博览会开幕式，落实"新、彩、精、奇、美"的工作要求，获得社会各界高度赞扬。

第二，双奥之城，惊艳天下。每到一些重要的历史节点，人们总要回顾过往。文化是人们相互交流沟通的桥梁与纽带。奥运会是影响力最大的全球文体盛事。北京所从事的是前无古人的伟大事业，实现了从奥运"追

---

① 张慧姝.下好向智能型支柱产业转型先手棋——以北京为中心促进京津冀新增支柱产业协同发展[J].前线，2020（2）：56.

逐者""跟随者"到"助力者""接力者"乃至"示范者""引领者"之
角色转换，凝聚了几代人的心血和智慧。一方面，夏奥会无与伦比，奥
运遗产影响深远。北京2008夏奥会开幕式展示了集体参与意识，比如，
2008人击缶、千人若一人般对太极的演绎。场馆保留的"祥云""舞动的
北京"符号，持续增进人民的文化认同感，在今天仍然具有启示和借鉴意
义。实现梦想的信心来自已经取得的伟大成就。2022冬奥充分利用2008年
夏奥场馆，北京赛区13个竞赛和非竞赛场馆中有11个是当年夏季奥运会的
"遗产"。2008年后，北京致力于打造赛事中心、深入建设国际化体育中
心城市。另一方面，冬奥会简约安全精彩，彰显富强阳光开放形象。2022
冬奥会兑现了承诺。各参赛国都是平等的参与者、受益者。首都体育馆、
首体短道速滑训练馆等多个主要场馆在奥运史上首次使用最清洁最低碳的
CO_2制冷剂。参与冰雪运动的市民人数不断增长。开幕式"二十四节气"
实现高潮前置，出场时各国代表团指引牌最终汇聚成主火炬台，体现了人
类命运共同体理念。双奥之城北京惊艳天下，北京冬奥成为收视率最高的
一届。青年是标志时代的最灵敏的晴雨表，冰雪赛事活动促使广大青少年
积极参与冰雪运动。这些举措和成效，契合《奥林匹克2020议程》的主
题。多重温如斯历史，心中就会增加很多正能量。

　　第三，和谐宜居之都，造福人民。"北京服务"代表着北京城市的
基本职能，展现北京市民和谐幸福的日常生活，使广大干部群众紧紧凝
聚在一起、团结在一起。把北京建设成为国际一流的和谐宜居之都成为
新时代北京高品质生活建设的题中之义。北京注意激发基层改革活力，
为面上改革探索路子。其基层治理创新的重要经验体现为"街乡吹哨、部
门报到"，这打通了条块融合的通道。"接诉即办"整合了街巷长、小巷
管家、网格员等力量，这打通了公众诉求通道。这都赢得了广大人民群
众的普遍认同和坚决拥护。在2019年全国政务热线发展高峰论坛上，北
京12345热线获年度最佳服务案例奖。北京"三边四级"养老服务体系的
建设改善了养老环境。"具有邀请陌生人加入的吸引力"[①]的休闲活动把

---

① 成志芬，周尚意. 历史文化街区表征与非表征之间的关联——以北京历史文化街区文化意义变化
　分析为例[J]. 人文地理，2021（2）：133.

人、地点、时间结合在一起。北京是教育发展水平最高的先行地区之一，其强调将家门口的每一所义务教育学校都办成优质校。据调查，本地居民最愿意"在北京就读、在北京居住、工作生活"[①]。北京经济技术开发区基本没有"城市病"[②]。从增速来看，北京的营商环境指数提升较快。[③]

第四，首善之都，广泛认同。北京一直有着"首善"的自我期许，并为之努力，使人民获得感、幸福感、安全感更加充实。这得到了从中央到地方、政府到百姓的广泛认同。这是工作的难点，也是体现工作水平的关键。这是一个需要我们认真回答的重大问题。新时代的北京，呈现"国家形象的市容市貌"[④]，以全国政治中心、文化中心、国际交往中心、科技创新中心的定位，展开首善之都的万千气象。其中，北京建设全国文化中心，符合自身和区域的资源优势和发展基础，"文化娱乐类独角兽企业数量9家，占全国的50%"[⑤]。但凡盛世，都往往注重中外的互联互通与交往。在国际交往中心功能的发挥上，北京作为"一带一路"倡议实施的排头兵，国际活动多，推进了中华文明与世界其他文明的交流交融。留学生数反映了社会的开放自由与兼容并包，"从2008年的4.19万上升到2017年的6.23万"[⑥]。堪称"平安、智慧、绿色、人文"的大兴机场被《卫报》称为世界新七大奇迹之首。在科技创新中心打造上，北京创新投入、创新产出优势显著。

（三）北京城市软实力的成熟归于市民的参与

软实力呈现出"内"与"外"的形态，很重要的是"内部凝聚力和外

①　杨一翁，孙国辉，陶晓波. 北京的认知、情感和意动城市品牌形象测度［J］. 城市问题，2019（5）：43.

②　加强城市综合治理 推动构建基本没有"城市病"的地区——以北京经济技术开发区为例［J］. 前线，2020（2）：61.

③　杨传开，蒋程虹. 全球城市营商环境测度及对北京和上海的政策启示［J］. 经济体制改革，2019（4）：39.

④　文魁. 把握好北京"都"与"城"的关系［J］. 前线，2018（4）：80.

⑤　刘绍坚. 北京文化产业高质量发展路径［J］. 前线，2020（3）：69.

⑥　谭洁，董昭辰. 北京国际交往中心建设中的外籍人才培养与储备［J］. 中国高等教育，2020（1）：56.

部吸引力的统一"①。通过北京奥运会志愿者活动，世界更能感受到中国的公民参与精神。"家园意识"使"首都"特征完善丰满起来。

第一，出智慧。城市活力焕发，能够给市民群众特别是青年群众的创造性发展提供更多机会。截至2021年12月，北京拥有92所高校。英国《自然》增刊《2018自然指数——科研城市》显示，北京蝉联全球第一。②新经济组织、新社会组织，里面有很多有本事的人，能够促进社会共建共治共享。北京"两新组织"参与社会治理成为重要探索。现实表明，基层治理主体间的良性互动是开创新局面的重要支持。北京的"小院议事厅""共生院"造就了富有代表性的议事平台。很多社区自发建立了业主微信群。北京还通过12345"问政于民，问计于民"。社会各项事务治理更加规范化、程序化。

第二，出心力。热情开朗、大气开放、积极向上、乐于助人，这是北京市民的特质。北京实名注册志愿者已突破448.9万人，③北京冬奥会让更多市民参与进来。社会参与对居民幸福感有显著的正向关系。北京文明实践站、实现村（社区）全覆盖，新时代北京文明实践形成了组织与制度层面的良序运行。"北京社会好人""首都最美社工"等榜样层出不穷。

第三，出氛围。北京着力将文化资源内化于民众的心胸，使人民的创造精神和创新潜能得以充分发挥。在文艺创意方面，市民参与沙龙、拍摄、展览和艺术节，成为798艺术区的"高频活动"。北京国际设计周、时装周、时尚消费月影响力大。《北京市推进全国文化中心建设中长期规划（2019年—2035年》）提出："构建以公共图书馆、综合书城、特色书店、社区书店等为支撑的十五分钟现代公共阅读服务体系，营造城市阅读氛围，让阅读成为时尚、成为习惯，使北京成为流淌着浓郁人文气息的'书香之城'。"④人民健康是民族昌盛与国家富强的重要标志。形成健康向上的社会风气至关重要。在社体方面，86.00%的居民把健身健康摆在

① 骆郁廷.文化软实力：基于中国实践的话语创新[J].中国社会科学，2013(1)：22.

② 李书钦.北京高校参与科技创新中心建设的作用与机制研究[J].科技管理研究，2020(3)：90.

③ 京平.志愿微光竞芳华[N].北京日报，2022-02-10(1).

④ 程洲.建立实体书店总编辑制度，助力北京"书香之城"建设[J].出版广角，2021(12)：17.

"社区生活的首位"①。2022北京冬奥带动3亿人参与冰雪运动。在环境治理方面，要多策并举，多地联动，全社会共同行动。北京广大群众参与环保的积极性高涨。北京遵循良好生态环境是最普惠的民生福祉之生态价值观，推进生态协同治理。2017年底"2＋26"综合治理后，大气质量明显好转。②北京正在成为生态文明建设的重要贡献者、引领者。

（四）北京城市软实力的拓展见于"冬奥健儿"

国家好，民族好，大家才会好。北京是"冬奥健儿"参与城市软实力建设的主场。在全社会进一步强化公众体育意识和身体素养刻不容缓，"冬奥健儿"带动全民健身现象提供了一个重要的观察北京城市软实力拓展的契机。这一现象体现出了体育人文与社会之间日益增强的融入性、互嵌性、溢出性表征。应当有效把握这一现象，讲好体育故事，深化体育的社会生活化，助力城市软实力持续拓展。

第一，融趣入志，"冬奥健儿"成为"快乐体育"的示范。"从社会学的角度来看，体育是以游戏的方式培养人的思想观念、素质能力、行为方式、习得社会互动的行为准则"③，具有一定的乐趣。"冬奥健儿"推广冰雪运动的重要支撑在于他们始终在享受体育运动带来的乐趣。自信、坚韧、专注、突破，都源于乐趣。可以说，在体育运动中享受乐趣，成为对体育运动永葆热情的理由。

第二，融教入体，"冬奥健儿"成为"体教融合"的例证。"体教融合"既是一个理论课题，也是一个实践命题。"冬奥健儿"可谓兼具文明精神、野蛮体魄，有助于打造"00后""10后"群体青睐的体育IP，促进青少年群体黏性提升，深化"体教融合"。

第三，融古入今，"冬奥健儿"成为"体育文化"的承载。体育的不同寻常之处在于，其有着极其丰富的社会互动性和文化要素承载力。"冬奥健儿"有助于把中华优秀传统文化元素带到世界。他们的年轻化、国际

---

① 陈思宇. 2022年冬奥会背景下北京建成一流国际体育中心城市的策略研究 [J]. 首都体育学院学报, 2018（3）：247.

② 王丽. 经济与自然结合视角的北京雾霾问题探讨 [J]. 宏观经济研究, 2021（5）：142.

③ 任海. 体育强国：由重在国家建构到重在国族建构 [J]. 上海体育学院学报, 2018（1）：6.

化、时代化表达，有助于展示中国文化包容开放、创新时尚的内核。

第四，情理交融，"冬奥健儿"成为"奋斗成功"的榜样。体育的成功含义通过作为符号的明星现象予以传递。同时体育路上的成功离不开奋斗，奋斗成功是这个时代的强音。在运动训练和竞赛中，自我意识越强，越能掌握好技能，并能产生强大的意志力去克服身体的极限，增强持久的耐力，激发潜能。"冬奥健儿"争金夺银表明，成功出自奋斗、努力就有收获，这是对社会公众最生动的日常教育。

在全媒体和社会信息化时代，应当透过现象把握本质，找准叙事方式方法，讲述好和传播好"冬奥健儿"的故事，深化体育的社会生活化，集中体现基于体育运动蓬勃发展而具有的凝聚力和生命力，以及由此产生的吸引力和影响力，促进国际化城市软实力建设补短扬长。

二、伦敦强化全社会广泛参与城市软实力建设思想基础的历史经验借鉴

我们要把握历史和现实交互作用的历史逻辑。伦敦的城市综合实力排名多年来位居世界第一，居于全球文化创意城市前列。伦敦于2004年发布《伦敦文化都市：实现成为世界城市的雄心》，于2010年发布《文化都市：伦敦市长文化战略（2012年及未来展望）》，以期保持伦敦作为世界文化城市的地位。①我们的事业是向世界开放学习的事业。我们的大都市软实力建设，应当借鉴包括伦敦在内的城市软实力建设走在世界前列的全球城市的有益经验。

（一）伦敦充分挖掘和利用全社会软实力资源

这方面的主要经验有五。

第一，充分彰显经济科技教育与文化创意融合的资源优势。伦敦是世界上重要的经济中心、金融中心之一，艺术金融的融合得到快速发展。其拥有众多的欧洲科技"独角兽"，文化科技融合走在前列。其文化与科

---

① 沈壮海.文化图强的世界图景[J].武汉大学学报（哲学社会科学版），2022（3）：6.

技商务旅游融合发展打造创意中心，单凭泰特现代艺术馆每年就带动经济效益超1亿英镑。①伦敦东区致力于构建"文创—科创—金创"协同发展的新格局。伦敦知名大学云集，教育发展具有重要影响力。它把高等教育作为城市发展的核心驱动，强调文化传承，重视其对文化旅游和社区发展的影响，并以之为亮点进行公关宣传。教育型文化空间促使创意型文化空间的兴起。伦敦鼓励高校设立创意专业，推广激发创造欲望的"发现你的才能"计划。

第二，街道基础设施美学资源得到充分利用。伦敦文化设施人均占有量高，并保证了覆盖率和可达性。英国政府不惜重金地常态化维护发展全城几百个博物馆，其中有著名的不列颠博物馆。伦敦街道的形态、景观、人群等元素都为作家所用。夜经济造就了伦敦世界城市的地位。基于"酒瓶装新酒"，伦敦东区不少空置旧厂房为艺术家所用。伦敦西区的表演艺术集聚区则成为全球两大戏剧中心之一。伦敦地铁是全球首条地铁，凸显"整合传播设计与人文价值积淀"②。地铁中的艺术彰显了伦敦的文化品位。"伦敦步行计划"标识牌，散布在伦敦街头。

第三，充分利用重大赛会资源，借助全球注意力塑造品牌形象。一是世博会。1851年伦敦万国工业博览会的举行，标志着英国"世界工厂"地位的确立。二是奥运会。伦敦东部地区作为奥运会举办地，激发了发展潜能。③2012年伦敦奥运会显著特征是社会参与的多样性与广泛性，其开幕式则成为21世纪城市软实力展示的示范之一，一个令人印象深刻的细节是其"在奥运会手册上印上所有志愿者的名字"④。田园城市也称为花园城市和田园都市，是英国城市学家霍华德（Ebenezer Howard）提出的思想。伦敦奥运开幕式在互动性、亲民性、包容性上下足了工夫，主题为"奇妙

① 尹建龙.传统工业设施改造中的伦敦城市复兴计划[J].学海，2018（2）：153.

② 娄文冰.城市地铁品牌识别的整合传播设计与人文价值积淀——从伦敦到东京、香港[J].装饰，2012（11）：82.

③ 袁书营，孙葆丽.2012年伦敦奥运会遗产计划分析[J].武汉体育学院学报，2012（7）：23.

④ 郑国香.从北京和伦敦奥运会开幕式看中英文化差异[J].郑州大学学报（哲学社会科学版），2013（2）：30.

岛屿"，涵盖田园生活、工业革命、信息时代。儿童、青年、老人都参与其中。伦敦奥林匹克体育场（伦敦碗）作为遗产，多次成为国际田联钻石赛、NFL伦敦碗等赛事的承办地。三是马拉松。伦敦马拉松是世界著名马拉松赛事之一，致力于打造"嘉年华"[①]，规模大，媒介叙事性强。

第四，着力用好节庆资源。伦敦每年有200多个节庆活动促进全民参与。[②]"草根体育文化节"、足球节等节庆带动了居民与社区的广泛参与。其中四大节庆——设计节、时装节、电影节、游戏节的影响力和吸引力大。其他的还有泰晤士河节，集聚了音乐、舞蹈、狂欢会、河上比赛、街头艺术等，堪称伦敦最大型的免费户外艺术节。

第五，注重国际联通和交流合作。巴黎—伦敦双城记的经验表明，"新的社会和文化含义也会注入原有空间结构，使城市之间的公共空间焕发活力"[③]。三分之二的国际广告公司的欧洲总部设在伦敦。伦敦致力于打造所有伦敦人的文化，推进国际化的公共文化生活，世界级文化活动和文化交流机会领先于其他许多的城市。伦敦奥组委倡导"同一个星球生活"的可持续发展理念，十分关注来自全球各地的游客的参与体验，并在上海世博会英国馆"遗产角"展现。

（二）伦敦激活社会力量发展城市创意产业群

经济的发展越来越依赖于文化创意的推动。创意产业是英国经济最具活力的部分。作为创意产业先驱城市，伦敦注重激活社会力量。

第一，伦敦对创意产业的重视异常突出，发展了支柱产业。文化创意是化资源优势为产业优势之重要途径。2005年伦敦设立了"创意之都基金"。其还推动社会积极参与并持续加大投入力度。现代绩效理念强调效率、效益和效果并举。社会效益是项目实施后对居民共同福利或者是社区生活改善产生的效果。伦敦政府通过社会组织执行政策，分配文化经费。

---

① 陈林华, 罗玉婷, 徐晋妍. 伦敦打造全球体育城市经验及启示[J]. 体育文化导刊, 2020 (2): 48.

② 杜坤, 田莉. 基于全球城市视角的城市更新与复兴: 来自伦敦的启示[J]. 国际城市规划, 2015 (4): 44.

③ 罗吉, 王亚华, 赵础昊. 城市联通的动力机制: 巴黎-伦敦双城记的经验及启示[J]. 城市发展研究, 2021 (8): 97.

这些组织包括行业协会、基金会等。这些社会组织一般由各文化领域的专家组成。社会组织先开展独立评估，然后进行分拨。财政支持一般占受资助者（文化组织或个人）"预算的25%左右"[①]。同时，社会组织为政府提供决策咨询，促进文化创意产业发展。

第二，创意企业规模小，数量多，业态繁荣。政府依据创意产业发展不同阶段适时予以政策调整，促进创意产业人群不断扩大，业态多样化。"波西米亚"气质的草根群体有非凡的个体创造性。[②]伦敦文化促进创意产业发展，每年"雇用1/6的伦敦人"[③]。艺术工作室是伦敦创意集聚的主要表现形式，工作室大楼也为公众提供服务。

第三，形成了强化培养培训及相关支持等可持续发展的创业就业生态。满足社会公共需求，乃是政府的根本职能。伦敦注重从教育、扶持个人创意及接触创意等多角度促进创意在市民中的推广。伦敦"概念店"（Idea Store）突出图书馆社会教育、培训功能。创意文化技能协会、创意抉择服务协会等积极参与创意人才培养。开放社会基金等基金组织平台为创意毕业生提供就业支持和机会。伦敦建构了对演艺人才有保障的协会组织，提供就业机会。

（三）伦敦依托共创智慧伦敦巩固城市软实力

技术进步与环境可持续性是智慧城市建设之原因。数字科技持续渗透于经济社会各领域，悄然复兴了整个城市，伦敦依托共创智慧伦敦进一步巩固了城市软实力。

第一，2013年《智慧伦敦规划》出台，强调服务城市发展及市民生活。其强调为所有人提供一个更智慧的伦敦，赋予居民更多与城镇互动，工作和娱乐的能力。其积极鼓励和帮助"伦敦人"参与社会治理。以

---

① 张蕾. 都市演艺集聚区的文化生产力研究：基于百老汇、伦敦西区、上海演艺大世界的比较 [J]. 戏剧艺术，2021(4)：153.

② 王林生. 伦敦城市创意文化发展"三步走"战略的内涵分析 [J]. 福建论坛（人文社会科学版），2013(6)：51.

③ 魏伟，等. 城市文化空间塑造的国际经验与启示——以伦敦、纽约、巴黎、东京为例 [J]. 国际城市规划，2020(3)：80.

"Your city，Your say"为口号的Talk London在线社区2015年"会员人数增加至1.55万人"①。2017年，超过41%伦敦人使用通过伦敦交通局数据开发的App。②

第二，2018年6月《共创智慧伦敦路线图》出台。其强调搭建LOTI（伦敦技术与创新办公室，"政府权力运行+企业董事会"模式）、London Living Lab（伦敦生活实验室）等平台载体，以涵盖艺术和文化、教育等17个大类的"伦敦数据仓库"推动数据共享，为成年人提供免费的数字化培训，并收集公众意见和建议，由此促进市民共创智慧伦敦。

第三，IESE《2020年城市动态指数》显示，伦敦被评为"全球最智慧的城市"，人力资本与国家影响力均居首位。伦敦还是人工智能的欧洲"首都"。显而易见的是，伦敦的企业与社会机构积极参与其中。日常生产生活中也涌现出更多的数字化行为。

第四，智慧城市并不是一个固定的状态，智慧城市应能够激发市民参与决策和建设。2020年2月《伦敦城市复原力战略2020》出台，其关注未来城市中人、空间、服务的状态与风险抗压能力（如气候变化、城市安全、老龄化），提出"自适应治理"、市民参与的重要性、利用数据解决城市问题等。为应对气候变化，基于低碳发展考量，伦敦推广基于区块链技术的点对点能源交易。③

三、北京和伦敦城市软实力建设相关历史经验对上海的启示

历史演进不息，软实力成为全球城市竞争的新赛道。历史发展是连续性和阶段性的统一，一个时期有一个时期的历史使命和任务，一代人有一代人的历史担当和责任。一代人干一代人的事，但没有历史眼光，没有长远眼光，也干不好当下的事情。他山之石，可以提供借鉴。

---

① 楚天骄. 伦敦智慧城市建设经验及其对上海的启示［J］. 世界地理研究, 2019（4）：78.
② 楚天骄. 上海与伦敦智慧城市建设路径比较研究［J］. 世界地理研究, 2021（6）：1170.
③ 周冯琦, 尚勇敏. 碳中和目标下中国城市绿色转型的内涵特征与实现路径［J］. 社会科学, 2022（1）：55.

（一）基于城市发展内在固有的联系，注重科学定位

历史是过去、现在、将来的连续过程。向历史寻经验、向历史求规律、向历史探未来，这就要求我们立足当前统筹兼顾、着眼长远。北京和伦敦强化全社会广泛参与城市软实力建设，体现了对城市发展内在固有的联系的深刻把握，反映了软实力建设一定要注重科学定位的定向导航。现代意义上的战略是从传统"战争"与"策略"含义上的演变，泛指统领性的、全局性的、左右成败的谋略、方案和对策。我们面对的是一个正在发生深刻复杂变革的世界，从战略设计和部署来看，科学定位和子任务之间应当存在较为系统性与全面性的协调。

对于北京而言，它的国际化地位，及其在经济、政治、文化等方面的发展和历史积淀，使其无论在人类社会的历史推进中，还是在现实的发展中都凸显出其重要的软实力地位。在全社会广泛参与城市软实力建设的过程中，科学定位提供定向导航。也就是说，要明确城市战略定位，坚持和强化首都全国政治中心、文化中心、国际交往中心、科技创新中心的核心功能。全国"四个中心"的战略定位就是首都功能，为北京定向导航，形成纲举目张的格局。城市布局要同城市战略定位相一致。北京冬奥会的举办进一步体现其"进步与成就"①。这将帮助其提高城市在全球体系中的地位。

对于伦敦而言，从工业之城、金融之都走向创意之都、全球体育城市、全球最智慧的城市，这是伦敦的转型路径。伦敦专门设立了文化战略委员会。在《伦敦：文化资本——市长文化战略草案》中，伦敦获定位"世界卓越的创意和文化中心"。伦敦2018年规划打造全球最智慧的城市后，就有的放矢地依托首席数字官（Chief Digital Officer）、智慧伦敦局（Smart London Board）推进该项"Smart London Together"（共创智慧伦敦）计划。

---

① 王润斌，肖丽斌.2022北京冬奥会举办的历史选择、成功基石与风险应对[J].天津体育学院学报，2022（1）：2.

（二）用好城市现代化治理机制手段，加强法治建设

规范人的行为是制度的本质特征。人类城市演进史，也是一部制度演化和变革史。国际上不少城市软实力建设在运用制度精神的刚性约束方面是很下工夫的。

第一，政策刚性导向。先进城市比较注意通过健全法制和制定合理的城镇化规划对城镇化进行干预。这个历史现象绝不是偶然的。2010年4月北京市人民政府颁布《"人文北京"行动计划（2010—2012年）》，2016年6月《北京市"十三五"时期加强全国文化中心建设规划》提出了加强首都全国文化中心建设等要求，为北京建设全国文化中心创造了有利条件。[①]北京文化市场影响力发展水平指数2009至2017年"增长近7.5倍"[②]。伦敦"据各地方和国家的规划政策自己决定和实施规划"[③]，着力以政策法规引导创意产业蓬勃发展，建构了市长负责制，"确保城市的灿烂文化继续繁荣"[④]。

第二，法律刚性导向。依法治水是北京河长制最显著最核心的特点。伦敦治河、治霾有法可依。泰晤士河治理工作主要在于其能科学立法，依法有效治理。雾都伦敦治霾成功，重现蓝天白云，其经验同样在于依法治理并严格执法。

第三，机制刚性导向。北京城市"一体两翼"[⑤]机制（"一体"指"党建引领"机制的规范化，"两翼"指"街乡吹哨、部门报到"联合执法机制的法治化、"接诉即办"机制的长效化）践行了"以人民为中心"的根本宗旨。这就启示上海城市软实力建设的一些经验和有效做法，需要通过制度化加以保障。要健全机制，完善配套政策。

---

① 马娜，刘士林. 北京建设全国文化中心的历史还原与理论思考[J]. 甘肃社会科学，2019（6）：108.

② 孙乾坤，董博怀. 北京文化影响力综合发展水平评价及提升策略[J]. 城市问题，2021（12）：19.

③ 黄燕芬，党思琪，杨宜勇. 英国伦敦市公共服务清单制度研究[J]. 行政管理改革，2018（10）：94.

④ 高蕾. 伦敦市规划的公众参与：所有伦敦人的家园[J]. 城市规划学刊，2018（1）：125.

⑤ 王丛虎，乔卫星. 基层治理中"条块分割"的弥补与完善——以北京城市"一体两翼"机制为例[J]. 中国行政管理，2021（10）：49.

（三）把握城市建设机理，结合市情推进城市软实力建设

北京城市软实力建设尤为深入人心，其发端于科学定位之时，展开和实践于百年征程。其软实力展现的历史内容承续过去，其发展目标直击现实与未来。因为城市软实力建设具有内外一体、表里一致、前后一贯、上下一心的结构，这种"知""情""意""行"有机统一构成倡导公共服务精神、增强政府的回应性，为人所感知，为人所认同，为人所接受，充分激发出积极性、主动性、创造性。如果说定位愿景为"先知"，兴国为民为"真情"，坚持不懈为"坚意"，善始善终则为"恒行"。软实力是被引导成自愿的行为。

第一，在"知"的层面内外一体。"知"即认知前提。城市软实力建设，被赋予了深刻的时代内涵，在推介上要入心、入理。深刻了解北京之后，人们对北京城市品牌形象及其软实力的评价会进一步提高。

第二，在"情"的层面表里一致。软实力涉及面广、影响面宽，"情"为认同基础。软实力的产生和发展，从来就不是孤立的。要加强共情传播，注重营造人文情感氛围和生产生活环境。软实力受文化认同感与亲切感等的影响，"在关于北京城市文化形象的相关信息内容中，偏正面情感的内容占比86.41%"①。上海要搞好公共文化空间、艺术空间、滨水空间、园区空间等的氛围营造和文化传播，从文旅体购娱食多维丰富夜经济业态，不断提升软实力。

第三，在"意"的层面前后一贯。"意"乃信念支撑。要强化感同身受，以以人为本为出发点。北京的"安全"评分高，"不仅国内利益相关者对北京的安全评价很高，且据百家号报道，来过北京的外国人也认为北京特别安全"②。

第四，在"行"的层面上下一心。"行"是目的归宿。要保持战略定力和历史耐心、宏愿大志，就必须拥有强大的内生动力引领，把握民心

---

① 宋凯.北京文化形象的媒体呈现——基于大数据和社会网络分析方法［J］.现代传播（中国传媒大学学报），2020（10）：20.

② 杨一翁，孙国辉，陶晓波.北京的认知、情感和意动城市品牌形象测度［J］.城市问题，2019（5）：43.

所向。正是基于这一厚重的历史逻辑，北京等城市在文化资源的权力转化上注意因地制宜、因时制宜，科学选择城市软实力建设的战略举措和推进的优先序。历史和现实都告诉我们，体育活动及其文化往往是当地公众参与的重要内容。奥运会是一项群体运动，成为激励人们砥砺前行的宏伟愿景。北京双奥的成功更是深思熟虑、勇毅前行的结果，最终战胜了前进征途中的种种艰难险阻，以"无与伦比"赢得普天同赞、人民支持，极大地彰显和提升了城市软实力。如何处理扬长和补短的辩证复杂关系，是软实力提升需要破解的重要问题。奥运会已经成为推动构建人类命运共同体的全球文体盛会，上海是现代体育传入中国的桥头堡，建议上海做好申办重大赛事准备，为新时代中国添彩。

第四章　强化全社会广泛参与城市经济软实力建设思想基础的实践逻辑

　　当今世界面临的最大难题是发展问题。实践逻辑，是反映客观关系的、反映社会制度的系统实践，是对正在进行的实践活动的必然性和规律性的概括。[①]软实力包括经济在内。[②]经济发展是国家富强和民族振兴之决定性条件。由于经济效应，中国经验可为他国所借鉴，成为一种软实力。[③]韩国的李根甚至认为中国的结构软实力主要源自其经济。[④]新时代中国特色社会主义物质文明话语的建构是中国式现代化新道路话语建构的重要基础，融汇了倡导构建人类命运共同体以及完善全球经济治理的中国主张。"话语"的科学内涵是由社会现实决定的。我们的物质文明建设，通过经济科学发展、高质量发展特别是"创新发展"为中国式现代化新道路话语赋权，具有鲜明的学理特征。说经济体制，中国走社会主义市场经济道路，正确处理政府与市场的关系，其彰显了中国式现代化新道路的高效性，不断解放和发展社会生产力。在中国式现代化的重要目标中，其以"现实的个人"作为发展的出发点，在强化物质生产丰裕的同时也观照精神家园富足。中国特色社会主义进入新时代，以人民为中心的发展思想贯穿经济工作始终，它强调共享发展，为人类实现现代化注入了新内涵。

①　曲洪波, 金钰昕. 中国共产党关于历史机遇期认识的三重逻辑 [J]. 哈尔滨工业大学学报 (社会科学版), 2020 (4): 66.

②　周英. 论西方对中国软实力的认知与反应 [J]. 国际论坛, 2021 (5): 93.

③　门洪华, 于永群. 中美软实力比较 (2017~2020) [J]. 国际关系研究, 2021 (4): 29.

④　张国祚, 邓露. 对李根软实力理论的评析 [J]. 湖南大学学报 (社会科学版), 2021 (1): 121.

西方国家能解决富裕问题，很难解决"共同""全面"问题。[①]说发展举措，我们还强调创新引领，要求建设现代化经济体系，将"一带一路"建设成和平之路、开放之路，既饱含世界眼光，又立足中国实际。新路在哪里？新在人类命运共同体理念下实现人类社会更美好发展上，新在创新上。科技是国家强盛之基，创新是民族进步之魂，增强发展的动力。上海"是世界观察中国经济的一个重要窗口"[②]，"将发挥引领区、领头羊、桥头堡的功能"[③]。新技术新模式让人们切身体验着"科技让生活更美好"的幸福感。这里的经济软实力除吸引力之外，主要侧重创造力、竞争力。因此，明晰强化全社会广泛参与城市经济软实力建设思想基础的实践逻辑，意义重大。

一、在发展一域实力同时服务全局，让都市风范竞相彰显

现代化是生产力发展到一定阶段的产物。中国式现代化进入不可逆的历史进程。[④]经济建设是社会主义现代化的中心环节。抓好经济工作，我们党责无旁贷、义不容辞。我们搞经济建设也好，推进改革开放和社会各领域的发展也好，最终都是为了满足广大人民群众自身发展的需要，为了他们的根本利益更好地得到实现。唯有坚持促进经济持续健康发展，才能筑牢人民幸福安康之坚实基础。上海这座城市在国家改革发展大局中处于重要位置。在这一过程中，要勇于实践，善于提升创造力、竞争力。城市软实力建设特别是经济方面的软实力建设，要聆听时代的声音，坚持从全局谋划和发展一域，以一域服务和辐射全局。经济措施产生的效应是软实力的体现。[⑤]需求在哪里就要服务到哪里。在这种形势下，树立正确大局观就要把握全局。上海要积极参与全球治理体系变革，彰显高水平改革开

① 艾四林.中国式现代化新道路"新"在哪[N].经济日报，2021-07-21(10).

② 潘闻闻.上海范式：要素市场全球资源配置的引领性[J].探索与争鸣，2021(10)：131.

③ 谢婧青，蔡艳婷，陈佳馨.上海社会主义市场经济运行趋势[J].上海经济研究，2021(10)：22.

④ 艾四林.中国式现代化新道路的世界意义[J].马克思主义理论教学与研究，2022(1)：13.

⑤ 金筱萍，沈茹毅.约瑟夫·奈软实力理论的三个发展阶段[J].江西社会科学，2017(6)：214.

放，强化全球资源配置、开放枢纽门户等功能。

（一）实践依据审思

人民性是马克思主义、社会主义的根本价值取向。社会主义人民城市物质文明建设上的成功，经济活动的预期效益高，使在此基础上的文化及其他上层建筑更具吸引力。经济发展是民生改善的物质基础，离开经济发展谈改善民生是无源之水、无本之木。新时代以来，解放发展生产力、推进全体人民共同富裕越来越得到扎实体现。发展为了人民，这是对发展目的问题的回答。

作为现代化建设的关键要素，富强和人民幸福是紧密联系在一起的。不论既往与未来，我们都要坚持一切为了人民群众。当前我们面临的最大任务仍然是发展。历史和现实都告诉我们，只要不断解放和发展社会生产力，不断增强经济实力、科技实力、综合国力，不断让广大人民的获得感、幸福感、安全感日益充实起来，不断让坚持和发展中国特色社会主义、实现中华民族伟大复兴的物质基础日益坚实起来，我们就一定能够使中国特色社会主义航船乘风破浪、行稳致远。习近平总书记对上海寄予厚望，既进一步凸显上海在全国大局中的特殊方位，也指出了一座城市面向世界、面向未来提升能级与核心竞争力的必由之路。2018年长三角一体化发展上升为国家战略。近年来长三角始终是我国经济发展最活跃、开放程度最高、创新能力最强的区域之一。在区域协调发展导向下，城市群合作前景良好，[1]有利于为打造现代化经济体系提供环境支持。上海，应积极发挥自身的综合优势，推动实现包容性、普惠性发展。软实力建设是打造世界一流企业的重中之重。[2]

开放发展拓展发展空间。上海作为经济中心城市，是现代化经济体系建设的试验田和引领者，要为全国提供更多可复制可推广的经验。中国道路作为新型现代性文明样态，只有锚定现代化经济体系，才能顶住经济下

---

① 周望, 程帆. 区域协调发展导向下城市群政府间合作意愿研究——基于三大城市群各城市政府工作报告的文本分析[J]. 城市问题, 2022(7): 12.

② 张静. 中国企业软实力建设的困境与路径[J]. 人民论坛, 2022(13): 82.

行的压力，从根本上赢得高质量发展的战略主动。现代化经济体系，是中国基于自身资源禀赋、基础条件和发展路径而探索的物质文明形态建设系统。其可谓"6+1"：具体涵盖"产业体系、市场体系、收入分配体系、城乡区域发展体系、绿色发展体系、全面开放体系"及"经济体制"，而不是孤零零地解决某一个问题。马克思主义认为，人类社会最终将从各民族的历史走向世界历史。毋庸置疑，"一带一路"高质量发展，以及亚投行、上海合作组织等的建设推动着全球合作机制不断发展，贡献了中国智慧和中国方案。人类命运共同体理念多次写入上海合作组织等多边机制重要文件。[1]显然，"上海合作组织对全球地缘格局产生重大影响"[2]。这个以中国城市命名的组织，经过发展，已成为世界上人口最多，具有重要影响力和权威性的组织。这是新时代高质量发展的客观要求。历史必将证明，这是中华民族对人类文明新形态建设的重要贡献。这给世界和平、安全特别是发展带来巨大机遇。

硬实力是软实力之有形载体，软实力是硬实力之无形延伸。以现代化体育产业经济发展，加快推进上海全球著名体育城市建设正当其时。基于体育强国、健康中国建设的实践和各层级丰硕的政策文本可知，我国体育产业的发展正处于上升期、黄金期。《体育强国建设纲要》强调，到2020年，体育产业在实现高质量发展上取得新进展；到2035年，体育产业成为国民经济支柱性产业。《"健康中国2030"规划纲要》强调，体育等行业要主动优化要素配置和服务供给。体育产业在竞技体育领域兴盛，繁荣于体育赛事。当一个人花钱看一场体育赛事，看完之后，他体验到的是项目文化、竞技文化。很多城市选择通过打造体育赛事中心来提高发展能级。国外城市洛杉矶、国内城市北京等地的实践表明，体育产业与赛事紧密相关。2012—2019年，体育运动为洛杉矶郡生成21亿美元的收入。2008北京奥运会和2022北京冬奥会，使得北京成为具有全球独特影响力的体育赛事举办地，成为体育产业的兴盛地。当今时代，体育产业、旅游产业本身可

① 李捷. 在新中国史上具有里程碑意义 [N]. 人民日报, 2022-09-09 (9).
② 陈曙光. 世界大变局与人类文明的重建 [J]. 哲学研究, 2022 (3)：14.

称为"大产业"，文体旅"多业深度融合"势在必行。发达国家和地区的体育产业发展水平相对较高，已经成为国民经济发展的重要产业之一。不少学者认为，体育产业源于英国，在欧美等发达国家和地区得到持续发展，美国将其推向高潮，现在进入成熟期。国外体育运动的职业化水平比较高，如美国有众所周知的四大职业体育联盟，体育企业得到刺激发展的空间，推动了体育产业的发展。发达国家的体育产业已成为巨大的经济市场。值得一提的是，在欧美跨国强企竞逐之下，日本体育产业领域中的美津浓、爱世克斯等仍能占一席之地。在现代市场经济条件下，一切要素都在流动变化之中。中国体育产业起步虽较晚，但有着广阔市场前景和发展潜力。市场需求直接影响着市场资源的开发与流动方向。这就要求遵循体育产业发展规律，充分发挥市场在资源配置中的决定性作用。2019年9月《国务院办公厅关于促进全民健身和体育消费推动体育产业高质量发展的意见》强调，鼓励各地采取灵活多样的市场化手段促进体育消费。《国务院关于加快发展体育产业促进体育消费的若干意见》强调，要"把体育产业作为绿色产业、朝阳产业培育扶持"。这是新时代经济社会协调发展的必然要求。

（二）实践信心传导

我们要坚持以人民之心为心提升城市创造力、竞争力。经济软实力的构建以经济硬实力为基础。《上海市城市更新条例》回应时代的呼唤，强调"发挥金融对城市更新的促进作用"①。软实力的增强又会反过来帮助硬实力的扩展。人民与时偕行、开拓奋进，推动经济硬实力及软实力持续健康发展，关键在于落实新发展理念、抓住宝贵发展机遇，提升城市创造力、竞争力。

第一，彰显长江经济带的龙头、长三角一体化的中心作用。中国经验来之不易，中国智慧弥足珍贵。城市软实力建设就要结合"长江经济带建

---

① 上海市城市更新条例［N］.解放日报，2021-08-29（5）.

设等战略"①。竞争力是软实力的重要内蕴和客观表征。②无论从国内还是国际来看，上海城市经济的竞争力和影响力都在不断提升。上海轨道交通线运营线路总长保持全球城市第一。科创板上海上市企业融资额、总市值保持全国首位。新动能成长实现新突破。

第二，新城建设的标杆。城市经济以行稳致远为内在诉求，这就呼唤用系统思维规划发展全局。城市规划在城市发展中起着重要的引领作用。上海市五个新城建设全面发力，已经完成新城总体城市设计，众多企业总部、研发中心签约落户新城。这就进一步拓展了城市软实力建设的空间。缩小区域发展差距，也有利于为经济社会协调发展创造更好的条件。新时代要坚定信心、迎难而上，开辟新的发展路径。新城绝非仅仅是硬件基础设施等外表形式上的"新"。没有信息化就没有现代化。数字经济成为全球经济增长的重要驱动力。上海支持新城围绕"长三角数字干线""数联智造"等加快主导产业品牌建设，打造成为数字技术最佳"试验场"。其在解决新时代社会主要矛盾中能够发挥应有作用。

第三，体育产业的著名城市。发达地区体育文化产业内部结构是按照由单一向复合、由低质向高效的趋势优化的。体育产品和服务要在国内外市场站住脚，很重要的是要厚植竞争力。政府在体育产业发展中起到规划、组织、引导、扶持、推介等不可替代的作用，要以适度超前的视野创造发展条件。上海已经提出，探索在自贸区开展体育服务产业政策试点。新发展理念一经提出，就得到群众的衷心拥护。开放发展注重的是解决发展内外联动问题。《中国（上海）自由贸易试验区临港新片区促进旅游及体育产业高品质发展的若干政策》已经出台。供给侧结构性改革取得明显进展。据上海市体育局、上海体育学院在全球首次发布的体育赛事评估报告《2019年上海市体育赛事影响力评估报告》，当年上海举办的12项具有代表性的重大体育赛事共带来30.9亿元的直接消费，相关产业拉动效应超

① 中央城市工作会议在北京举行 [N]. 人民日报, 2015-12-23 (1).

② 王晶, 朴光海. 推进国家文化软实力建设, 增进人文与文化交流 [J]. 国外社会科学, 2022 (1): 191.

102亿元。

（三）实践优化设想

经济发展始终是中国现代化发展的基础。经济发展了，才能有雄厚的财力物力普惠民生。要在不断解放和发展生产力的基础上逐步实现人人参与、人人共享、人人受益。要坚持与党和国家改革发展大局同频共振，保持把握方向、举重若轻的定力，促使现代化经济体系的健全。之所以要健全，是因为时代在不断发展。这需要放到世界和我国发展大历史中去看。

社会主义市场经济理论源于实践又指导实践。社会主义市场经济的发展，就是要推动实现物的不断丰富和人的全面发展的统一。随着经济的发展，人民群众对美好生活的向往更加强烈，我们要的是有质量、有效益、可持续的发展。为此，上海强调，要"推动浦东新区打造社会主义现代化建设引领区""更好发挥自贸试验区和临港新片区试验田作用""推进虹桥国际开放枢纽建设"。[①]要坚持以全球思维谋篇布局。

城市群成为全球化时代国家竞争力之身份标识，是以分工、协作、共享为特征的命运共同体。其强调一体化发展，形成"1+1＞2"的放大效应。上海市将全面落实长《三角一体化发展规划"十四五"实施方案》、新一轮三年行动计划，在科技攻关、产业协同、港口群建设等方面，加快推进重点协同深化事项。其形成了较强的国际竞争力，发展潜力巨大。中国成为世界上最大的电子商务市场。[②]数字经济是"助推世界经济发展的重要支点"[③]。欲深化城市群协同发展，需要稳步推进它们的数字经济发展。在数字经济发展拓展上，上海着力促进数字健康新产业等的发展。

相较于农村，消费经济甫一开始就与城市关系密切。后工业化阶段，超大城市的消费中心功能的重要性日益凸显。2021年3月，国家层面强调

---

① 上海市国民经济和社会发展第十四个五年规划和二○三五年远景目标纲要［N］. 解放日报，2021-01-30（7）.

② 钱霖亮. 电商经济与中国软实力［J］. 文化纵横，2019（5）：132.

③ 宋义明，张士海. 数字经济与我国经济高质量发展［J］. 中国高校社会科学，2022（2）：149.

要"营造现代时尚的消费场景"①。其方兴未艾,理应后来居上。国际消费中心城市建设涵盖国际知名度、到达便利度、消费繁荣度等指标,将成为都市圈同城化推力。②作为率先开展国际消费中心城市培育建设的上海,当前和今后要先行先试,积累经验,不断提高消费的引领度。这也是上海加快打造国内大循环中心节点及双循环战略链接的紧迫要求。

要坚持以人民为中心的发展思想,将思路举措搞得更为科学、更为严密、更为有效。在关系国计民生、经济健康发展的问题上态度坚决、措施到位,不断提升高质量发展的经济效益和社会效益,为实现创新、协调、绿色、开放、共享发展营造和平稳定的外部环境、诚实守信的经济环境、清正廉明的政务环境、公平公正的司法环境。

一切发展归根结底都是为了人的发展。体育产业必须适应变化、追赶时代、引领潮流,在满足民众日益增长的美好生活需要方面发挥其不可替代的重要作用。体育产业消费渐渐成为民众衡量生活质量高低的参考指标之一。体育产业非短期逐利的行业,其有着人文关怀、促进身心健康的鲜明特性。随着实践的发展,人民群众的体育需求逐渐由单一"强身健体"需要向休闲、健身、娱乐等多样化、多层次增长,其对体育文化服务的需求比例越来越大。上海要按照《上海全球著名体育城市建设纲要》,建设世界一流的国际体育赛事之都,建设国际知名的体育消费中心,积极拓展体育产业新蓝海,在国际体育领域形成日益强劲的新兴力量。要打造成"一带一路"体育交流的桥头堡。上海致力于"增强体育产业的国际竞争力、影响力和辐射力"③。

总之,发展必须更加协调友好,必须更具普惠性,要细化丰富"人民至上"的经济内涵,诚如上海强调的,要"以高质量供给带动高品质需

---

① 中华人民共和国国民经济和社会发展第十四个五年规划和2035年远景目标纲要[N].人民日报,2021-03-13(9).

② 陆铭,彭冲.再辩大城市:消费中心城市的视角[J].中山大学学报(社会科学版),2022(1):177.

③ 上海市人民政府办公厅关于印发《上海市体育发展"十四五"规划》的通知[J].上海市人民政府公报,2021(20):56.

求，更好满足人民群众对幸福生活的美好向往"①。

二、积极传递中国声音和中国主张，让世界会客厅通四海

现代文明包含以开放的心态与理念投身经济发展，让发展成果惠及更多国家与民众。21世纪的竞争是城市的竞争，不能只当听众、没有发言权，而要努力用相关国际合作机制、平台同国际社会进行有效对话，为人民代言、为人民立言，发人民群众所思所想的声音。上海是商通四海、人聚万邦、文明交融、姿彩多样的彰显开放型经济软实力的城市，是具有全球竞争力与天下胸怀的。随着经济全球化持续发展，开放与强盛存在着辩证关系，强盛才能充满信心地开放，而开放更好地促进强盛。软实力研究"对外，是为了传播中国的立场和声音"②，使之真正走进客体的内心世界。通过建构，事物得以生成。要保持国际化视野与思维发展软实力，吸引更多机构、会议、活动入驻，提升城市竞争力。这是一种无形的、难以量化的巨大影响力量。上海将在参与全球合作发展中增强城市竞争力，使引进来和走出去相辅相成。

（一）实践依据审思

改革开放是决定当代中国前途命运之关键一招。这在经济方面表现得尤为突出。改革开放是牢牢把握人民群众对美好生活的向往，促进和满足人的需要持续发展的基本方式。软实力的力量来自扩散性。要加强内外联动，有效参与全球治理体系变革和建设，培育国际竞争新优势。瑞典著名经济学家缪尔达尔提出的循环累积因果理论认为，在经济循环累积过程中，存在回流效应和扩散效应。"在当代世界历史进程中，中国推动全世界各民族在解决共同性问题中构建'互利共赢'的人类文明"③，为此，就要面向世界，具有宽广的胸怀，必须实施更加积极主动的开放举措，我

---

① 上海市国民经济和社会发展第十四个五年规划和二〇三五年远景目标纲要［N］. 解放日报，
2021-01-30（7）.

② 张国祚. 中国文化软实力建设必须回答的几个重要问题［J］. 科学社会主义，2015（5）：8.

③ 刘同舫. 当代中国马克思主义的哲学境界［J］. 中国社会科学，2021（9）：9.

们要共同营造有利于发展的国际环境。"一带一路"尤其在发展中国家得到广泛支持。要引导区域差异发展、特色发展、协调发展、联动发展，在更大范围内优化配置资源，实现整体效能最大化。

话语体系建构是在国际经济治理中发挥更大更好作用的前提，积极传递中国声音和中国主张。从国内来看，国家话语能力是治理能力现代化的体现。2021年，作为"善治良法"的民法典的实施，对发展社会主义市场经济具有重大意义；《建设高标准市场体系行动方案》出台，有助激发活力。迈向生态文明新时代，经济发展要以生态环境保护为前提。社会主义市场经济的历史经纬表明，协调发展是市场优化资源配置的客观要求，深圳、浦东、浙江、长江经济带等的制度化实践探路，将在协调发展方面发挥引领作用。在开放发展中，中西经济合璧的风采浪漫依然。这也正是示范效应得到广泛关注的原因。从国际来看，我们正面临全球经济治理体系的深刻转变。从中华文明来看，我们有一贯的处世之道——亲仁善邻、协和万邦。从新时代中国来看，人类命运共同体理念彰显共商共建共享的"黄金法则"，早已得到国际社会的广泛关注和许多国家的积极响应。同时，我们面对的挑战、风险及矛盾也是前所未有的。为此，我们在以构建人类命运共同体为核心的全球发展理念的引领下，构建高标准自由贸易区网络，维护和完善多边经济治理机制，展示中国推进改革开放与寻求互利共赢的决心。这有利于为开启新时代物质文明发展新征程提供强大制度性的话语支持。这些"经济认知"是建立在实事求是基础之上的。

开放发展实现发展的内外联动。中国经济是世界经济的重要组成部分。软实力领域中的投入能够有效扩大我国在经济领域的全球影响力。[1]发展的中国需要多宣传报道人民群众的伟大奋斗与火热生活，在全球视野中塑造自己的国家形象。建设上海自由贸易区，是促进全球资源在我国合理配置、进一步提升我国开放型经济水平的重要举措。不平衡不充分的发展，本身就是质量不高的表现。需要掌握推进供给侧结构性改革的科学方法，以改革的办法矫正供需结构错配及要素配置扭曲。推进上海自由贸易

---

① 邓路, 刘帷韬. 国家软实力能促进我国的出口贸易吗? [J]. 中国流通经济, 2019 (4): 63.

试验区建设，就是要解放思想、勇于突破、当好标杆，对照最高标准、查找短板弱项，大胆试、大胆闯、自主改，进一步彰显全面深化改革和扩大开放试验田的作用。这就是要通过自由贸易试验区建设，亮明我国向世界全方位开放的鲜明态度。毫无疑问，全球事务应该由各国共同治理。完善全球治理离不开中国智慧、中国方案，这具有很强的开放性、针对性和指导性，能够为构建人类命运共同体贡献力量。

（二）实践信心传导

这一逐梦之旅，注定与世界同行。中心城市作为城市群发展的核心是未来经济发展的重要引擎。诚如上海强调的，"在上海、为全球"[①]。勇立世界现代化大潮，离不开自信的精神品质。上海致力于走面向世界、扩大开放之路，同世界深度互动、向世界深度开放，凸显出参与全球经济治理的积极性、主动性及创造力。上海正着力打造若干千万级流量旅游入口，促进经济高质量发展。

首先，"一带一路"具有深厚的历史渊源和广泛的现实基础，从辐射、积极效应、推动中国标准国际化、获得国际认可等多个维度提升了中国的软实力。[②]2019年按货物进出口总额计算的外向度，上海达89%，广东达66%，浙江达49%。[③]世界发展格局发生着深刻复杂变化，上海市重点区域转型发展步伐加快。北外滩建设推进，世界会客厅项目建成迎宾；国际贸易中心能级大幅提升，口岸贸易总额保持世界城市首位；上海港集装箱吞吐量连续10多年排名世界第一。同时，上海服务贸易占全国比重提高到30%左右。最重要的是，进博会成果丰硕，成为向世界展示中国创新及开放的全球级平台。基于此，世界可以更好地了解与理解中国的发展。上海建设国际消费中心城市，强调放大"进博会"溢出效应。进博会帮助国内企业开拓了海外市场。要实现自身发展，合作是必然选择。推进"一带一路"建设，需要拓展务实合作。为此，上海强调要建设"一带一路"投

---

① 上海市国民经济和社会发展第十四个五年规划和二〇三五年远景目标纲要［N］. 解放日报，2021-01-30（5）.

② 胡键."一带一路"的国际公共产品功能与中国软实力的提升［J］. 国外社会科学，2020（3）：17.

③ 洪银兴，杨玉珍.构建新发展格局的路径研究［J］. 经济学家，2021（3）：6.

融资中心。企业是全球经济治理的主要需求者与直接受益者。目前，超过6万家外资企业在上海投资兴业，跨国公司地区总部和外资研发中心分别达到857家和516家。①吴淞口国际邮轮港接待规模居亚洲第一，活力无限的国际化大都市魅力更胜往昔。共享，就是互利共赢，寻求各方利益契合点。上海提供了这样的机遇与平台，这有利于夯实我国国际话语体系建设的经济基础。

其次，长三角一体化示范区成为扩大开放的巨大平台。这一重大国家战略是优化国家发展区域布局的创新务实之举。这一平台不仅提升了中国，也造福了世界，正在迅速成为全球经济增长强劲的驱动轮。城市合作专题组由上海牵头，上海充分发挥国际经济中心城市的功能优势和城市经济协调会的平台作用。

再次，历史的长河大浪淘沙，也昭示担当者的风采。面对百年变局，浦东是我们抢抓战略机遇、应对风险挑战的一张"王牌"，立足中国大地，为世界经济发展贡献力量，释放了而且仍在不断释放强大的正能量，拓展了新时代中国特色社会主义开放事业发展新格局。这将是一个充满巨变而又有着光明前途的时代，为人类和平发展贡献中国智慧和中国方案。2021年，浦东地区生产总值突破1.5万亿元，同比增长10%，高于全市近2个百分点，对全市经济增长贡献超过40%。②这是一种奋勇争先、追求进步的使命感，赢得了人民的信任、拥护和支持。

最后，自贸试验区这场竞争既是规则之争、话语权之争，更是发展主动权之争。制度性话语权是我们广泛深度参与全球经济治理之强大保障。面对空间拓展的新机遇，我们不能落伍。2019年8月，上海自贸试验区临港新片区揭牌；如今临港新片区对标国际上公认的竞争力最强的自由贸易园区，推动高质量发展、高水平开放，形成一系列全国首创案例。上海全市累计核发外国人工作许可证数保持全国第一。这不是一国一城的独奏，

---

① 刘士安，巨云鹏，田泓. 上海加快建设社会主义现代化国际大都市［N］. 人民日报，2022-08-09（2）.

② 用改革开放思路和创新办法闯出新路［N］. 解放日报，2022-08-09（3）.

而是各国各地区的大合唱。互利合作不断发展、利益融合不断深化。这为国家构筑全方位对外开放格局作出新贡献。

（三）实践优化设想

推动事业持续健康发展，必须强化问题导向，将科学方法论运用到改革发展实践中。着力发展开放型经济，提高现代化经济体系的国际竞争力，要适应新形势、把握新特点，推动由商品和要素流动型开放向规则等制度型开放转变。积极传递中国声音，让世界会客厅通四海，就是要积极参与全球治理，主动提出新主张、新倡议和新行动方案，增强我国为全球提供公共产品和履行大国责任的能力。为此，要进一步提升城市引进来的吸引力和走出去的竞争力。基于长江经济带具有的独特发展优势与巨大发展潜力，上海要进一步打造黄浦江世界会客厅旅游板块。

至此应该明白，越是接近复兴目标，遇到的阻力压力就越大。勇于变革，才能突破经济增长和发展的瓶颈。要实施全面深化改革开放的发展战略，确保在法治轨道上推进改革。要强化践行新发展理念的力度，推进经济发展和民生改善良性循环。上海要进一步以开放型经济平台为依托强化软实力之国际传播能力。

城市软实力以内藏的吸引力发挥作用，要进一步明确新目标，采取新举措。人民群众的要求和实践，体现了发展的趋向。更多参与国际规则的制定，必须深入践行开放发展的理念。国际规则应该由各国共同书写，国际社会期待听到中国声音、看到中国方案。进博会、虹桥国际经济论坛对东西方经济交往起到了十分重要的作用。上海市要用共赢思维开拓发展境界，积极打造双向开放的平台，持续办好进博会，发挥国际采购、投资促进、人文交流、开放合作等平台作用，巩固提升虹桥国际经济论坛创造力，持续放大溢出带动效应。要讲好和平发展的中国故事，以更好的合作谋求互利共赢。

新发展理念绝不是凭空产生、任意罗列的理念。在开放型品牌打造中，上海大有可为。一个重要目的就是不断激发经济发展活力。"一带一路"着力于发挥比较优势，促进全球范围内要素流动。要进一步打响世界顶尖科学家论坛、浦江创新论坛、世界人工智能大会、陆家嘴论坛、上海市市长国际企业家咨询会议等品牌，主动设置全球城市议题，积极传递中国声音和中国主张，充分体现中国特色、中国风格、中国气派。要积极参与国际技术标准规则制定，贡献方案、发出先声。

中国道路是社会主义现代化之路。互利共赢是我国对外开放的长期战略。构建伙伴关系、友好关系是重要途径。上海要继续致力于在全球范围内城市合作与竞争中锻造优势。这样的时空领域比历史上任何时候都要宽广，社会氛围及友善程度显得十分重要。当前，上海市、区两级已与59个国家的92个市（包括省、州、大区、道、府、县和区），建立了友好城市关系。新时代友好城市建设依然富有特殊桥梁、纽带和促进经贸发展的功能，值得进一步加深交流合作，拓展"朋友圈"。"重视中国商品/服务和人员交流"①，这仍是具有可操作性的实践落实。

总之，上海将加快建设竞争力更强的国际经济中心，进一步提升国际金融中心能级，全面提高国际贸易中心枢纽功能，深入建设全球领先的国际航运中心。

三、强化物质文明发展新动力引擎，让创新之城创造未来

实践逻辑体现破解问题的需要与担当时代使命之诉求。从中华文明来看，我们有永恒的精神气质——革故鼎新、与时俱进；从新时代中国来看，就是要守正创新、因势而新。强起来的中国需要不断注入强大精神力量。载人航天精神、科学家精神、企业家精神、探月精神、新时代北斗精神，无一不昭示着：创新发展成为引领时代的第一动力，我们要激发创新创造活力。创新带来技术与产业更替升级。强化全社会广泛参与城市经济软实力建设思想基础，要靠创新实干。城镇化从"要素驱动"走向"创新驱动"，城市创造力建设向新而行，勿馁勿辍，则胜利属我，决然无疑。改革是"破"，讲创新突破。因为，抓创新就是抓发展，谋创新就是谋未

---

① 陶建杰，尹子伊. 中国文化软实力：国际评价、传播影响与提升策略[J]. 现代传播（中国传媒大学学报），2020（7）：51.

来。必须坚持创新在发展全局中的核心地位，为经济持续健康发展提供长期动力。要以与时俱进的精神、革故鼎新的勇气，打造更具澎湃活力的创新之城，让这座城市遍布想创造、能创造、善创造的主体，充满先进的思想、优秀的作品、璀璨的文艺、前沿的科技，持续不断地创造发展的奇迹、涌现的英雄人物、演绎动人的故事。人越全面发展，社会的物质文明财富就会创造得越多。这也是内生驱动力不断转换和升级的过程。

（一）实践依据审思

目前国际形势复杂多变，综合国力竞争更加激烈。我国进入建设世界创新强国关键阶段，但不少领域关键核心技术仍受制于人。要复兴，就一定要大力发展科学技术。为此，我们要格外重视自主创新，格外重视创新环境建设。健全关键核心技术攻关新型举国体制，要把政府、市场、社会有机结合起来，科学统筹、集中力量、优化机制、协同攻关。

我们的现代化是具有伟大创造力的现代化。经济方面软实力涵盖"政策制度、制造产品品牌、创新环境等"[①]。创新是高质量发展的第一驱动力。加快科技创新是实现人民高品质生活的需要。我们要深入把握其科学内涵。依赖别人的拐杖走不好自己的路。走出城市发展瓶颈的突破点是创新。敢创世界和未来之新，推动学术新思想、科技新发明、产业新模式、文化新潮流持续涌现，努力实现更多"从0到1"的突破，不断积累创新经验、壮大自身实力。我们决不能有初见成效就鸣锣收兵的心理，要依靠亿万人民的主体力量和创新精神。

新时代书写实现历史使命新篇章，要打造坚实的现代经济基础。创新是引领发展的第一动力。崇尚创新，符合人类社会的基本事实和发展规律。其在中国人心中有着经久不衰的魅力。上海肩负着加快我国创新驱动发展的重要任务，经历了一个逐步深化、日渐完善的过程。创新链产业链融合，关键是要确立企业创新主体地位。要增强企业创新动力，正向激励企业创新，反向倒逼企业创新。要既顺应经济规律，又积极主动作为，在

---

① 李金华. 中国建设制造强国软实力与硬实力的比较研究[J]. 兰州大学学报（社会科学版），2018（3）：3.

一些重要领域形成竞争优势、赢得主动。要努力提高我国在全球经济治理中的制度性话语权。

新时代创业和创新在空间和时序上密不可分，二者之间都存在相互影响的关系。人民对幸福的渴望是加快推进发展的动力、促进创业创新引领经济增长的源泉。这是一个不容忽视的基本态势。一代人要有一代人的担当，让发展的动力源源不断。C919大型客机、量子计算机、北斗导航系统、"天问""天和""天舟""嫦娥四号""嫦娥五号""奋斗者"号，这些国家战略科技任务背后都蕴含着上海科技力量。[1]

今天的中国拥有巨大的国内市场，但历史只会眷顾坚定者、奋进者、搏击者。创新发展是全民参与、全民推动的事业。上海提升城市软实力，其题中之义就是要以精准精细精心的服务，实现人才安心安身安业，使各类人才的创新智慧和潜能竞相迸发。

（二）实践信心传导

中国道路是创造力发展之路。改革开放激发了中国人民的创新创造热情。世界知识产权组织弗朗西斯·高锐认为，中国正逐渐成为全球创新和品牌塑造方面的引领者。发展动力决定发展速度、效能和可持续性。创新驱动是城市改革开放的强劲动力。创新软实力涉及科技人文环境、科技政策制度、科技创新能力、科技价值观、科技服务等方面。它属于实现现代化进程中的动力与劲流。真正的核心技术、关键技术是买不来的。创新对于经济发展全局来说是一个关键问题，这是适应我国社会主要矛盾变化的必然要求。值得强调的是，基于一股开拓创新的拼劲、一股自力更生的韧劲，位于上海的中国商飞运筹创新大棋局，把梦想写在蓝天上，2022年C919完成取证试飞，全国多个机场都出现了国产大飞机C919的身影。上海紧紧扭住技术创新这个战略基点，使得改革创新的时代精神力量作用愈加凸显。

创新软实力潜在资源包括跨国企业、品牌、一流大学。[2]首先，在全

---

① 李治国，李景.上海创新发展一路向前［N］.经济日报，2022-07-19（9）.

② 游国龙.软实力的评估路径与中国软实力的吸引力［J］.现代国际关系，2017（9）：19.

社会营造鼓励创新的氛围。企业是研发投入和提供创新成果的主体。2022年7月21日，以"创新主引擎，发展新动能"为主题的上海市产业技术创新大会在G60科创大厦召开。上海市经信委与4家银行签约，新增4000亿元专项资金用于支持企业创新发展。国务院批准了《上海系统推进全面创新改革试验加快建设具有全球影响力的科技创新中心方案》，这为上海提升城市软实力提供了重要的条件保障。其次，上海坚持推进"双一流"和地方高水平大学建设。2022年，第二轮双一流建设高校名单公布，上海有15所大学入选，其中上海科技大学为本轮新增。2022年8月15日，《新闻联播》播出专题节目《解码十年——中国迈入创新型国家行列》，其中上海科技大学参与共建的"羲和激光装置"成为典型例证。我们进行着今天的奋斗，更要开辟明天的道路。

其次，科技创新、科学普及是实现创新发展的两翼。幸福是不断进取的创新、是自觉自强的创造。上海致力于走打破常规、创新突破之路，让新发展理念在新时代开花结果。上海聚焦张江科学城，坚持正确的方法论，在不断实践探索中推进创新。其加大对前沿领域、基础研究的力量布局，发起和参与国际大科学计划和大科学工程，创造更多颠覆性技术、原创性成果。这提醒我们，技术创新是一个完整链条。如今张江科学城与陆家嘴金融城"双城辉映"，让一切创造财富的创新源泉涌流，成为软实力的重要象征。2022年8月，上海知识产权创新奖提升为市级表彰。全社会热爱科学、崇尚创新的氛围更加浓厚。

最后，上海正在打造引领未来的创新策源地，展现了世界性与本土性的双重属性。其强调的不是单一的或某些方面的发展。要深化跨界融合创新，大力发展创新型经济、服务型经济、总部型经济、开放型经济、流量型经济，加快实施集成电路、生物医药、人工智能三大"上海方案"，推动中国芯、创新药、智能造、蓝天梦、未来车、数据港等蓬勃发展，引领未来都市经济的发展方向。建设一批享誉国际的学术高地和新型智库，成为全球智慧交融之地。共赢多赢的合作新局面正在形成。要建设开放共享的创新试验场，探寻新路径，引领世界科技潮流。在城市发展场域里的这些重要市场主体不应只是同质性的"微粒子"，而应是各显创新之能的活跃主体。应集聚高端创新元素，包容多元创新互动，让先进理念率先在这里应用、未来生活率先在这里体验。为此，上海正在着力培育具有全球竞争力的世界一流企业。

（三）实践优化设想

自主创新是攀登科技高峰的必由之路。创新质量跃升是一个系统性革新和突破的复杂过程，要营造良好创新生态，激发创新主体创造力。上海将聚力加快推进科技创新、教育现代化和高水平人才高地建设，进一步增强发展动力和支撑，加快建设具有全球影响力的科技创新中心。要把潜在优势转化为现实的竞争力，就必须走创新发展的道路。[①]对此，上海大有可为。

第一，强化创新政策意识，让创新的"阳光"更璀璨。要以更加开放包容的政策去落实鼓励创新、宽容失败的激励相容机制，不断优化能干事业、干成事业、干好事业的创新政策条件。"阳光"即政府出台的鼓励创新的普惠性政策。把握市场经济发展和科技创新规律，充分运用税收、金融、贴息、政府采购等政策工具来配置科技资源，支持新业态、新商业模式发展。其范式变迁要采取迭代而又累积的形式，努力在重大创新领域抢占先机、实现突破。上海出台一系列政策措施，吸引国内外创新团队、创业公司等加快关键技术攻关。古语云，凡事预则立，不预则废。2022年7月发布行动方案，上海成为元宇宙领域全国首城。[②]质言之，要推动有效市场与有为政府更好地结合，强化创新驱动，努力占据科技创新的制高点，拓展发展空间，释放创造力。

第二，强化创新平台意识，让创新的"土壤"更丰沃。在发展机遇上既看"近"又看"远"。"土壤"即创新的平台和载体，比如科学城、科技创新中心、孵化器、科技大市场、众创空间等。诚如上海强调的，要"以张江科学城为重点推进科创中心承载区建设"[③]。建设自贸区是一种

---

① 张国祚，刘存玲. 新时代背景下的文化软实力提升 [J]. 马克思主义研究, 2020（9）: 90.

② 李晔. 上海率先起跑元宇宙产业新赛道 [N]. 解放日报, 2022-08-08（1）.

③ 上海市国民经济和社会发展第十四个五年规划和二〇三五年远景目标纲要 [N]. 解放日报, 2021-01-30（6）.

"中心开花"战术。要坚持把自贸区作为推进科技创新和转型升级的关键载体，永远要有逢山开路、遇河架桥的精神，促进高新技术产业的特色化发展、差异化竞争和垂直整合。长三角"G60科创走廊"成为协同创新的重要抓手。勇于突破，起点要高、落点要实。大学是弘扬科学精神、推动科技创新的主阵地。上海将推动大学科技园成为高校科技成果转化"首站"。要夯实科技创新基础，努力形成更多领跑优势。

第三，强化科技服务意识，让创新的"活水"更流畅。欲流之远者，必浚其泉源。"活水"即金融资本、中介机构、科技服务业等。举一纲而万目张，落一子而满盘活。改革是社会主义制度的自我完善。科技自立自强是国家强盛之基。改革创新意味着打破常规、破旧立新。研发投入等软实力建设活动能促进出口质量提升。[①]为此，要进一步吸引社会资金支持前沿领域探索研究。要以只争朝夕的使命感、责任感，完善覆盖科技创新全链条的服务体系，提升对科技创新和产业发展的支撑作用，为创新创业者提供最优的服务，不断增强经济发展活力和创造力。

第四，强化创新环境意识，让创新的"空气"更洁净。集约型发展最根本的是依靠科技创新。"空气"即创新的环境氛围、知识产权保护等。需要从思想认识入手，着力增强全社会的创新意识和知识产权意识，广泛传播创新创业文化。归属清晰、权责明确、保护严格、流转顺畅的产权制度，是市场经济的基石，"专利也是制造强国建设软实力的重要表现"[②]。要坚持统筹协同，树立大科普理念。青年代表希望，青年创造明天。汪品先院士在同济大学开设"科学与文化"课，来了不少中学生抢前排座位，同时汪院士在B站的粉丝有170多万，这让公众和科学家感受到彼此的激情。此外，上海要进一步发挥国家知识产权国际运营试点平台功能，致力于打造国际知识产权保护高地。

第五，强化人才支撑意识，让创新的"养分"更充足。在生产力当

---

① 吕小明，黄森．核心软实力对中国出口质量的影响[J].统计与决策，2022（13）：127.
② 李金华.中国建设制造强国软实力与硬实力的比较研究[J].兰州大学学报（社会科学版），2018，（3）：5.

中，人是最活跃最积极的因素。培养创新型人才是国家、民族长远发展的大计。当今世界的竞争说到底是人才竞争，经济软实力一定有灿若群星的创新人才作代表。要尊重人才、尊重创造，不畏艰难、锐意进取。"养分"即科技创新人才、团队，等等。经济快速增长的重要驱动力是创新。创新人才富有开拓性，极具创造能力。全球要素依然是国际化城市发展的关键。2021年3月，国家层面强调"提高长三角地区配置全球资源能力"①。为此，上海要把本土视角与世界视角结合起来，有效实施各类人才计划，吸引优质创新资源和创新人才，统筹推进识才、聚才、育才、用才，聚全球英才而用之，让一切创新能力迸发。例如，南汇新城要建设国际人才服务港。一切真知伟绩都是从人民群众的奋斗实践发源的。外因要通过内因起作用。更如上海强调的，要"激发全市人民创新创业创造的伟力"②，让上海因人才更精彩、人才因上海更出彩，形成技能成才等社会氛围。其随时间的推移呈现出过程性与持久性等特点。

总之，必须把发展基点放在创新上，要有宏观层面上的创新，也要有中观与微观层面上的创新，这是一个不断发现问题、解决问题和提升创造力的过程。实现伟大梦想就要顽强拼搏，需有一种"而今迈步从头越"的发展自省与创新自信，创新发展本质上是为了促进人的全面发展。上海将进一步发展具有引领策源功能的创新型经济，成为天下英才向往的机遇之城、逐梦之都。

① 中华人民共和国国民经济和社会发展第十四个五年规划和2035年远景目标纲要［N］. 人民日报, 2021-03-13（10）.
② 上海市国民经济和社会发展第十四个五年规划和二〇三五年远景目标纲要［N］. 解放日报, 2021-01-30（5）.

第五章 强化全社会广泛参与城市理政软实力建设思想基础的实践逻辑

强化全社会广泛参与城市理政软实力建设思想基础的实践逻辑，体现在这一逻辑是从大国大城发展现实需要中得出来的。之所以用"理政"这一词，是因为其来源于实践，城市的竞争力、活力、魅力，离不开高水平管理。"新时代是加速政治文明建设进程的时代，是不断提升国家治理体系、治理能力现代化的时代"[①]，在理政上，强调"江山就是人民、人民就是江山""人民是党执政兴国的最大底气""把人民放在心中最高的位置"[②]；要"坚持以人民为中心，以增进人民福祉为出发点和落脚点，以加强基层党组织建设、增强基层党组织政治功能和组织力为关键……推动政府治理同社会调节、居民自治良性互动……坚持共建共治共享"[③]。再如，法治是一种历史悠久的理政策略，要立规矩、讲规矩、守规矩。又如，要把数字技术广泛应用于政府管理服务，上海"随申码"入选"中国网络理政十大创新案例"。城市理政软实力建设实践表明，法治是城市软实力和核心竞争力的重要标志。法规制定属于"软实力"[④]。"制度文明程度越高，城市的吸引力也就越强"[⑤]。政府与市民共同担当，让百姓

---

① 张国祚, 刘存玲. 新时代背景下的文化软实力提升 [J]. 马克思主义研究, 2020（9）: 86.

② 韩庆祥. 21世纪马克思主义的基础性问题 [J]. 中国社会科学, 2022（4）: 21.

③ 中共中央国务院关于加强基层治理体系和治理能力现代化建设的意见 [N]. 人民日报, 2021-07-12（1）.

④ 张国祚. 谈谈"软实力"在中国的发展 [J]. 思想政治工作研究, 2014（6）: 17.

⑤ 胡键. 城市软实力的构成要素、指标体系编制及其意义 [J]. 探索与争鸣, 2021（7）: 46.

少跑腿、数据多跑路，将"提升治理软实力"[①]。政之所兴在顺民心，政之所废在逆民心。其凝结着我们对软实力发展目的的理性认识。全社会广泛参与城市理政软实力建设思想基础的强化，旨在树牢"不忘初心、牢记使命"话语，紧扣民心这个最大的政治，凸显"江山就是人民、人民就是江山"等话语创新，要求发挥好最大政治优势。要努力使人民对政府提供的公共服务满意。要坚持推进全过程人民民主，展现比较优势。总之，民心是理政的航标。上海强调"将'人民城市'理念贯穿于城市管理全过程"[②]。城市理政为民的核心是实现最广大人民的根本利益。这里的理政软实力除吸引力之外，主要侧重公信力、感召力。例如，从软实力发展与研究所要考察的对象来看，法治建设对增强制度的公信力的作用需要深入研究。[③]制度软实力是指在制度实施过程中所表现出来的治理效能以及在此基础上形成的制度感召力等。[④]因此，明晰强化全社会广泛参与城市理政软实力建设思想基础的实践逻辑，意义重大。

一、让法治名片更加闪亮，广泛弘扬良法善治精神

人类社会走向现代化是大势所趋。根据现代化建设的经验和规律，法安天下是制度成熟和定型的标尺，引领治理的有序发展。法律作为国之重器，以维护秩序为己任。全面依法治国是一场深刻的社会变革。城市软实力建设就要"依法规划、建设、治理城市"[⑤]。然而，"其中的困难在于，执行对象不一定接受依法依规作出的决定，基层干部需要进行反复的协商甚至艰难的较量。执行过程需要宣传法律和政策、讲明利害关系、就落实任务进行协商、对处罚进行谈判等，有时还要防止发生冲突，并在冲

---

① 陈忠. 城市软实力的日常生活营建 [J]. 探索与争鸣, 2021 (7)：42.

② 上海市人民政府办公厅关于印发《上海市城市管理精细化"十四五"规划》的通知 [J]. 上海市人民政府公报, 2021 (20)：42.

③ 张国祚. 文化软实力研究 [J]. 中国高校社会科学, 2015 (1)：45.

④ 李家祥. 制度自信的生成逻辑与国家制度软实力的提升 [J]. 科学社会主义, 2020 (4)：79.

⑤ 中央城市工作会议在北京举行 [N]. 人民日报, 2015-12-23 (1).

突时控制局面。"①成功的秘诀在哪里？就在于对法治运行规律的把握不断深化，社会主义法治观念深入人心，尊法学法守法用法蔚然成风，形成人人参与法治建设、获得平等保护、感受公平正义、共享法治成果的生动局面。要"依法治理"②，彰显法治固根本、稳预期、利长远的作用，着力推进全面依法治市，让人民群众在每一项法律制度、每一个执法决定、每一宗司法案件中感受到公平正义，使法治环境好、公信力强成为上海的重要标志。完善社会信用体系建设，形成重契约、讲诚信的良好社会氛围。要坚持把全过程民主贯穿到城市生活的各个方面，加强经济社会重大问题和涉及群众切身利益问题的协商，及时有效地化解社会矛盾，营造更加和谐稳定的社会氛围、长期稳定可预期的制度环境。

（一）实践依据审思

法治是作为国家治理的主流话语，事关国家治理、治国理政、执政兴国的全局。法治意味着规则之治，任何人都须遵规守则。权利本位只有通过法律才能为履行提供根本保证。"中国特色社会主义法治体系"是原创性理论话语。重大事件是历史发展的枢纽和关键，党的十八届四中全会、十九届四中全会通过的决定，对我们的"法安天下"制度性话语建构无疑起着独特的作用。坚持中国特色社会主义法治道路，全面依法治国，到2035年基本建成法治国家、法治政府、法治社会，在此基础上继续努力，要在法治轨道上推进国家治理体系和治理能力现代化，这是我们的发展理路。显然，不断完善顶层设计，突出全面依法治国话语，形成守法光荣、违法可耻的社会氛围，充分显示出新时代社会主义法治理念的理性力量，夯实了奉法强国的政治信念。中国人民完全有信心、有能力在党的领导下，把我国社会主义法治的优势和特点充分发挥出来，为人类法治文明进步作出中国贡献。法治是一个城市的无形资产。制度越完善，就越能提升公信力，激发潜力，迸发活力。

---

① 陈柏峰.社会诚信建设与基层治理能力的再造[J].中国社会科学，2022（5）：128.

② 中共中央国务院关于加强基层治理体系和治理能力现代化建设的意见[N].人民日报，2021-07-12（1）.

1.全面依法治国是基本方略

发展依赖于治理的支撑。理论研究和实践经验都表明，现代治理的核心是依法治理。全面依法治国是新时代的基本方略，为实现中华民族伟大复兴提供坚强后盾。这表征了我们党在法治理论与实践上与时俱进。党的领导是中国特色社会主义法治之魂，是法治中国的首要特征和独特法宝。为此，要强化党在各方面的系统领导，比如党领导立法、保证执法、支持司法、带头守法。是否具备法治思维是新时代领导干部的执政能力与党性修养健全与否的重要标志。①领导干部带头树立法治理念，起着"关键少数"的示范效应。德才兼备的高素质法治工作队伍建设是全面依法治国的必然要求。必须强调的是，坚持依宪治国、依宪执政，这一理论话语体现了宪法的地位。2014年，中国明确将12月4日设立为国家宪法日。建设法治中国与人民幸福唇齿相依。2021年1月，《法治中国建设规划（2020—2025年）》公开发布，强调法治兴则国兴，法治强则国强。显然，大部分国家治理事务，最终都要在基层落地。要重视以法治方式维护基层群众根本利益，在提升司法权威的同时弘扬法治文化。

2.法治政府建设是重要工程

法治政府是建设法治国家的主体。作为主体，当然要率先突破。法治政府建设可谓治理领域的一场深刻革命。依法治理是最可靠、最稳定的治理，依法行政是建成和维系法治政府的动力。法治政府建设归根结底是为了人民，服务人民。法治是"立"，讲规则程序。在法治政府建设的语境中，我们强调推进行政决策科学化、民主化、法治化，要用法治来规范政府与市场的边界，用法治给行政权力定规矩。法治政府建设示范创建活动从2019年起开展。2021年8月，《法治政府建设实施纲要（2021—2025年）》公开发布，强调加快依法行政的政府治理体系的构建。我们的政府是为人民服务、对人民负责的政府，要一棒接着一棒地完成"法治接力跑"。建设法治政府的根本目的是造福人民、保护人民。政府找到映照社会现实、关乎民心民意的真问题，在法治轨道上全面履行职能、全心全意

---

① 封丽霞.不断增强法治思维和依法办事能力[J].秘书工作，2020（11）：9.

为人民服务，是建设法治政府的内在要求。在法治规则下进行动员，具有权威性和稳定性特点，有利于彰显公信力。

3.法治社会建设是重要基础

依靠人民是国家治理的价值基石。现代国家治理不仅需要政府参与，而且需要其他主体参与，有赖于全体社会成员的共同参与，要"坚持共建共治共享"①。"以人民为中心"是社会主义法治的核心价值。法律的权威源自人民的内心拥护，形成全社会尊法守法学法用法之良好氛围。随着时代发展和改革推进，法治社会建设的基础性作用越来越凸显。2020年12月，《法治社会建设实施纲要（2020—2025年）》公开发布，强调坚持法治、德治、自治相结合，要求加强依法管网、依法办网、依法上网。重要的是让人民群众切实感受到法治的力量。质言之，只有他律、自律并用，才能全面夯实基础。毫无疑问，法治是新时代城市社区善治的基本要求，事关市域社会和谐稳定，超大城市法治社会建设有基础、有条件，更有信心、有能力先行一步。

（二）实践信心传导

发展的实践，给我们带来许多深刻启示。法治扮演着"轨道"②角色，制度因素始终在城市化进程中发挥重要作用。制度是公平正义的重要保证，已经成为一种重要的软实力。当然，制度不仅仅是法律条文，还涉及体制机制等。要立足于改革完善体制机制来解决发展问题。文化是影响制度演进的重要因素，法治文化建设和法治文明发展则昭示着制度文化自信。只有扎根本国土壤、汲取充沛养分的制度，才最可靠，也最管用。植根于中华民族5000多年文明史所积淀的深厚历史文化传统的中国特色社会主义制度成为具有强大生命力的制度。实践证明，新时代中国特色社会主义制度不断完善，法治文化氛围日益浓厚，为推动取得新时代历史性成就和历史性变革发挥了重大作用，我们有理由为新时代中国特色社会主义制

---

① 中共中央国务院关于加强基层治理体系和治理能力现代化建设的意见［N］. 人民日报，2021-07-12（1）.

② 马怀德. 法治与国家治理［J］. 社会科学，2022（8）：5.

度文化感到自信。上海致力于成为具有世界影响力的法治城市。广大市民群众的主体地位得到充分保障。

　　要让法治思维发挥凝聚共识的作用。上海着力推进法治实践，从而使法治建立在深厚的现实基础之上。法治在这个超大规模国际化大都市治理中得到了验证、深化和拓展。全面推进依法治市、提高城市法治化水平成为上海法治建设要求。法治是现代制度文明的根本标志。《上海市城市更新条例》强调"深化制度创新，加大资源统筹力度"①。城市更新统筹机制更为全面、更加清晰，更加兼顾政府主导和市场参与。②法治意识是人们对法律发自内心的认可。《上海市红色资源传承弘扬和保护利用条例》强调"任何单位和个人都有依法保护红色资源的义务"③。

　　在新的社会主要矛盾下，需求的内容拓宽了。上海致力于拓宽人民有序参与立法的途径，引导各方面力量积极、深度参与制度建设。一个重要的实践案例是，上海市长宁区虹桥街道成为全国人大常委会法工委设立的首批基层立法联系点之一。群众在家门口就能参与国家立法，促进了良法善治。何谓良法？符合时代要求，满足人民需要的法律就是良法。街道所属的16个居民区全部纳入信息采集点，同时顾问单位和专家人才库成为支撑，充分体现了"众人的事情由众人商量"的全过程民主。"立法联系点是发展全过程人民民主的生动实践"④，使立法更好反映人民意愿，为科学立法提供了有力保障。2019年11月2日，习近平总书记到虹桥街道古北社区考察。正是在这次考察的过程中，习近平总书记从立法民主的鲜活实践中，概括出了"人民民主是全过程民主"的重大理念，这是理论来自实践的生动写照。⑤汇聚人民的力量，才能从根本上推动法治现代化。要坚持人民有所呼、立法有所应。

---

①　上海市城市更新条例[N].解放日报，2021-08-29(5).
②　张莉，何运来.新形势下上海城市更新发展趋势及若干建议——基于对《上海市城市更新条例》的初步解读[J].城乡规划，2022(3)：101.
③　上海市红色资源传承弘扬和保护利用条例[N].解放日报，2021-05-31(11).
④　佟德志，王旭.全过程人民民主的要素与结构[J].探索，2022(3)：44.
⑤　席文启.十八大以来人大制度实践的新发展[J].新视野，2022(1)：12.

上海致力于建设严密的法治监督体系。另一个典型事例为，上海市黄浦区"四张清单"制度促善治。善治是人民美好生活的重要内容。制度规范形塑了政府治理的路径选择。自2014年上海市委"一号课题"推进基层社会治理创新工作以来，上海市黄浦区在街道层面制定并推广实施了权力、责任、服务和效能"四张清单"制度，顺应市民群众的新期待，进一步夯实基层基础。其表现为：用"权力清单"来明确政府的行为界限，通过实施权力清单制度，告知街道及其工作人员"法无授权不可为"；通过实施责任清单制度，要求街道及其工作人员切实做到"法定职责必须为"；通过实施服务清单制度，激励街道及其工作人员"为民服务主动为"；通过实施效能清单制度，警示街道及其工作人员"不良行为避免为"。各个制度工具之间是相辅相成的。它已成为有特色的重要和有效治理机制。

（三）实践优化设想

时代的发展、事业的开拓、人民的期待，都要求旗帜鲜明倡导法治，展现公信力。法律必须来源于并有效地规范社会生活实践。[①]要注重运用法治来协调利益关系，培育社区居民遵守法律、依法办事的意识和习惯。

我们所经历的困难与风险世所罕见，比以往任何时候都更需要弘扬法治精神。要着力推进责任具体化，重点要理清街道与部门之间、街道与社区之间的权责关系。要着力推进服务规范化。要从制度上保证服务项目更加公开、服务程序更加规范、服务质量更加标准、服务要求更加明确、服务渠道更加便捷。要在思想、观念、方针、政策与行为方面适应法治时代变化。

社会共识的巩固需要依靠多种力量。要明晰现实特点和实践指向，具化法治思维是一种规则思维、程序思维。要践行全过程人民民主重要理念，落实法治政府建设实施纲要，更好地运用法治思维和法治方式来推动工作。

强调发展的人文性，是解决现实问题的客观需要。要深入贯彻落实

---

① 王利明.试论法学的科学性[J].法治研究，2022（3）：9.

中办、国办《关于加强社会主义法治文化建设的意见》和中宣部、司法部《关于开展法治宣传教育的第八个五年规划（2021—2025年）》，全力打造上海法治文化品牌，推动上海法治文化建设与上海城市精神、城市品格深度融合。要为社会主义法治事业发展营造更为良好的氛围。

改革创新是释放制度活力的根本途径。实现法治使命必须有新作为。要办好上海法治文化节。中国道路是人民幸福之路。我们党是为人民服务的，是要为人民做事的。要贴近市民、普惠群众，推动形成"人人共享法治文化、个个参与法治建设、处处彰显城市法治软实力"的生动局面，推动上海法治文化品牌知名度和社会影响力不断提升。上海致力于"使法治成为上海核心竞争力的重要标志"[1]，这有利于提高城市发展后劲。

二、让营商环境取信全球，周到构筑梦想城市场域

中国经济社会正在进行着前所未有的宏大实践，"治理的道德感召上，其思想主题是发展与共赢"[2]。"政府推动"和"市场拉动"是城镇化之双重动力。"公共服务精准高效"[3]，构建良好的营商环境是增强软实力的重要突破口。这是一项同舟共济、合作共赢的任务，为此要从多方面着手打造市场化、法治化、国际化的一流营商环境，展现公信力。上海自贸区政府转变政府职能的先行先试，为全国提供借鉴。[4]如今，上海营商环境进一步优化，改革效应充分释放，提供了实现干事创业梦想和人生出彩的良好机会。从一定意义上可以说，让营商环境取信全球过程中软实力行为者与接受者间是一种互动共赢关系。

① 上海市国民经济和社会发展第十四个五年规划和二〇三五年远景目标纲要[N].解放日报，2021-01-30(11).

② 缪鲁加，方力力.人类命运共同体视角下的中国治理软实力效应[J].社会科学家，2021(6)：144.

③ 中共中央国务院关于加强基层治理体系和治理能力现代化建设的意见[N].人民日报，2021-07-12(1).

④ 蒋硕亮.加快政府职能转变：上海自贸区的探索与创新[J].苏州大学学报(哲学社会科学版)，2021(6)：38.

（一）实践依据审思

　　坚持用时代发展的要求审视自己，和平、发展、合作、共赢是时代潮流。实现市场作用和政府作用有机统一，十分关键。这并非抽象的论断，而有着生动具体的表现。营造国际一流营商环境不仅有利于稳定市场预期、激发市场主体活力，而且有利于吸引外资、提升我国经济国际竞争力。在这一点上决不能有丝毫动摇。

　　服务型政府是相对于管制型政府模式而提出的，其理论基础是新公共服务理论。软实力蕴藏在政策法规之中。长三角区域一直是改革开放前沿。要对标国际一流标准改善营商环境，以开放、服务、创新、高效的发展环境吸引海内外人才和企业安家落户，推动贸易和投资便利化，努力成为联通国际市场和国内市场的重要桥梁。2021年3月，国家层面强调长三角要"加快公共服务便利共享"①。国务院印发《关于开展营商环境创新试点工作的意见》，部署在上海等6个城市开展营商环境创新试点，聚焦市场主体关切，加快打造市场化、法治化、国际化的一流营商环境，更大力度地利企便民。作为首批国家营商环境创新试点城市之一，上海出台《上海市营商环境创新试点实施方案》，这有利于上海打造充满活力的机遇之都。

　　要加快形成与世界城市相匹配的城市管理能力，城市管理目标、方法、模式都要现代化。要强化互联网思维，利用互联网扁平化、交互式、快捷性优势，推进政府决策科学化、治理精准化、公共服务高效化，用信息化手段更好地感知社会态势、畅通沟通渠道、辅助决策施政。2022年6月，《国务院关于加强数字政府建设的指导意见》明确强调，助力优化营商环境。加强数字政府建设是贯彻以人民为中心发展思想，创新政府治理理念和方式的重要举措，对加快转变政府职能，建设法治政府、廉洁政府和服务型政府意义重大。②

---

① 中华人民共和国国民经济和社会发展第十四个五年规划和2035年远景目标纲要 [N]. 人民日报, 2021-03-13 (10).

② 邵景均. 以人民为中心加强数字政府建设 [J]. 中国行政管理, 2022 (7): 5.

中国特色社会主义发展呈现一系列新亮点。进博会充分发挥国际采购、投资促进、开放合作、人文交流等平台作用，有效连接中国和世界市场，映照了上海营商环境的巨大成效，"作用日益突显，国际影响更加广泛"①。同时，我们在这一过程中增强了中国的国际话语权。

近年来，上海市深入贯彻落实党中央、国务院决策部署，瞄准最高标准、最好水平，坚持系统集成、协同高效，围绕"放得更彻底、更到位，管得更科学、更高效，服务更精准、更贴心"，一体推进"放管服"改革，开展营商环境创新试点，进一步转变政府职能，加快城市数字化转型，着力打造市场化、法治化、国际化的一流营商环境，建设贸易投资最便利、行政效率最高、服务管理最规范、法治体系最完善的城市，为经济社会高质量发展注入强劲动能。②据管理世界杂志社社长李志军依托国家社科基金重点项目"新时代中国营商环境评价体系研究"，在2022年构建的营商环境评价指标体系评估中，南方地区城市营商环境指数位列第1位的城市为上海市，其公共服务指数和政务环境指数均列第1位。③

现实表明，上海的一般公共预算促进了上海全球城市建设，而上海全球城市建设又为上海的上市公司创造了良好的营商环境，提升了上海的上市公司活力；反过来，上市公司活力提升推动了上海的生产力发展，为上海经济发展提供动力，进而促进上海全球城市建设，统计数据有力地证明了这一客观规律。④软实力构建离不开管理架构。临港新片区紧扣打造"创新创业首选地"，在市场化、法治化、国际化的一流营商环境建设方面展现了新作为。⑤

---

① 罗珊珊.进博会 展会质量持续提高[N].人民日报，2022-08-31(19).
② 上海市审改办.上海市一体推进"放管服"改革打造市场化法治化国际化一流营商环境[J].中国行政管理，2022(7)：14.
③ 李志军.我国城市营商环境的评价指标体系构建及其南北差异分析[J].改革，2022(2)：43.
④ 陈国政，朱秋，屠可昕.全球城市一般公共预算与上市公司活力——上海建设卓越全球城市演进规律探索[J].上海经济研究，2022(6)：120.
⑤ 孟歆迪.上海临港实现"三年大变样"[N].光明日报，2022-08-21(3).

研究发现，在省级层面，数字政府发展水平整体最高的是上海。①互联网构成了立体化、融合化、集约化的传播体系。政务抖音号中，上海政府官方则侧重情节创意。②上海为优化营商环境，着力健全公共信用信息修复机制。实践证明，泛在可及、智慧便捷、公平普惠的数字化服务体系建设成为内在要求，让群众在信息化发展中获得丰收与喜悦。

　　我们不断深化认识，不断总结经验。智慧政府是电子政府发展到具有较高智能之后的必然要求和应然结果。对于企业家而言，重要的是法治化能力，即如何在法律上有效地保障他们的权益。③2022年1月7日，上海召开营商环境创新试点动员大会暨法治政府建设、"一网通办"改革推进会议。"一网通办"是上海市深化"放管服"改革优化营商环境的重要工作抓手和政务服务品牌，入选了2020年联合国全球电子政务调查报告经典案例。在国家行政学院发布的《省级政府一体化政务服务能力调查评估报告（2021）》中，上海排名全国第一。

　　上海强调"城市管理的机制变革、流程再造"④。网络理政通过简化流程推动政府创新发展，提升市民满意度。"一网通办"上线以来，从政务服务向公共服务和便民服务转变，从政府部门管理为中心向用户为中心转变，推出了"高效办成一件事""两个免于提交""好办""快办""帮办"等改革。"一网通办"已接入各类服务事项3514项，实名注册个人用户突破6900万、企业用户超过281万，累计办件量超过2.4亿件。⑤"随申码"成为个人及企业的数字身份识别码，实现一码通办、一码通行。"随申码"还入选中国网络理政十大创新案例。这，闪烁着"一切为了人民"的价值光芒。

①　赵金旭，赵娟，孟天广. 数字政府发展的理论框架与评估体系研究——基于31个省级行政单位和101个大中城市的实证分析［J］. 中国行政管理，2022（6）：54.

②　邓元兵，范又文. 政务短视频对城市形象的建构与传播——以"上海发布"等政务抖音号为例［J］. 中国编辑，2021（11）：62.

③　杨光斌. 衡量国家治理能力的基本指标［J］. 前线，2019（12）：46.

④　上海市人民政府办公厅关于印发《上海市城市管理精细化"十四五"规划》的通知［J］. 上海市人民政府公报，2021（20）：42.

⑤　用改革开放思路和创新办法闯出新路［N］. 解放日报，2022-08-09（3）.

此外，生产便利性是城市带给企业的生产便利条件。诚如《上海市能源发展"十四五"规划》显示的，上海通过流程再造、告知承诺等改革举措，推动我国"获得电力"指标持续提升，在世界银行发布的《全球营商环境报告2020》中，该项指标排名进一步提升至第12名。

（三）实践优化设想

中国是维护世界和平、促进共同发展的重要力量。新时代呼唤新作为，需要我们付出更大努力，优化营商环境，着力建设广大人民群众期待的产品卓越、品牌卓著、创新领先、治理现代的世界一流企业。

下一步，上海要坚持持续打造市场化、法治化、国际化营商环境，全面优化综合服务环境，把上海建设成为贸易投资最便利、行政效率最高、服务管理最规范、法治体系最完善的城市之一。基于长三角一体化，要搭建适合区域发展的法律法规和政策制度。[①]要有的放矢，创造有利于青年人才脱颖而出的环境。

明者因时而变，知者随事而制。要务实创新提升治理效能。高标准开展营商环境创新试点，推进全链条优化审批、全过程公正监管、全周期提升服务。深化包容审慎监管，以精准有效监管促进公平竞争。全面推行与企业、群众生产生活密切相关的"一件事"就近办、集成办、简便办。

群众"小事"是构成国家"大事"的细胞。老百姓关注的点在哪里，我们的探索就在哪里。形势倒逼我们解决好"服务创新"的问题，站得更高、看得更远、想得更实。大数据有强大张力，给生产生活带来变革。大数据打通政府治理能力提升的关键环节。《上海市城市更新条例》强调"依托'一网通办''一网统管'平台，建立全市统一的城市更新信息系统"[②]。为此，要着力打造城市管理智能体，鼓励运用数字技术构筑城市生命体的"眼（感）、脑（知）、手（用）、脉（传）"。要进一步推动政务服务"一网通办"迭代升级，打造国际一流营商环境，形成"主动

---

① 王珺，杨本建. 中心城市辐射带动效应的机制及其实现路径研究［J］. 中山大学学报（社会科学版），2022（1）：166.

② 上海市城市更新条例［N］. 解放日报，2021-08-29（5）.

式、多层次创新服务场景"①。

三、让人民至上感召人心，深刻彰显伟大道义力量

人民至上体现了唯物史观的本质要求。中国共产党以人民利益为自己最大的利益，使"党的执政基础更加坚实"②。坚持人民至上，这是宝贵的经验，在21世纪愈加迸发出真理的力量，充分彰显了感召力。人类文明新形态价值性话语，必然有贯穿其中的立场要素。这就是人民至上的立场，其是我们不断前进的航向标。新时代将为人民服务贯彻到治国理政的全部实践活动中。③"人民"在党的十九大报告中就出现了203次，在习近平总书记"七一"重要讲话中又出现了86次。历史经验和教训已经表明，前途和命运最终取决于人心向背。继续向第二个百年奋斗目标奋勇前进，群众路线和群众观点是我们的传家宝。上海作为全过程人民民主重大理念的首次提出地，让人民至上凝聚民心，是其城市软实力建设遵循群众路线和群众观点在新时代的诠释表达。

（一）实践依据审思

初心和使命是理性的，是充满感召力的。在中国共产党的执政软实力中，正确的路线、方针和政策是核心要素，"为民服务"是关键要素。④软实力的提升是为了承担"为民服务"之责。⑤城市治理既要服务市民也要依靠市民。2022年7月24日，是上海人民城市建设历程中值得铭记的一天。上海市黄浦区建国东路68街坊和67街坊东块旧改第二轮征询首日，签约率即超过97%、高比例生效。这标志着上海中心城区成片二级旧里以

① 邵景均. 以人民为中心加强数字政府建设 [J]. 中国行政管理, 2022 (7): 5.

② 中共中央国务院关于加强基层治理体系和治理能力现代化建设的意见 [N]. 人民日报, 2021-07-12 (1).

③ 李佑新. 为人民服务思想在新时代的传承与发展 [J]. 新湘评论, 2021 (14): 29.

④ 龙静云. 全面从严治党与提升党的执政软实力 [J]. 马克思主义研究, 2019 (4): 128.

⑤ 王永友, 史君. 以意识形态为核心提升文化软实力的实践逻辑 [J]. 马克思主义研究, 2015 (4): 91.

下房屋改造全面完成。[①]以人民为中心，在敢于担当作为上彰显应有的样子，围绕人民的需求做科学决策，是执政为民的生动反映。

1.根本遵循：江山就是人民，民心是最大的政治

立场决定行动。人民至上是马克思主义的政治立场。人民是当代中国民意的主体。一切政治的关键在人民，在于人民拥护不拥护、赞成不赞成。是不是贯彻了群众路线，要看政策，还看作风。造福人民是民意所向，民族复兴则是中国主题，构建人类命运共同体乃人间正道。这些话语转化为行动的理念和内生动力，从根本上凝聚了民心。借此，新时代以来，我们办成了许多过去想办而没有办成的大事，进一步赢得了党心民心。"始终坚持人民立场，必须牢记初心使命"[②]，这是感召力持续生成和强化的题中之义。

（1）初心：为人民谋幸福

中国共产党是为中国人民谋幸福的政党。2021年3月，国家层面强调城市要"坚持党建引领"[③]。中国共产党是为中国人民谋幸福的政党，为人民谋幸福的初心话语铸就了中国共产党人的政治本色，要不断把为人民造福事业推向前进。共享发展理念把实现人民幸福作为发展的目的。为此，忠诚干净担当的高素质专业化干部队伍成为践行初心的力量基础。政治仪式作为一种标志性活动，是表达话语的重要场合。在"七一"重要讲话的语境中，习近平总书记不仅强调了江山就是人民，更在其首次提出的伟大建党精神中揭示要践行初心，还在以史为鉴、开创未来的"九个必须"中要求团结带领中国人民不断为美好生活而奋斗。这充分体现了中国共产党始终不忘初心，全心全意为人民谋幸福。要保持永不懈怠之精神状态、一往无前之奋斗姿态。要坚持工作重心下移，深入实际、深入基层、深入群众，做到知民情、解民忧、纾民怨、暖民心。

（2）使命：为民族谋复兴

① 何欣荣，郑钧天，潘旭.上海成片旧改历史性收官［N］.新华每日电讯，2022-07-26（7）.

② 田心铭.论坚持人民立场［J］.马克思主义研究，2022（1）：8.

③ 中华人民共和国国民经济和社会发展第十四个五年规划和2035年远景目标纲要［N］.人民日报，2021-03-13（9）.

胸怀千秋伟业，百年恰是风华。实现中华民族伟大复兴是党的历史使命，因此可以说为民族谋复兴成为使命话语。其巩固了党执政的群众基础，从而汇聚起实现民族复兴的磅礴力量。新时代以来，我们看到了一个昂扬奋进强起来的中国，一个日益走近世界舞台中央的中国。社会主义制度具有非凡的组织动员能力、统筹协调能力、贯彻执行能力，能够充分发挥集中力量办大事、办难事、办急事的独特优势。为了谋复兴，我们务必继续保持艰苦奋斗的作风，致力于推进高水平科技自立自强，强调完善关键核心技术攻关的"新型举国体制"。这"是新发展阶段应对国际竞争的制胜武器"[①]。实践表明，实现民族复兴，全面依法治国既是重要内容，又是重要保障。

（3）担当：为世界谋大同

中国共产党也是为人类进步事业而奋斗的政党。当下新兴大国对世界与地区事务话语权逐步增大。"大同"是一种理想，能激发民众的共同体意识。为世界谋大同，这是时代赋予中国的责任担当。顺应时代潮流，推动构建人类命运共同体，堪称实现世界人民对于美好生活向往的中国智慧，"共同体的发展为各国的发展提供广阔的舞台"[②]。总起来讲，"要让全体人民的团结在国内得以实现，而且也把这份团结带到国际上"[③]。

2.科学方略：人民当家作主，发展全过程人民民主

政治文明发展对整个国家治理具有全局影响。人民民主集中体现了中国现代政治文明的发展过程。全过程人民民主是理论创新、制度创新、实践创新的重大成果。在坚持人民当家作主的基本方略之下，中国"有着不同层次的民主机制和协商民主的特有形式"[④]。全过程人民民主是新时代文明话语建构的重大创新，其破解人类的千古难题，"有推动社会发

① 黄新华，石术.论作为国家治理制度优势的新型举国体制［J］.新视野，2021（4）：42.

② 陈曙光.世界大变局与人类文明的重建［J］.哲学研究，2022（3）：13.

③ 马峰.中国式现代化创造人类更好发展"中国蓝图"［J］.哲学研究，2022（6）：19.

④ 刘军，李洋."全过程"的人民民主：中国式民主的制度设计与建设实践［J］.科学社会主义，2021（1）：146.

展的巨大制度优越性"①"彰显人民在国家治理现代化中的主体性与创造性"②。在上海首次提出这个重大理念,足见其重要性。这一中国方案,体现着中国智慧。

(1)全过程人民民主的基石:坚持党的领导、人民当家作主、依法治国有机统一

"三者有机统一",保证和推动国家治理现代化顺利进行。③其是全过程人民民主的基石,是中国式现代化的制胜法宝。显然,万山磅礴必有主峰。坚持党的领导,是推进全面依法治国的保证,关系长治久安。坚持党的全面领导制度,是党和国家的根本所在。城市软实力建设就要"加强和改善党的领导""尊重市民对城市发展决策的知情权、参与权、监督权"④。人民是"执政之基,力量之源"。民意贯穿公共政策制定的全过程。如上海强调的,要畅通市民参与公共政策制定渠道。⑤这既是历史发展和人民必然正确的抉择使然,体现了马克思主义的一个重要原则规定性,也彰显了党的领导核心地位,最为根本的原因是由党的宗旨所决定的。⑥

(2)独特、独有、独到形式:协商民主使人民获得感、幸福感、安全感更有保障

人民之道是人间正道。全过程人民民主是人类民主政治文明的中国智慧,涵盖民主选举、民主协商、民主决策、民主管理、民主监督等各环节。协商民主是全过程人民民主的重要组成部分,体现了以人民为中心的价值依归。协商民主符合人民的意愿,得到了人民的认同和拥护,彰显了我国社会主义民主政治的独特优势。共享发展理念是对发展规律的自觉运

---

① 鲁品越.全过程民主:人类民主政治的新形态[J].马克思主义研究,2021(1):80.

② 项久雨.中国式现代化的显著优势[J].马克思主义研究,2022(5):3.

③ 李林.夯实全面依法治国的根本政治基础[J].法学杂志,2021(1):1.

④ 中央城市工作会议在北京举行[N].人民日报,2015-12-23(1).

⑤ 上海市国民经济和社会发展第十四个五年规划和二〇三五年远景目标纲要[N].解放日报,2021-01-30(11).

⑥ 李慎明.继往开来,砥砺前行,为实现新时代伟大历史任务作贡献[J].政治学研究,2021(1):5.

用。正因为有事好商量、众人的事情由众人商量，人们在社会政治生活中感情和意识上的归属感更强，获得感、幸福感、安全感更有保障。

（二）实践信心传导

当下各国人民追求幸福生活的呼声更加强烈。办好中国的事情，关键在党。党的宗旨是全心全意为人民服务。干部高尚道德对广大群众产生巨大感召力。[1]共享是最能体现"以人民为中心"的理念，各项工作的起点和终点都是老百姓。抓作风建设只有进行时，没有完成时。城市是人们共同生活而组成的社会有机体，要提高服务群众、动员群众、造福群众的水平，要"搭建区域化党建平台，推行机关企事业单位与乡镇（街道）、村（社区）党组织联建共建，组织党员、干部下沉参与基层治理、有效服务群众"[2]。上海的党建联建促进了跨地域跨行业跨部门协同服务。[3]其通过对现实社会的全面关照，汇聚民心民情，以为民尽责的实际成效取信于民，夯实了增强人民群众的获得感、幸福感和安全感的实践基石。上海着力推动构建各领域基层党建互联互动的新格局。

1.党建联建协同服务践行初心，事关人民群众的幸福感

坚定理想信念既是原则，也很具体。追求幸福感是人类行为的目的。"群众路线"体现着党的优良传统和作风。把人民放在心中最高位置，践行初心，不断增强为人民谋幸福的能力，在人类文明新形态建设中就不会迷向，就会有明确价值指向。这个初心，为人民而树立，为人民而铭记，为人民而践行。我们"全面建成小康社会"，增强群众幸福感，是践行初心的生动体现，我们还将保持清醒的历史自觉，向着新时代新征程进发，推进高质量发展，提升群众幸福感，就是要将为人民谋幸福的初心践行到底。我们提升城市软实力，就是要坚守为人民谋幸福的初心，通过软实力建设满足公众内心的需求。上海空港社区正是通过发挥党组织的政治优势，创和了一套党建联建文明共治的运作机制，真正把为群众造福的事情

① 龙静云.全面从严治党与提升党的执政软实力[J].马克思主义研究, 2019（4）: 124.

② 中共中央国务院关于加强基层治理体系和治理能力现代化建设的意见[N].人民日报, 2021-07-12（2）.

③ 黄晓春.党建引领下的当代中国社会治理创新[J].中国社会科学, 2021（6）: 121.

办好办实。经各方努力，虹桥机场2017年12月份的正点率排名跃居全国第1名。

2.党建联建协同服务担当使命，事关人民群众的获得感

担当使命，建设一个共同繁荣的世界，在人类文明新形态建设中就不会懈怠，就会有强大奋斗动力。没有一种理政资源，比赢得民意更珍贵持久。人民群众的需要始终是最为要紧的事情。这体现了辩证唯物主义和历史唯物主义的精神实质。我们精准研判了新时代新矛盾，提出了应对方略，有利于协调个人利益、集体利益和全局利益，更好地满足人民日益增长的美好生活需求，使得群众的获得感更加充分更为平衡。上海推进旧改征收党建工作，党建联建协同服务担当使命，老城厢不断刷新签约速度，居民获得感满满。上海市作风建设持续加强，"我为群众办实事"实践活动既是改善民生的举措又是推动发展的举措，进一步增进同群众的深厚感情。求真务实是我们党一贯倡导的优良作风。上海坚持不断延伸党组织联系服务群众的工作触角。这样可以更好地获得支持，激发群众参与热情。

3.党建联建协同服务不负人民，事关人民群众的安全感

慎初才能及远，这是无数实践证明了的真理。百姓生活安康是为政者的第一至务。不负人民，一直是我们党的优良传统。一个标识性的思想命题就是"为人民服务"①，因为它是从中国社会土壤中育成的。不负人民，建设一个普遍安全的世界，在人类文明新形态建设中就不会折腾，就会有坚毅战略定力。我们的社会治理特别是人民安全保障工作，涉及许多传统和非传统安全领域，实现了事后处置与事前风险防范和应急管理相结合，增强了人民群众的安全感。我们关于"改革发展稳定"的规律性话语，始终不负人民，在若干重大时间节点完成了一张张优异的答卷。像保护眼睛一样保护生态环境等话语，产生"春风化雨，润物无声"的巨大作用。再伟大的事业，也要从脚下出发。在党建联建中，杨浦区委和上海体育学院党委以运动促进身心健康为目的，积极探索"社区健康师"，涉及

---

① 李佑新，许浩.习近平对毛泽东为人民服务思想的传承与创新［J］.马克思主义理论学科研究，2021（7）：89.

武功锻炼与筋骨整复、老年人跌倒预防等，提升了市民群众的安全感，在解决问题过程中推动经济发展和社会进步。

（三）实践优化设想

人民是我们执政的最大底气。人民城市是以人民为中心的共治。永不脱离人民，我们就能无往而不胜。世界上没有哪一个政党、哪一种政治力量，能像中国共产党这样对人民群众的历史主体地位认识得如此深刻，把群众观点、群众路线、群众工作的理论发展得如此完备。我们强调本土化理论创新与实践创新，并不是坐井观天。人民民主是理论有根、实践有据、运行有效的社会主义民主。让人民至上凝聚民心，就是要将人民当作"根"和"本"，以人民为根本动力和依靠主体。人民性是全过程人民民主的本质属性。[①]新时代具有新的时代任务与时代特点，但完成新任务、满足新特点的首要方法，依然是保持谦虚谨慎的态度，虚心向群众学习，以切实促进和提升治理能力和治理体系的现代化。[②]强化整合意识，需要处理好一系列关系。"问需"为民办实事；"问计"是协商获得社会的意见、建议和智慧；"问责"是确保办实事的效果不走形式。这有机统一的"三问"机制有利于达成共识，使政府有形的手、市场无形的手、市民勤劳的手携手发力，推动各项政策落实。其涵育着中国共产党人的为民情怀和执政理念，正是感召力的重要体现。

1. "问需"是基础，解决的是"办什么"的问题

群众路线是党的生命线和根本工作路线。民心所向，政之所行。人民利益无小事，哪个问题都不是小问题。共享发展追求的是全体人民的"人人享有"和每个人的"各得其所"，致力满足人民的新需求。察实情是作出正确决策的先决条件。"问需"推动"政府配菜"向"居民点菜"转变。在上海这座城市，就是要形成讲规则秩序、美美与共，既崇尚人人奋斗出彩、又体现处处守望相助的生动图景，朝着实现全体人民共同富裕的方向稳步前进。不少新需求是需以公共服务形式予以满足的。它并不是停

---

① 肖立辉. 全过程人民民主的理论逻辑与体系框架 [J]. 人民论坛, 2022 (1): 59.

② 于化民. 中国共产党根本宗旨的科学内涵与时代意义 [J]. 中国社会科学, 2021 (7): 38.

留在口头上。网络问需、入户问需、内刊问需、座谈问需、会商问需、走访问需、行政问需等,着力解决人民群众反映强烈的突出问题,更加贴近社区居民。网上问题往往是现实问题、利益诉求的反映。实践以破解难题为导向,凝聚前进伟力。协商民主植根于中华民族价值理念。上海将坚持协商于民、协商为民,做好"问需"基础工作,解决"办什么"的问题,归结起来就是要为人民谋利益,让群众过上好日子。

2. "问计"是核心,解决的是"怎么办"的问题

要始终注重激发人民群众的内生动力。基层人民的智慧是无穷的、力量是无限的,很多改革成果都是由基层创造出来的。只有依靠人民、为人民造福才能攻坚克难。2021年7月1日,全国首部省级人大为人民建议征集制定的地方性法规《上海市人民建议征集若干规定》正式施行。只有先当好群众的学生才能教育引导群众。让群众参与方案的讨论,可以集思广益。同时,众人的事情由众人商量,就是要善于从基层和群众中寻找解决问题的办法,走好依靠人民群众实现人民幸福的发展道路。优化人民城市治理,要在制度机制层面丰富治理重心下沉的具体内容。协商民主能为城市治理解决各种发展难题,提供参与的协商机制。完善政策是保障。政策设计是目标引领、价值取向与策略选择的有机集合,其承载了统筹兼顾公平与效率的公众追求。城市软实力建设目标的实现需要完善一系列政策设计,通过历时态的循序渐进达到共时态的整体推进。相关举措,将在"问计"中得到完善,并在实践中获得完善和发展。鞋子合脚才能走得快、走得远。下一步,上海将搭建更多线上线下民意"直通车",集中最广大人民群众的正确意见与智慧。

3. "问责"是督导,解决的是"办得如何"的问题

共享发展明确发展的目标。勇于担当是一种境界、一种责任。我们要牢固树立责任重于泰山的意识,根据人民的新需求,增强工作的针对性。"以人民为中心的发展"生动反映了民心是最大的政治。2020年2月,《关于深化新时代教育督导体制机制改革的意见》对构建全面覆盖、运转高效、结果权威、问责有力的中国特色社会主义教育督导体制机制作出部署。对落实工作成效显著的责任单位及负责人,按照规定予以表彰;对落

实不到位的责任单位依法依规进行责任追究。"搞变通、打折扣的，要严惩不贷、绝不姑息"[1]，其利于产生强烈的责任感和公信力。上海将深入贯彻中央八项规定精神，坚持节用裕民，把有限的资源和财力更加高效地用在推动发展、为民服务上。大力营造"比学赶超"的浓厚氛围，激励公务员队伍不断提高做好经济社会工作的能力和本领，不断增强干事创业的担当和韧劲，以百姓心为心，始终同人民想在一起、干在一起。切实增强责任感和紧迫感，做起而行之的行动者、当为民服务的实干家。

---

① 张辉, 徐越. 坚持和加强党的领导 推动生态文明建设取得历史性转折性全局性变化 [J]. 管理世界, 2022 (8)：9.

第六章 强化全社会广泛参与城市文化软实力建设思想基础的实践逻辑

　　文化软实力建设为城市精神品格提供内容支撑，为城市人才聚集提供风格吸引，为建设"人人都是软实力"的人民城市提供全民参与和践行抓手。[①]中华民族伟大复兴战略全局下的软实力建设具有文明文化复兴的意蕴，"以往我们所说的精神文明建设、文化文明建设、理论武装、舆论引导、以优秀的作品鼓舞人、以高尚的精神塑造人，等等，都可以纳入提升国家软实力的范畴"[②]。强化全社会广泛参与城市文化软实力建设思想基础的实践逻辑，体现在这一逻辑是从实现精神文明目标的实践诉求中生成的。软实力体现为"内生力"及其对外延伸力。毫无疑问，文化是软实力最重要的来源之一，传统与现代相得益彰、继承与创新有机融合，产生的吸引力与影响力更为持久。彰显软实力最核心的还是文化软实力，"对内，是为了加强核心价值观建设，弘扬优秀传统文化，培育高尚思想道德，增强全党、全军、全国人民的凝聚力；对外，是为了传播中国的立场和声音，树立良好的国际形象，营造良好的国际环境，构建和平、和谐、合作的世界"[③]。当前文化软实力建设迎来了难得的时代机遇。一定的文化总是以一定的价值观念为核心，新时代"社会主义核心价值观引领是提升文化软实力的保障"[④]。突出重点，提升文化软实力，就是要彰显让核

---

① 葛红兵.以创意城市建设为抓手提升城市文化软实力[J].探索与争鸣，2021（7）：43.

② 张国祚."软实力"概念的由来[J].武汉理工大学学报（社会科学版），2014（4）：538.

③ 张国祚.中国文化软实力建设必须回答的几个重要问题[J].科学社会主义，2015（5）：8.

④ 张国祚，刘存玲.新时代背景下的文化软实力提升[J].马克思主义研究，2020（9）：82.

心价值凝心铸魂，坚持正确的价值准则、价值原则与价值立场，城市文化软实力建设提供了全民参与和践行的抓手，即立足点都在人。人的内在需要即是指人内在的精神诉求。因为，"在一个国家、一个民族的文明历程和哲学范畴中，总是蕴含着这个国家、这个民族的奋斗和追求，并构成了这个国家、这个民族的文化传统、文明血脉和精神家园"[①]。2017年起，中华优秀传统文化传承发展工程实施，其凝聚力、生命力、吸引力与影响力持续提升。 2021年提炼的"伟大建党精神，发轫于实现中华民族伟大复兴的目标坚守，规定于马克思主义科学性与真理性的理论特质，形成于中华优秀传统文化的丰厚滋养"[②]，在今天看来，"伟大建党精神"等精神文明话语使得光荣传统弘扬、红色血脉赓续，是推进中国式现代化的强大精神支撑，引领驱动着"中国号"巨轮劈波斩浪、勇往前行。当今新时代应对百年未有之大变局，需要革命文化和社会主义先进文化提供更强大、更持久的力量。显然，推动高质量发展，文化是重要支点。文化旅游以文塑旅、以旅彰文，将焕发出新的强大生机活力。总之，文化软实力由内在核心价值和外在魅力符号构成。上海强调"从重物质保障转向重文化传承和机制建设"[③]。2022年8月，中办国办发布的《"十四五"文化发展规划》指出，支持上海建设社会主义国际文化大都市。[④]这就为强化全社会广泛参与城市文化软实力建设思想基础注入了最新动力。这里的文化软实力除吸引力之外，主要侧重凝聚力、影响力。这种凝聚力、影响力的彰显，旨在处理好城市中人与文化的关系，既注重价值引领、文明互鉴，也注意精神生产以发展人本身的能力作为目的。因此，明晰强化全社会广泛参与城市文化软实力建设思想基础的实践逻辑，意义重大。

---

① 孙正聿. 当代中国哲学的主体性与原创性 [J]. 中国社会科学, 2022(3): 36.

② 张士海. 伟大建党精神: 生成逻辑、内涵意蕴与弘扬路径 [J]. 马克思主义研究, 2022(2): 22.

③ 上海市人民政府办公厅关于印发《上海市城市管理精细化"十四五"规划》的通知 [J]. 上海市人民政府公报, 2021(20): 42.

④ 中办国办印发《"十四五"文化发展规划》[N]. 人民日报, 2022-08-17(14).

一、让核心价值凝心铸魂，构筑人民的精神家园

人民城市软实力建设要构筑人民的精神家园，具有适应时代需要、引领时代发展潮流的特质。以文化人是文化软实力建设的根本目的。文化软实力建设可谓外在形式建设和内在内容建设之有机统一。每一个国家都有其价值传承与精神积淀。核心价值观是文化软实力的核心要素内容，是人们共同认同的价值观"最大公约数"。凝聚人心、铸魂育人是其最显著的功能。软实力的竞争说到底是价值观的较量。主流价值导向是社会进步的灵魂。将无数个人凝聚为一个整体的是相同的情感与价值。因此，强化全社会广泛参与城市文化软实力建设思想基础，首要的就是用好我们党、我们国家、我们民族的宝贵精神文化资源，以最佳的精神状态和奋斗姿态培育和传播核心价值观，让核心价值凝心铸魂，这是开展社会主义精神文明建设的重要途径，软实力发展得好，有利于形成良好的风气和凝聚力。[①]诚如上海强调的，要"更显人文关怀"[②]。这是开展社会主义精神文明建设的重要途径。

（一）实践依据审思

价值观念是文化中最稳定的部分。"认同与凝聚都与文化紧紧地联系在一起"[③]，价值认同效应是文化软实力的建设核心和根本。软实力蕴藏在价值观之中。文化的影响力首先是价值观念的影响力。核心价值观能够强固文化软实力的根基。社会风气是人们价值观和精神面貌总的体现。习近平总书记强调，"文化软实力的灵魂是什么？文化软实力建设的重点是什么？就是核心价值观，这是决定文化性质和方向的最深层次要素。一个国家的文化软实力，从根本上说，取决于其核心价值观的生命力、凝聚

---

① 马克·阿博拉姆苏. 软实力与当前国际关系若干问题——访中国文化软实力研究中心主任张国祚教授[J]. 马克思主义研究，2014（1）：13.

② 上海市国民经济和社会发展第十四个五年规划和二〇三五年远景目标纲要[N]. 解放日报，2021-01-30（7）.

③ 沈壮海. 文化图强的世界图景[J]. 武汉大学学报（哲学社会科学版），2022（3）：8.

力、感召力"①。所谓灵魂，就是把握方向。②核心价值观就是这种最持久、最深层的"灵魂"力量，是文化的基石、内核和标识，事关国家长治久安，事关民族凝聚力和向心力。要真正把"无形防线"打造成不可逾越的屏障。

文化在社会上具有规范性，道德教育效应是文化软实力的建设目标取向。我们提出了明大德这一理论话语，显然，核心价值观是一种大德，可谓决定文化性质、方向之最深层次要素，因而居于"灵魂"地位。中央文明办颁发的新版《全国文明城市测评体系》强调大力培育和践行社会主义核心价值观。③因此，新时代城市文化软实力建设，其重点首先就是社会主义核心价值观的建设。内化于心才能外化于行。深入践行社会主义核心价值观，需要创新融入机制，将外在教育融合到自我教育中，积极维护价值共识。要从社会风气抓起，从每一个人抓起，使之生活化和具体化，强化认知认同、情感认同和自我认同。在基层创新探索过程中，我们推进新时代文明实践中心建设，更好地培育社会主义核心价值观，取得了理论贯通实际的显著效果。

振兴中华始终是每一个中国人的强烈愿望。强盛，总是以文化兴盛为支撑的。"精神主动是马克思主义的鲜亮底色与精神标识"④，文化软实力首先表现为精神凝聚力与影响力，取决于其能否内化于心、外化于行。人无精神不立，党无精神不兴。精神可谓一个民族赖以长久生存的灵魂。精神需要的合理引导有助于人们树立正确价值观。2021年3月，国家层面强调推动理想信念教育常态化制度化，弘扬党和人民在各个历史时期奋斗中形成的伟大精神。⑤以人民为中心是上海重要的精神文化基因，这是

---

① 习近平. 论党的宣传思想工作 [M]. 北京: 中央文献出版社, 2020: 52.

② 马克·阿博拉姆苏. 软实力与当前国际关系若干问题——访中国文化软实力研究中心主任张国祚教授 [J]. 马克思主义研究, 2014 (1): 13.

③ 着眼"四个全面" 促进文明发展——以习近平同志为总书记的党中央高度重视精神文明建设纪实 [N]. 人民日报, 2015-02-28 (1).

④ 王维国. 精神主动的科学立场、基本规定及实践进路 [J]. 马克思主义研究, 2022 (4): 32.

⑤ 中华人民共和国国民经济和社会发展第十四个五年规划和2035年远景目标纲要 [N]. 人民日报, 2021-03-13 (10).

上海城市文化软实力建设的独特优势。软实力资源是城市软实力建设的基础。上海是党的诞生地、初心始发地，书写了开天辟地的故事，同时也是伟大建党精神的孕育地，这是上海这座伟大城市的骄傲。伟大建党精神是中国共产党人精神谱系的发端，是薪火相传的基因，其有着马克思主义时代化大众化的真理传播路径，有着为人民谋幸福的初心使命，有着不负人民的政治品格和价值情怀，因而其生成有着广泛的群众基础。从时间脉络上看，伟大建党精神贯通了过去、现在与未来，是始终作为一个"活水源头"立在那里，使中国共产党人永葆青春活力。建党初期，马克思主义犹如燎原之星火；自建党以来，我们实现了"两个结合"，使马克思主义真理放光芒。实现共产主义的路是曲折的，也是长期的。共产党人不忘筚路蓝缕的来时路，人人皆是奋斗者，向着共产主义远大理想接续奋斗。伟大建党精神深深融入党的血脉之中，初心和使命将成为激励党不断前进的根本动力。精神风貌常被看作文明水平的体现。要永远把伟大建党精神继承下去、发扬光大——这就明晰了接续创造历史伟业的成功之道。这精神是中国文化软实力用之不竭的思想源泉。[①]其通过引领、激励给大国大城文化软实力建设实践以不竭的动力。

显然，"中国发展'软实力'，不仅着眼于在国际上树立良好的国际形象、掌握国际话语权；更着眼于在国内统一思想、凝聚人心、坚定理想信念、树立良好道德、提高民族素质、弘扬光荣传统、倡导爱国主义"[②]。

（二）实践信心传导

"精神生活共同富裕是美好生活的基本向度"[③]，文化软实力是以精神生活为重要基础的软实力。文化深入每个人的心灵深处，"根本功能是凝聚"[④]。让核心价值凝心铸魂，要通过其把人民凝聚起来，遵循着"传播基础—传播过程—传播效果"之演进逻辑。文化自信的要义在于精神自

---

① 张国祚. 新形势下推动文化软实力研究的着力点 [J]. 前线, 2012 (11): 14.

② 张国祚. 中国文化软实力建设必须回答的几个重要问题 [J]. 科学社会主义, 2015 (5): 9.

③ 柏路. 精神生活共同富裕的时代意涵与价值遵循 [J]. 马克思主义研究, 2022 (2): 65.

④ 唐代兴. 从软实力角度看文化自信 [J]. 吉首大学学报 (社会科学版), 2018 (4): 4.

信，"就社会发展与人类进步而言，少数人的觉醒与主动固然重要，但最重要的是必须让广大人民群众的精神变得更加积极主动"①。城市精神集纳了其文化特色、人文气质与性格特征。伟大建党精神因其蕴含思想伟力、精神动力、理论意蕴与顶层考量而具有多重功能，能够实现党的"塑形""铸魂""高质量发展"和"高美誉度"的统一。具体就上海这座城市的实践而言，举世瞩目的是，上海是中国共产党的诞生地和初心始发地，也是伟大建党精神的萌发之地、实践之地。2021年，中共一大二大四大纪念馆建成国家5A级景区。这些都有利于推动软实力资源优势向"建构效果"转化。其传导的信心至少体现在航向锚定、激励取胜、完善创新和保障支撑上，缘于文化的厚重与先进，更缘于实践的成功。

第一，大力弘扬伟大建党精神，给力航向锚定功能。坚定理想信念，才能固本培元。目标坚定，主要体现为理想信念坚定。中国共产党十分注重精神建设，伟大建党精神是最生动、最有说服力的武器和旗帜，提供了科学的理论指导，指引了朝着远大理想不断奋进的正确方向，体现了深刻把握规律和大势的历史自觉。其产生着统一思想、凝聚人心之强大精神力量。中国共产党思想先进、信仰坚定，被选择成为肩负民族复兴的政党。山再高，往上攀，总能登顶。伟大建党精神点燃了中国革命的火种，先驱们始终坚信星星之火、可以燎原，成为时代先锋；许多党员英烈为革命理想、民族复兴视死如归、至死不渝，成为民族脊梁；革命、建设、改革、复兴进程中千千万万共产党员靠的就是始终不渝践行初心使命——不忘初心、知所从来，担当使命、明所将往。新时代新发展阶段，伟大建党精神引领我们走好新的赶考之路。质言之，伟大建党精神是立党兴党强党的精神向导。社会文明礼貌之风渐广，好人善举越来越多。

第二，大力弘扬伟大建党精神，给力激励取胜功能。同困难作斗争，是物质的角力，也是精神的对垒。伟大建党精神来源于火热的革命斗争实践，不断被传承保存并发扬光大，是推动实现中华民族伟大复兴的强大力量。中国共产党立足中国大地，要奋斗就会有牺牲。引导力反映在对

---

① 王维国. 精神主动的科学立场、基本规定及实践进路［J］. 马克思主义研究, 2022（4）: 34.

人的塑造上。哪怕征途漫漫，哪怕路途坎坷，伟大建党精神激励一代又一代的中国共产党人从中汲取前进力量，挺身而出、浴血奋战。他们一不怕苦，二不怕死，为有牺牲多壮志，勇于斗争、敢于胜利，从磨难中奋起。因此，跳出历史现象，走向历史深处，我们深知伟大建党精神具有激励取胜功能，可以称之为不断从胜利走向胜利之精神密码。精神的力量是无穷的。伟大建党精神还是推动经济社会发展与民生改善之"动力源"。聆听时代的声音，就要号准时代的脉搏。新时代中国共产党人要进行伟大斗争，就需要从伟大建党精神中增强斗争韧劲，汲取斗争智慧。新发展阶段，人民对美好生活的向往是我们党的奋斗目标，我们党仍将在伟大建党精神的激励下奋勇前进。其直击人的内心深处，直面人民需求、催人振奋。

第三，大力弘扬伟大建党精神，给力完善创新功能。中国共产党应运而生，伟大建党精神贯通伟大斗争、伟大工程、伟大事业、伟大梦想，促进党的自我完善，开拓创新。从大历史的视角审视，之所以百年大党历经千锤百炼而朝气蓬勃，是因为伟大建党精神促使中国共产党人以真理的精神追求真理，以巨大的勇气推进自我革命，永远保持对人民的赤子之心；是因为伟大建党精神促使中国共产党人解放思想、实事求是、与时俱进、求真务实，实现自我净化、自我革新，推动理论创新、实践创新、制度创新，敢教日月换新天。

第四，大力弘扬伟大建党精神，给力保障支撑功能。伟大精神发挥了巨大的精神动力作用。在新的时代条件下，面对新的历史任务，走到再光辉的未来，也不能忘记走过的过去。翻开厚重的历史篇章可知，我们党诞生于国家内忧外患、民族危难之时，历经艰难困苦、饱经风险磨难而成长，伟大建党精神鲜明昭示了党的革命意志与发展使命。之所以能从小到大、由弱到强，正是由于伟大建党精神为我们立党兴党强党提供了丰厚滋养，凝聚了力量。其成为整个党员队伍最强大的思想保障、意志支持，支撑起中国共产党人的精神脊梁。在党的精神谱系中，伟大建党精神贯穿始终。伟大建党精神因建党而生、因强党而旺，从志气、骨气和底气上保证中国共产党始终成为坚强领导核心，始终成为中国人民和中华民族的主心骨。

（三）实践优化设想

中国文化软实力最终要体现在中国人的精神、品格和智慧上。[①]当下，我们行进在新时代，承载着历史的荣光，要继往开来、与时俱进。规划、建设、管理都要体现城市精神、展现城市特色、提升城市魅力，注重提升凝聚力。人民城市精神家园"为人民"的初心、中心和重心从未改变，要一以贯之地建设下去。必须强调的是，伟大的精神成就伟大的时代。伟大建党精神为上海这座城市发展进步提供了强大引领。这为社会主义核心价值观建设带来了难得的机遇，"用自身的精神示范带领中国人民实现精神主动，必须大力弘扬伟大建党精神"[②]。当前特别需要从以下方面着力。

1.大力弘扬伟大建党精神，焕发强大力量激励人民为民族复兴不懈奋斗

伟大复兴需要文化基础与精神支撑。[③]革命文化承载了中华民族的红色基因，是激励中国人民矢志不渝、开拓进取的强大精神支柱。坚定革命文化自信是激发爱国热情、振奋民族精神的必然要求，是强基固本、增强新时代中国特色社会主义文化自信的题中之义。2022年8月，中办国办发布的《"十四五"文化发展规划》强调，弘扬伟大建党精神。[④]伟大建党精神始终贯穿着"以人民为中心"思想，其昭示：我们党为人民而生、因人民而兴。伟大建党精神的研究、实践，将成为上海软实力特殊而弥足珍贵的内容。显然，将精神言喻通过实践具象化表征出来，伟大建党精神便成为说服人民群众、掌握人民群众的科学理论，形成弥散效应，激发出人民群众为民族复兴而不懈奋斗的历史主体力量。[⑤]

"原创性的精神文化成果，是一个国际性大都市的真正的底气所在"[⑥]，下一步，上海要打造伟大建党精神研究高地。伟大建党精神是中

---

①　张国祚.中国文化软实力建设中几个值得注意的问题[J].红旗文稿，2015（14）：29.

②　王维国.精神主动的科学立场、基本规定及实践进路[J].马克思主义研究，2022（4）：43.

③　郝立新.当代中国马克思主义的文化意涵[J].中国高校社会科学，2022（4）：28.

④　中办国办印发《"十四五"文化发展规划》[N].人民日报，2022-08-17（13）.

⑤　王俊涛，高晓林.伟大建党精神的百年贡献与时代价值彰显理路[J].思想理论教育，2022（1）：41.

⑥　郁振华.关于上海城市精神之管见[J].上海城市管理职业技术学院学报，2003（2）：18.

国共产党人精神谱系发展的逻辑起点，心中有精神支柱，脚下有坚定力量。其在民族复兴进程中，是强大精神动力，精神伴随实践而生成并得到丰富。伟大建党精神体现了马克思主义与时俱进的特质，是党的事业发展的动力源泉，其深层特性就是具有守正创新的发展性与开拓性、影响性。伟大建党精神的践行理路表明，党的建设每发展一步，党的理论开拓创新就推进一步，党的话语影响就提升一步。为此，上海要坚持用共产党人的精神谱系感染人、激励人，让伟大建党精神在上海永放光芒，引导人追寻初心之路，感悟理想之光、信仰之力，进一步增进对中国特色社会主义的情感认同、价值认同。

第一，要以伟大建党精神为传家宝。其既是彰显伟大奋斗的精神印记，也是彰显伟大团结的文化标识。强调弘扬伟大建党精神，这充分肯定了中国共产党的先驱者对建党的贡献。实践是检验真理的唯一标准。社会实践一再说明，追求真理、实现理想的过程，本身就是追求进步、推动发展的过程。坚定不移地践行伟大建党精神，要求共产党人高举马克思主义旗帜，汲取科学真理力量，自我提高。"坚持真理"坚持的是与时俱进的马克思主义。新时代，要发展当代中国马克思主义、21世纪马克思主义。追求真理是锲而不舍的事，理想的实现也并非一时之功。但不干，就不是马克思主义。追求理想，要咬定目标苦干实干。共产党人风雨兼程，要科学掌握马克思主义立场观点方法，将真理性认识植根于中国社会实践与发展的现实土壤，在扎实行动中促进经济社会和人的全面发展。

第二，要以伟大建党精神为元精神。元精神一词源自哲学上的"元"概念，是对精神谱系源头的深度揭示。中国共产党人的精神谱系愈加丰富绵长，说明伟大建党精神作为元精神愈加发扬光大。永葆初心，就要不忘来时的路、不忘自己的根。现实表明，伟大建党精神是激励中国共产党人开拓前进的理论之源、宗旨之源、意志之源和品德之源，是革命的精神火种。精神的力量是无穷的，道德的力量同样是无穷的。从石库门到天安门，伟大建党精神具有跨越时空的开放性，不仅仅表征于"开天辟地的一天、一大会址"这样一时一地的时空范围，而要承前启后、继往开来、发扬光大。伟大建党精神是总根脉、总旨趣，其与井冈山精神、长征精神、延安精神、西柏坡精神等有着源与流的联系。其具有超越时空的恒久价值与旺盛生命力。雄关漫道真如铁，而今迈步从头越，逢山开道攀登，遇水架桥行舟。面向未来，要用好伟大建党精神这一党的"青春密码"，不断开拓进取。

第三，要以伟大建党精神为软实力。内在的追求与内涵往往决定了外在的形象与品格。从文化软实力建设和彰显来看，伟大建党精神将中华民族精神推向新的时代高峰。面向全世界揭示和强调伟大建党精神，这体现了新时代中国共产党人高度的精神主动、理论自觉与文化自信。深入践行伟大建党精神，建立在对世情、国情、党情的准确把握上，要求我们因势而新，在新发展理念引领下加强伟大建党精神的话语建构，使之不仅在新发展阶段对内有感召力、向心力、凝聚力，而且在新发展格局对外有辐射力、竞争力、影响力，使这个"源代码""根目录"产生巨大影响。讲好中国共产党的故事、为人类命运共同体鼓与呼，是在全球舞台上弘扬伟大建党精神的新时代担当。

2.彰显城市精神品格，焕发昂扬奋进的精神风貌

文化软实力是透过文化载体与文化方式表现出的力量。文化来源于生活也回归于生活。文化作为整个软实力体系的源流与根基，其功能作用很重要的是体现在融入生活，焕发大众昂扬奋进的精神风貌上。我们不能在洋洋自得中精神懈怠。优秀精神文化是激励人们发奋前行的重要动力。群体文化中优秀成分的释放会对内产生进步力量。[①]此间，人本身得到塑造和发展，这有利于提升城市的文明程度。

要推动习近平总书记考察上海重要讲话精神深入人心，把习近平总书记的殷切嘱托化为全市上下奋力攻坚的强大动力和善作善成的生动实践。如何才能与时俱进？靠的就是大力弘扬浦东开发开放以来形成的精气神，不断增强敢跟全球顶级水平对话的志气，强烈渴望建功立业的心气，艰苦奋斗、忘我工作的朝气。诚如上海强调的，要弘扬和宣传"世博精神

---

① 刘佳.马克思主义视野下文化软实力新解——中国式文化软实力理论的认知、解释与框架建构
　　[J].青海社会科学，2014（6）：151.

等"①。

精神文化相比物质文化更具有传播性。城市精神品格是城市文化的凝练和核心,是市民的整体的、共有的意识感知和意识认同。2021年5月21日,《上海市红色资源传承弘扬和保护利用条例》明确强调"弘扬海纳百川、追求卓越、开明睿智、大气谦和的城市精神和开放、创新、包容的城市品格"②。其真正得到广大人民群众的认同、信服。特别是"开明开放"充分体现了内外联动,所以更具吸引力和凝聚力。唯有持续提升市民群众的现代文明素质,海纳百川、追求卓越、开明睿智、大气谦和的城市精神和开放、创新、包容的城市品格才能得到实实在在的呈现。

幸福不会从天而降。开路、架桥还要有"气"和"劲"。诚如2021年3月,国家层面强调开展以劳动创造幸福为主题的宣传教育。③时代的脉搏是时代发展变化的强烈信号。新时代是干事创业的黄金时代。人的全面发展也是自觉实现的过程。要引导广大干部群众志存高远、追求卓越,干一行、爱一行、钻一行,激发和保护人民创造幸福生活的主动性。由此,"让每一个人的梦想照进现实"④。

为此,要把握好"加法"与"减法""乘法"与"除法"、当前与长远、力度与节奏。

3.全面推动核心价值观落细,塑造新时代市民的新形象

社会主义核心价值观培育是中国文化软实力发展最根本的任务。⑤社会主义核心价值观是文化软实力之本,是凝聚民力、整合民心的强大精神动力,"引领文化软实力建设的方向"⑥。"爱国、敬业、诚信、友善"

① 上海市国民经济和社会发展第十四个五年规划和二〇三五年远景目标纲要[N].解放日报,2021-01-30(7).

② 上海市红色资源传承弘扬和保护利用条例[N].解放日报,2021-05-31(11).

③ 中华人民共和国国民经济和社会发展第十四个五年规划和2035年远景目标纲要[N].人民日报,2021-03-13(10).

④ 上海市国民经济和社会发展第十四个五年规划和二〇三五年远景目标纲要[N].解放日报,2021-01-30(11).

⑤ 张国祚.中国文化软实力建设中几个值得注意的问题[J].红旗文稿,2015(14):28

⑥ 石沁禾.文化软实力发展与社会主义核心价值观培育[J].南京社会科学,2018(11):123.

等，吸取了中华优秀传统文化的精华。社会主义核心价值观蕴涵有三，其一是立足于每个人的自由发展是一切人的自由发展的条件，每个人都享有平等的自由，由此达到公正的状态，法治就是对自由平等公正的保障；其二是富强、民主、文明、和谐与实现人的自由与解放关系密切；其三是通过公民美德爱国敬业诚信友善，而对人的自由全面发展有了品德的内在支撑，其中友善意味着我为人人，人人为我。[①]

先进文化对社会发展起到导向作用。诚如2021年3月，国家层面强调培育和践行社会主义核心价值观。[②]2022年8月，中办国办发布的《"十四五"文化发展规划》指出，深入推进社会主义核心价值观建设。[③]天下大事，必作于细。只有落细，才能构建起关联一切的价值经纬，在全社会形成崇德向善的强大力量。因此，城市软实力建设要吸引所在社区群体的活动，让人们更多地享有文明创建成果。

在新时代，"广泛传播价值观需要多种社会力量的参与"[④]。要推动人人参与，人人实践，推动社会主义核心价值观落细、落小、落实，深入推进群众性精神文明创建活动，深化市民修身行动，厚植责任意识、契约精神、科学观念、人文素养，使人民精神风貌更加昂扬向上。

国民素质直接影响着这个国家的地位。要推动人人起而行之，同舟共济、友爱友善、和睦和谐，使核心价值观功能效应体现得更为深远持久。就践行"法治"价值观而言，就要进一步增强全社会厉行法治的积极性与主动性，促进市民文明素质和城市文明程度全面提升。毫无疑问，法治文化素养的持续提高，也一定会促进市民文明素质和城市文明程度的提高。

①　高国希.关于社会主义核心价值观逻辑结构的思考[J].复旦学报（社会科学版），2021（6）：7.

②　中华人民共和国国民经济和社会发展第十四个五年规划和2035年远景目标纲要[N].人民日报，2021-03-13（10）.

③　中办国办印发《"十四五"文化发展规划》[N].人民日报，2022-08-17（13）.

④　张国祚，刘存玲.新时代背景下的文化软实力提升[J].马克思主义研究，2020（9）：88.

二、让文化魅力竞相绽放，满足人民的精神需求

文化是城市的血脉和市民群众的精神家园。新时代展示文化魅力是提升文化软实力的着力点。在文化多样化持续发展的背景下，从文化魅力来看，"软实力"所表述的是一个民族的文化自信，呈现的是文化外显的力量和该力量如何外显出来。丰富的资源是城市文化传承和影响力提升的依托与载体。加强修养，一个重要途径就是以文润身。要让文化魅力竞相绽放，满足人民的求知、求康乐、求参与、求美等精神需求。"美"体现人的需要多样性与超越性的维度。要让文化更具时代魅力，特别是要致力于以优质多样供给满足人民精神文化需求，做到美美与共。如此，使人民城市为人民具有更牢固的社会基础。

（一）实践依据审思

文化自信是更基本、更深沉、更持久的力量。其是提升文化软实力的重要思想基础。[①]我们的文化是不断与时俱进的。传承文化是新型城镇化建设要把握的一项重要原则。凝聚力内生于文化传承之中。[②]传承文脉，就是要将丰富的人文优势转化为影响力优势。一个没有传统文化的民族是没有根的民族。既坚守本根又不断与时俱进，这为中华优秀传统文化造福人类展示了广阔前景。

优秀传统文化蕴藏着最深厚的软实力。复兴的道路上，应进一步传播优秀传统文化。[③]"记得住乡愁"，就要保护弘扬优秀传统文化。和文化是中华优秀传统文化的重要内容。当下，守正创新的是，中国贡献世界的是和平的力量、可亲的善意。文化遗产是文化的根基，是文明的结晶。以史为鉴、开创未来，我们要保护好文化遗产。

革命传统资源是我们党的宝贵精神财富，传承着永不褪色的红色基

---

① 刘永梅. 坚定文化自信 提升文化软实力［J］. 人民论坛, 2018（14）: 124.

② 邢海晶. 中华文化中的凝聚力与软实力［J］. 人民论坛, 2020（28）: 31.

③ 孙媛媛. 新媒体技术下我国传统文化传播策略研究［J］. 广东财经大学学报, 2022（4）: 118.

因。我们要以革命文化的继承为抓手，弘扬伟大建党精神，传承中国共产党人的精神谱系，这蕴含着重大理论意义和实践价值。红色文化是国家文化软实力的重要内容。①其是支撑文化自觉、文化自信的重要力量。②就上海而言，很重要的是，要"提升上海红色文化的标识性和知名度"③。这是尊重革命文化、合乎国情、顺应民心、传承基因的正确选择。

社会主义先进文化是对优秀传统文化、革命文化的继承创新，"是反映时代精神的先进文化"④，是现代化强国建设的深厚支撑。弘扬社会主义生态文化、加快建设美丽中国事关民族永续发展。法治观念的深化离不开法治文化的培育。弘扬社会主义法治文化，有助于使法治文化成为文化强国的重要内容。此外，诚如2021年3月，国家层面强调加强网络文明建设，发展积极健康的网络文化。⑤伴随着信息社会不断发展，新兴媒体影响越来越大。特别是出现了全程媒体、全息媒体、全员媒体、全效媒体，信息无处不在、无所不及、无人不用。谁掌握了互联网，谁就把握住了时代主动权；谁轻视互联网，谁就会被时代所抛弃。建设网络强国，让数字文明造福人民，已成为提升软实力的必由之路。数字文化产业已成为提升软实力的重要载体。⑥其"带动传统文化产业的融合升级"⑦。

（二）实践信心传导

伟大的事业需要伟大的精神。习近平总书记"七一"重要讲话首提伟大建党精神，深刻阐明了传承弘扬这一精神的历史意义与时代价值。如此掷地有声的宣示，这是新时代极为重要的文化创新创造和精神力量构筑。

---

① 张景泊. 以红色文化提升文化软实力[J]. 人民论坛, 2019（6）: 134.

② 郭金明. 如何提升红色文化软实力[J]. 人民论坛, 2018（30）: 132.

③ 上海市国民经济和社会发展第十四个五年规划和二〇三五年远景目标纲要[N]. 解放日报, 2021-01-30（7）.

④ 王玉鹏. 新时代中国特色社会主义文化软实力的构成及其实践生成[J]. 社会科学家, 2019（6）: 20.

⑤ 中华人民共和国国民经济和社会发展第十四个五年规划和2035年远景目标纲要[N]. 人民日报, 2021-03-13（10）.

⑥ 郭瑾. 发展数字文化产业与我国软实力提升研究[J]. 山东社会科学, 2021（5）: 116.

⑦ 朱卫未, 林华萍, 叶美兰. 网络文化软实力的综合评价方法与应用[J]. 电子政务, 2020（9）: 51.

伟大建党精神作为革命文化的代表作，内含着马克思主义理论精华和中华文化精髓，亮出了中国共产党的特质基因，其既是历史的结晶，又是现实的升华，更是未来的指南。上海致力于深入实施党的诞生地发掘宣传工程。

走到再光辉的未来，也不能忘记走过的过去。一大会址是精神家园，每件文物都十分珍贵。为此，一定要把会址保护好、利用好。上海把保护传承利用好包括一大会址在内的宝贵红色资源作为无上光荣的使命，激励引领全市上下特别是青年一代从红色精神血脉中汲取力量，奋勇投身伟大新征程。

城市是文化的容器。诚如上海强调的，"支持各类社会资本、社会组织参与文体设施建设"①。2021年5月21日，《上海市红色资源传承弘扬和保护利用条例》明确强调，红色资源的传承弘扬和保护利用，实行党委领导、政府负责、部门协同、社会参与的工作机制。②

品牌传播效应是文化软实力的建设渠道。"来上海看美展"已成市民游客优选。2021年，上海美术馆达96家，居全国城市首位。③据悉"2437处建筑设置解说二维码"④。

文化交流是心灵对话、情感沟通和友谊增进的纽带。我们在文化软实力建设过程中"积极利用短视频开展城市软实力主题宣传"⑤；同时通过国际人士、传播对象国家人士的视角进行表达和柔性传播，辐射世界，可更好使各国了解中国、认同中国。如今，上海国际电影节、上海书展、中国国际数码互动娱乐展览会等品牌影响力持续提升，"演艺大世界"成为国内密度最大、集聚效应最强的剧场群。

---

① 上海市国民经济和社会发展第十四个五年规划和二〇三五年远景目标纲要［N］. 解放日报，2021-01-30（7）.

② 上海市红色资源传承弘扬和保护利用条例［N］. 解放日报，2021-05-31（11）.

③ 李君娜. 申城美术馆数量稳居全国城市首位［N］. 解放日报，2022-08-07（1）.

④ 上海市人民政府办公厅关于印发《上海市"十四五"时期深化世界著名旅游城市建设规划》的通知［J］. 上海市人民政府公报，2021（14）：20.

⑤ 朱军，张文忠. 城市软实力主题宣传短视频优化策略探析——以上海东方宣教中心"晒晒我的软实力"短视频征集活动为例［J］. 编辑学刊，2022（3）：74.

文化产业是文化软实力建设的有形支撑载体。要依托地域文化禀赋，古为今用、推陈出新，着力特色文化元素创意转化、现代科技提升和市场运作，因地制宜发展优势特色文化产业。当下，上海致力于建设网络文化产业高地，不断增强数字文明影响力。

（三）实践优化设想

文化如长时间得不到交流更新则会失去生命力。[①]不同文明之间的包容互鉴已然成为时代新潮。让文明的光芒熠熠生辉，是各国人民的期待。文化可以穿越地域的界限与时间的界限。基于历史经验的总结，基于新时代的实践要求，提高国际化大都市的文化软实力"是外在形式建设与内在内容建设的有机统一"[②]，要"形于中"而"发于外"。

1.构筑更具国际影响力的文化高地，提升亚洲演艺之都的发展水平

改革开放是当代中国发展进步的活力之源。没有文化开放的软实力是封闭僵化的。[③]文明交流互鉴是增进各国人民友谊的桥梁。城市软实力建设资源的全球化流动和配置已成为常态。寻找双向交流的最大公约数，构筑更具国际影响力的文化高地，"跨越文化差异吸引更广泛的异质受众"[④]，提升亚洲演艺之都的发展水平，成为重大举措。构筑更具国际影响力的文化高地，推动新产业、新业态、新商业模式不断涌现，这会深刻地影响世界，具有较深远的世界意义。

用上海统计局发布的2019年全市剧院票房总量做指标，10.59亿元的年度票房总量仅是百老汇集聚区内41家剧院票房收入的9%，是伦敦西区39家剧院票房收入的6.6%；全市剧院2019年的观众人次总量，是百老汇观众人次的42%，是西区观众人次的40.7%。[⑤]从而说明，上海作为演艺之都与

① 王春荣.文化软实力的提升之道[J].人民论坛，2017（25）：137.

② 易小明，何礼广.从外在到内在：文化软实力建设之重心转移[J].河南师范大学学报（哲学社会科学版），2020（4）：1.

③ 张国祚.文化软实力研究[J].中国高校社会科学，2015（1）：43.

④ 夏德元，薛雅丹.艺术化转向：中国文化国际传播的"破圈"之道——文化软实力视域下国际传播的观念变革、内容甄选与话语转换[J].当代传播，2022（3）：11.

⑤ 张蕾.都市演艺集聚区的文化生产力研究：基于百老汇、伦敦西区、上海演艺大世界的比较[J].戏剧艺术，2021（4）：149.

美国百老汇、英国伦敦西区等国际标杆差距大，其集聚水平与竞争力水平都亟待提升。2022年7月，上海提出力争使上海国际电影节综合影响力跻身国际A类电影节第一阵营。

目标是指未来达成的结果。文化之间的交流和传播是推进文化发展目标建构的动力。可以说，构筑文化高地，开放与传播、品牌与平台，这些都起着显著性的关键作用。[①]诚如2021年3月，国家层面强调加强文化队伍建设。[②]2022年8月，中办国办发布的《"十四五"文化发展规划》强调，建强人才队伍。[③]为此，要集聚全球一流的文创企业、文化机构、领军人才，巩固提升文化地标集群、文化交易平台，加快建设全球影视创制中心、国际重要艺术品交易中心、亚洲演艺之都、全球电竞之都、网络文化产业高地、创意设计产业高地。

我们要包容并蓄，共同扩大开放融合。这就需要突出"资源整合"这个关键词组。要推动海内外优秀文化作品首发、首演、首映、首展，提升世界著名旅游城市和全球著名体育城市的影响力、吸引力，建设近悦远来的国际"文化会客厅"和"旅游首选地"。自媒体传播有助于提升文化的国际影响力。[④]很大程度上，作品传遍世界各国，靠的就是超越时空界限的艺术魅力。

2.培育涌现更多原创性的文化精品

文化是一种极具创造性的社会活动与现象。文化产业可谓内容产业，内容可谓文化产品的核心。为此，要做人民群众爱听爱看的内容。坚持创新、提高质量是文化永葆生机的重要保证。诚如2021年3月，国家层面强调把提高质量作为文艺作品的生命线。[⑤]文化创新是实现文化繁荣与发展

① 冯留建，王炳林.实现中国梦需要提升文化软实力[J].思想理论教育导刊,2014(5)：79.

② 中华人民共和国国民经济和社会发展第十四个五年规划和2035年远景目标纲要[N].人民日报, 2021-03-13(10).

③ 中办国办印发《"十四五"文化发展规划》[N].人民日报,2022-08-17(14).

④ 吴沁柯.文化软实力建设视域下"刘三姐歌谣"自媒体传播价值研究[J].广西民族研究,2022 (2)：174.

⑤ 中华人民共和国国民经济和社会发展第十四个五年规划和2035年远景目标纲要[N].人民日报, 2021-03-13(10).

的重要前提。文化的创造力和创新力弱，则文化软实力就弱。要实施好"上海文艺再攀高峰工程"，推出更多"上海原创""上海制作""上海出品"的传世之作，开发更多文化"爆款"。文化软实力体现为强大的文化生产力。一方面，要引导促进青年文化艺术人才、网络原创作者等健康发展，培育更多具有世界眼光、家国情怀的名家大师。另一方面，诚如上海强调的，要"助力'草根文化'发展"①。个人的精神成果需要获得社会认同。

共享是中国特色社会主义的本质要求。人民是财富创造主体与成果享受主体。人民并非抽象的符号，实乃一个一个具体的人之集合。上海市公共文化产品和服务及文化产业要注重创新，打造家门口的文化客厅、最美公共文化空间，要充分贴合市民群众对美好生活的向往。《上海市红色资源传承弘扬和保护利用条例》强调"通过文艺精品创作扶持等机制，加大扶持力度"②。《上海市城市更新条例》强调"拓展文旅空间，提升城市魅力"③。打造家门口的演艺新空间、人文新景观成为客观要求。这是文化传承中尤其需要下功夫的地方。2022年7月，上海提出实施数字上海"场景申城"行动计划，开展应用场景"市民体验评价"。这为社会所需要，有利于人民。

人民安居乐业，在精神层面有了更多追求，我们要"在满足人民文化需求中增强人民精神主动"④。值得高度重视的动力是广大人民的生活需要。这就要求提升供需对接的全方位、精准化服务。

新时代"发展文化产业是提升文化软实力的重要途径"⑤。文创产业是文化软实力的重要依托。数字化是文化领域的重要发展趋势，"文化产

---

① 上海市国民经济和社会发展第十四个五年规划和二〇三五年远景目标纲要［N］.解放日报，2021-01-30（7）.

② 上海市红色资源传承弘扬和保护利用条例［N］.解放日报，2021-05-31（11）.

③ 上海市城市更新条例［N］.解放日报，2021-08-29（5）.

④ 王维国.精神主动的科学立场、基本规定及实践进路［J］.马克思主义研究，2022（4）：41.

⑤ 张国祚，刘存玲.新时代背景下的文化软实力提升［J］.马克思主义研究，2020（9）：82.

业数字化发展必然引领优质文化供给"①。市场需求成为产业融合的主要动力。应找准与文创产业发展的结合点，大力推进数字化深度赋能，改造提升创作、生产、传播、消费等环节，强化快速洞穿受众兴趣的表达力。譬如，加快文创产业与科技、商务、旅游、体育等融合发展，发展虚拟现实、交互娱乐、智慧旅游、数字文博等文娱新体验，满足市民群众多层次、多方面、多样化的文化需求。人民是文化的创造者，也是文化的消费主体、享受主体。创意文旅更为注重公众的体验、参与及创造。《上海市红色资源传承弘扬和保护利用条例》强调"进行现场教学、红色寻访、社会实践等活动"②。其显示主流价值与群众需求的完美契合。

总之，时代赋予文艺以生命，文艺因应时代而繁荣。要顺应实践要求与人民愿望，推出一系列举措，让"说"与"做"始终在同一价值频道上，不断引领形成先进的社会主义精神文明风尚。如此，才能更好推动人的全面发展、社会全面进步。

3.保护传承"最上海"的城市文脉

软实力蕴藏在文化传统之中——看近百年的中国去上海。文化具有较强的地域性与区域特征，最撩人心弦、动人心魄的莫过于思乡之作。基于每一处地域和空间都有其相对独特的生活样态，我们要立足自身独特资源和发展条件，融合近现代历史、根植实践智慧，保护传承"最上海"的城市文脉。优秀地域文化沉淀后必定得以传承与弘扬。上海拥有非常丰富的建筑遗产。上海要加强对历史建筑、风貌街区、革命遗址、工业遗迹的保护利用。它们凝结着历史的记忆，反映着文明的进步。

文脉，既需要薪火相传、代代守护，更需要与时俱进。文明每一次升华，无不伴随着文化历史性进步。不能继往就不能开来。在2021年3月，国家层面强调深入实施中华优秀传统文化传承发展工程。③上海要强化文化保护控制线，进一步提升城市文化品质。当下，数字化和新媒体高速发

① 顾江.党的十八大以来我国文化产业发展的成就、经验与展望[J].管理世界,2022(7):51.
② 上海市红色资源传承弘扬和保护利用条例 [N].解放日报,2021-05-31(11).
③ 中华人民共和国国民经济和社会发展第十四个五年规划和2035年远景目标纲要[N].人民日报,2021-03-13(10).

展。①面向未来，要着力推进城市记忆工程，传承发展戏曲曲艺、民间艺术、手工技艺等非物质文化遗产，留存好古意古韵的水乡古镇，保护好吴侬软语的本土方言，努力使典籍中的上海、文物中的上海、遗迹中的上海在穿越时空中活态呈现。其"基于价值性生成文化吸引力"②。为此，要深入推进非遗在社区、非遗进校园等行动。这是一种积极保护而非被动保护的思路。此外，要促进公共文化服务体系社会化发展，促进滨水可游憩，更好推进文化场馆、体育设施、公园绿地等向社会开放。

在2022年8月，中办国办发布的《"十四五"文化发展规划》强调，加强对当代社会主义建设成就的旅游开发。③上海要发挥新时代新优势，在杨浦、长宁等地打造新的体现"最上海"城市文脉的魅力旅游线路。就前者而言，习近平总书记在杨浦滨江首提"人民城市人民建，人民城市为人民"理念。要以此来衡量工作，以此来查找差距，以此来提升城市软实力。就后者而言，长宁区虹桥街道要建设好"中国特色社会主义全过程民主基层实践基地"，努力成为讲好中国故事的基层窗口。

以人民为中心的发展思想，具有鲜明的人民性。城市文化软实力建设，要依靠人民，为了人民，致力于把最好的资源留给人民。只有坚持人民城市为人民，才能从根本上推动人民精神文化生活不断迈上新台阶。

三、让软实力符号出影响，增强人民的文化认同

人民城市是各方主体的共建。从行为学的角度来看，软实力即吸引力。软实力的影响力来自扩散性。要聚焦让软实力符号出影响，进一步凝聚共识、形成认同合力，为文化的创新创造营造良好氛围与条件。诚如上海强调的，要"更具世界影响力"④。

---

① 许伟丽. 普通高校社科学报助力国家文化软实力建设研究 [J]. 出版广角, 2022 (2): 85.

② 王瑞. 论人类命运共同体理念何以成为文化软实力 [J]. 学校党建与思想教育, 2020 (1): 37.

③ 中办国办印发《"十四五"文化发展规划》[N]. 人民日报, 2022-08-17 (13).

④ 上海市国民经济和社会发展第十四个五年规划和二〇三五年远景目标纲要 [N]. 解放日报, 2021-01-30 (7).

（一）实践依据审思

文化交流是被各个国家广泛接受的交流形式。"文化软实力"定义为一国通过非强制性的教化方式，将自身文化符号内化到他国政治、社会或文化体系中，从而获得影响他国政府行为与民众认知的权力资源。符号"传播"因素是影响文化软实力评价之关键要素。强大的传播能力是21世纪软实力的重要体现，具有不断向前拓展的强大内生动力。谁的传播能力更强，思想文化就能更广泛流传。我们的文化软实力传播扩散，就是要在一个更加自信的框架或境界内传播国家形象。深处的家国情怀起到了至关重要的作用。

文化兴盛是中华民族伟大复兴的支撑，标志性符号的打造和提升对于增进文化认同至关重要。要联系历史、现实与未来发展才能深入理解。2017年1月，中共中央办公厅、国务院办公厅印发了《关于实施中华优秀传统文化传承发展工程的意见》，强调："深入挖掘城市历史文化价值，提炼精选一批凸显文化特色的经典性元素和标志性符号，纳入城镇化建设、城市规划设计，合理应用于城市雕塑、广场园林等公共空间，避免千篇一律、千城一面"①。文化具有可分享性与可传播性。2022年8月，中办国办发布的《"十四五"文化发展规划》强调，培育主客共享的美好生活新空间。②要敢于担当，努力创造经得起人民和历史检验的业绩。

这些都有利于让软实力符号出影响，增强人民的文化认同。

（二）实践信心传导

对外开放水平提高有利于文化软实力溢出。随着新发展格局的演进，文化的交流、交融更加频繁。文化与经济相互渗透、相互作用、相互促进。上海提出打响中国上海国际艺术节、上海国际电影节、上海电视节、上海旅游节、上海之春国际音乐节、上海时装周、上海书展、上海国际马拉松赛、F1中国大奖赛、上海ATP1000网球大师赛等节、展、赛事名片，这就有提高城市软实力之影响力、吸引力的重要作用。

---

① 关于实施中华优秀传统文化传承发展工程的意见[N]. 人民日报, 2017-01-26(6).

② 中办国办印发《"十四五"文化发展规划》[N]. 人民日报, 2022-08-17(13).

　　资源集聚效应是文化软实力的建设模式与期许。2021年5月21日，《上海市红色资源传承弘扬和保护利用条例》强调"利用红色资源开展德育、智育、体育、美育、劳育"①。2022年7月，上海提出擦亮"五五购物节""六六夜生活节"等城市名片。上海是中国近现代文学重镇。2022年8月16日，上海文学馆开工仪式举行。上海文学馆将以国家一级文学馆为建设目标，突出展示海派文学与中国近现代文学发展，吸引海内外文学爱好者近悦远来。新时代文化创意产业具有巨大发展潜力，可谓一个日益庞大的产业集群。如今，上海文化创意产业增加值占全市生产总值比重达到13%。

　　实践观点是马克思主义的基本观点。实践检验成效。新时代"增强话语权是提升文化软实力的关键"②。在"上海精神"的引领下，上合组织促进和而不同、兼收并蓄的文明交流，在发挥功能合作、增进民心相通、构建集体认同等方面表现出色。其为回答世界之问、时代之问贡献"上合智慧"。成员国对其展现出相应程度的积极认同。其已成为促进世界和平与发展不可忽视之重要力量。

　　值得一提的是，以"立德、增智、强体、育美、尚劳"为时代价值呈现的体育文化，在当今社会中的地位人不可小觑。体育文化软实力，集中体现了基于体育文化而具有的凝聚力和生命力，以及由此产生的吸引力和影响力。新时代为我国体育文化繁荣发展提供了前所未有的广阔舞台。要想在全社会更好地培育体育文化，必须坚持从孩子抓起，从青少年抓起，从群众参与抓起。武术是中国文化软实力中不可或缺的一部分。武术健身等独具中国特色的文化瑰宝，是中华优秀传统文化广接地气的标志性产品，具有典型的中华民族精神标识，是提高中国文化国际影响力的重要内容。③多介质的推送，使文化传播"动"起来。④巅峰展示、惊艳全网、春晚出圈，上海体育学院武术学院校友、世界武术锦标赛太极拳冠军梁壁

---

①　上海市红色资源传承弘扬和保护利用条例[N].解放日报，2021-05-31（11）.

②　张国祚，刘存玲.新时代背景下的文化软实力提升[J].马克思主义研究，2020（9）：82.

③　张国祚.提高中国文化国际影响力[J].红旗文稿，2018（10）：28.

④　张世洲.提升中国文化软实力的四个维度[J].人民论坛，2018（16）：234.

荧以舞台表演景观太极《行云流水》献映中央广播电视总台2022年春节联欢晚会，绝妙展现了体育文化软实力。这也是她继表演创意武术节目《江山如画》后第2次登上春晚舞台。实践表明，上体校友梁壁荧等的精彩献映，是健康观念和武术手段相结合、优秀传统内容和摩登形式相融合的深度创新，是武术要素、艺术要素和技术要素的集成，是精武文明和创意时代的对接，有效显现了体育文化影响力和吸引力。

实践发展永无止境，改革创新亦无穷期。2020年，国际奥委会执委会会议通过武术列入第四届青年奥林匹克运动会正式比赛项目，这是武术首次成为奥林匹克系列运动会正式比赛项目，为实现《体育强国建设纲要》"力争武术项目早日进入奥运会"的战略任务迈出了坚实步伐；同年，我国单独申报的"太极拳"，列入联合国教科文组织人类非物质文化遗产代表作名录。这是中华文化自信和体育文化软实力的有力彰显，是中华文明创造性转化、创新性发展的重要注脚，是促进世界文化繁荣的必然选择。

（三）实践优化设想

历史文化是由地点、人物与事件等构成的连续性的变化。不同文明交流互鉴是各国人民的共同愿望。有时候通过文化符号，迅速拉近了心灵的距离、消除了彼此的差异。要"树立旅游文化软实力是重要国力的观念"[①]，与时俱进赋予其新的展示和表达方式，增强其影响力。《上海市城市更新条例》强调"加强历史文化保护，塑造城市特色风貌"[②]。依据组织心理学、行为发生学等学理，让软实力符号吸引人，应实现从宏观到微观、由理论到实践的视角转换。2022年8月，中办国办发布的《"十四五"文化发展规划》强调，深入挖掘地域文化特色。[③]知名度，即人和事物被社会认知的广度。媒体竞争本质上是对用户注意力的竞争。诚如上海强调的，要做到"文化品牌标识度更加鲜明"[④]。为此，上海可

① 杨婷.旅游文化软实力论析[J].学校党建与思想教育,2018(22)：83.
② 上海市城市更新条例[N].解放日报,2021-08-29(5).
③ 中办国办印发《"十四五"文化发展规划》[N].人民日报,2022-08-17(13).
④ 上海市国民经济和社会发展第十四个五年规划和二〇三五年远景目标纲要[N].解放日报,2021-01-30(5).

在名地标、名人物、名故事、名产品、名平台上着力，进行全方位的共时性展示和与时俱进的历时性表达。名地标、名人物、名故事、名产品、名平台越优化，媒体提及率、公众认知度也将越高。文化的不同组成部分都是相互联系的。这样的名地标、名人物、名故事、名产品、名平台，因其持久性、内生性和渗透性的特点，受欢迎、易接受、入心脑、利传播。城市特色文化软实力在一定程度上是其彼此作用后所产生的综合性效果。名地标、名人物、名故事、名产品、名平台，必须基于具体的实际加以创造性地运用，以更好地提升文化影响力。

1.名地标

名地标的建构、维护和传播、展示，是城市文化软实力建设不可或缺的内容。1986年，国务院批准上海为国家历史文化名城。2021年5月21日，《上海市红色资源传承弘扬和保护利用条例》明确强调"上海作为中国共产党诞生地、党成立后党中央机关长期驻扎地、社会主义建设重要基地、改革开放前沿阵地"①。上海还有"魔都"等美誉，北外滩成为城市新地标。上海明确提出到2035年将崇明岛打造成"人民幸福生活典范"②。城市空间不是虚拟的存在，而是需要身处其间的视觉认知和体验感受。③我们要汇聚全社会力量广泛参与，运用好自然、传统和现代的资源来打造上海"新时代名地标"。在拓展上，要聚力全面推进五个新城建设，优化城市空间布局。坚持统筹好功能定位、空间规模、产业结构，推动规划、政策、项目落地，推进资源要素科学配置和合理流动，打造"一城一中心"、塑造"一城一意象"，促进市域发展格局重塑、整体优化，这"更多地体现了文化软实力的旅游属性"④。新城建设，就是要发

---

① 上海市红色资源传承弘扬和保护利用条例[N].解放日报，2021-05-31(11).

② 上海市人民政府关于印发《崇明世界级生态岛发展规划纲要(2021-2035年)》的通知[J].上海市人民政府公报，2022(4)：15.

③ 周逢年.城市即家：视觉认知中特色城市文化空间的共情场域建构[J].新闻爱好者，2022(6)：72.

④ 付业勤.文旅融合背景下城市旅游地文化软实力评价与发展策略研究[J].四川轻化工大学学报(社会科学版)，2020(3)：27.

挥示范引领和辐射带动作用。浦东美术馆、上海天文馆、正在建设中的上海博物馆东馆，龙美术馆、余德耀美术馆……这是一个名地标动态的形成、发展、完善的过程。上海建设国际消费中心城市，强调"打造消费地标"①。优化自己的形象成为软实力提升的必然选择。

2.名人物

没有人的存在就没有文化及诸形态的存在。用人物崇高的精神和事迹影响、感染受众，使得处于社会关系中的名人物能够成为城市软实力的显著载体。伟大时代呼唤伟大精神，崇高事业需要榜样引领。发挥名人物作为榜样引领的正能量作用，这有助于我们建设好自己的精神家园。采取人们喜闻乐见、易于接受的形式，"以榜样彰显文化自信"②，这为大国大城文化软实力的提升创造了资源优势。姚明向世界传达了一个开放大度的形象。③2022年2月6日，中国女足夺冠亚洲杯，其中上海女足主帅出身的水庆霞神奇指导，上海女足名将唐佳丽点球破门、精彩助攻，上海女足名将肖裕仪绝杀登顶，显现了上海名人物的软实力。值得一提的是，"文化"拉丁语原意来自"城市居民"或"市民"。④面向未来，要致力于创造海纳百川、近悦远来的人才发展环境，育成更多新时代的名人物；同时要倡导伟大出自平凡、平凡造就伟大，展现市民群众"人人都是软实力"的风貌。

3.名故事

文化开放是文明延绵不断的根源。文化文明的传承既然靠人，自然也要靠"故事"。名故事背后所蕴含的文化文明价值与作用远远超越故事本身，其感染人、打动人、说服人、影响人。要提升软实力，很重要的一个方面就是讲好故事。故事可以潜移默化地影响国际认同感。传播

---

① 上海市人民政府办公厅关于印发《上海市建设国际消费中心城市实施方案》的通知[J].上海市人民政府公报，2021(21)：30.

② 李成超，郭小靓.习近平榜样学习论述的鲜明特色及价值旨归[J].湖南大学学报(社会科学版)，2021(6)：4.

③ 王忠杰，崔国文.体育软实力的逻辑层次及提升路径[J].体育学刊，2013(3)：30.

④ 汪涌豪.回归城市精神性本质的软实力发展之路[J].探索与争鸣，2021(7)：35.

的途径多种多样，如"用电影传播与软实力议程密切相关的叙事"①。值得重视的是，讲故事可谓新时代加强和优化国际传播的重要方式。故事在意义方面说明世界、组成世界和建构世界。在"自我-他者"的认知模式下，讲好名故事更是意义非凡，我们要善于运用各种生动感人的例证进行叙事，把"我们想讲的"变成"受众想听的"。为此，要依托名故事，面向国际解码中国的发展道路和成功秘诀，展示多彩的中国、进步的中国、团结的中国，让世界听见、听懂、听进中国的声音。例如"推动构建人类命运共同体"已在国外逐步形成趋向稳定且正面的认知反馈量，充分展示了"中国"话语图景，其背后具备许多深刻内涵的故事，足以引起人们倾听与回味，增强相关叙事对大家的吸引力、感召力。讲好名故事从传播开始，要因事而化、因时而进、因势而新。从石库门到天安门，从兴业路到复兴路，这里的故事堪称最有名的故事。要使受众在无意识下融入到复原的情境中。《上海市红色资源传承弘扬和保护利用条例》强调"讲好红色故事，引导公众参与红色资源传承弘扬"②。要重视有形遗产的保护，也要重视无形遗产的传承。新时代"精彩故事接连不断，故事情节跌宕起伏"③。要增进海外爱国力量建设，涵养壮大知华友华力量，用融通中外的语言、优秀的译作讲好新时代的名故事。诚然，"话语方式上，也应该更加讲究艺术性"④。

4.名产品

产品品牌识别是品牌打造过程中的核心。在这里，软实力类似于一种品牌声誉。受软实力全球化与品牌运营的双重驱动，城市名产品具有承载文化软实力的独特优势，构成城市形象的视觉窗口和品牌塑造抓手。其产业的海外拓展自然会带来软实力提升。实际的抓手到底是什么？诚如上海强调的，要"将'四大品牌'塑造成为响亮恒久的金字招牌和驰名中外的

---

①　任格雷，张侃侃.文化延伸：中国电影与软实力[J].电影艺术，2019（1）：8.

②　上海市红色资源传承弘扬和保护利用条例[N].解放日报，2021-05-31（11）.

③　张国祚，刘存玲.新时代背景下的文化软实力提升[J].马克思主义研究，2020（9）：84.

④　夏德元，薛雅丹.艺术化转向：中国文化国际传播的"破圈"之道——文化软实力视域下国际传播的观念变革、内容甄选与话语转换[J].当代传播，2022（3）：10.

城市名片"①，并强调"加强'四大品牌'联动"②。文化产品品牌是文化企业乃至一国一城竞争力的综合体现。打造名产品，要既满足公众文化需求，又继承发扬优秀文化。新时代以来，"人民需要作为文艺的根本价值所在"③。高质量发展是对新时代经济社会方方面面发展的总要求，我们要把提高质量作为打造名产品的生命线。这不断从理念化为行动、从愿景变为现实，文学、艺术、电影、电视等各门类百花竞放，以精品引领文艺繁荣。要推进"高峰高原"建设。④《上海市红色资源传承弘扬和保护利用条例》强调"鼓励利用红色资源开发文化创意产品"⑤。为此，要把握提升新城产业发展能级的机遇，深入推进"一城一名园"建设，持续打造青浦长三角数字干线、松江长三角G60科创走廊、奉贤东方美谷等品牌，支持企业打造外贸转内销自主品牌和"国潮新品"，促进上海文化"名产品"及其品牌影响力的进一步提升。

5.名平台

软实力后续建设仍然任重道远。⑥平台构建是城市文化软实力建设的重要依托。名平台是为实现文化软实力提升的必要载体与媒介，名平台打造是不断创新发展的历史过程。其书写着激荡人心的城市文明华章。平台战略一般包括三类范式，诸如先入为主的平台进入战略、协同整合的平台激活战略、虹吸集散的平台辐射战略。新时代的城市软实力平台建构，正在呈现从"路径依赖"向"路径拓宽""路径创新"转变之态势。"名平台"在区域内外有一定的影响力，不仅能促进旅游业快速发展，还有利于培育和传播一个城市的文化，要审时度势、科学建构。上海已"形成'人

---

① 上海市国民经济和社会发展第十四个五年规划和二〇三五年远景目标纲要［N］.解放日报，2021-01-30（7）.

② 上海市人民政府办公厅关于印发《上海市建设国际消费中心城市实施方案》的通知［J］.上海市人民政府公报，2021（21）：33.

③ 谭好哲.百年中国马克思主义文艺价值观的思想谱系与理论积淀［J］.文学评论，2021（3）：5.

④ 丛挺，叶当强，夏德元.上海出版业软实力建设的机遇、挑战与创新路径［J］.编辑学刊，2022（4）：6.

⑤ 上海市红色资源传承弘扬和保护利用条例［N］.解放日报，2021-05-31（11）.

⑥ 陶建杰，尹子伊.中国文化软实力的实证评估与模拟预测［J］.未来传播，2021（4）：14.

民大众节日'系列产品"①。上海创设的市民运动会，被誉为"老百姓自己的奥运会"。《上海市红色资源传承弘扬和保护利用条例》强调"将红色资源传承弘扬融入市民文化节、上海旅游节、上海国际电影电视节、上海书展等重大品牌节庆活动"②。近年来，上海"五五购物节"重启了生产流通的良性循环。③在良好的基础上，要推动其优化升级，助力国际消费中心城市城市。要加快乐高乐园度假区等平台的建设，努力做人文交流的推动者。文化是生成与发展的，坚持与时俱进，不断反映和表征发展变化的实际。上海在国际化文化大都市建设新征程中，着力培育一批亿级用户流量平台、万亿级交易平台和世界级节展平台，促进上海在世界城市榜单排名中稳中有升。2022年8月，中办国办发布的《"十四五"文化发展规划》指出，支持办好上海国际艺术节。④要充分发挥这些名平台的辐射带动、典型示范作用。

由此，上海将找准自身的全球发展定位，"以更加瑰丽、伟岸、多彩的身姿昂首屹立于世界东方"⑤。

①　上海市人民政府办公厅关于印发《上海市"十四五"时期深化世界著名旅游城市建设规划》的通知[J].上海市人民政府公报，2021(14)：21.

②　上海市红色资源传承弘扬和保护利用条例[N].解放日报，2021-05-31(11).

③　苏涛永，王柯.数字化环境下服务生态系统价值共创机制——基于上海"五五购物节"的案例研究[J].研究与发展管理，2021(6)：146.

④　中办国办印发《"十四五"文化发展规划》[N].人民日报，2022-08-17(14).

⑤　上海市国民经济和社会发展第十四个五年规划和二〇三五年远景目标纲要[N].解放日报，2021-01-30(11).

第七章 强化全社会广泛参与城市社会软实力建设思想基础的实践逻辑

　　民生发展性是共享发展的实践指向。强化全社会广泛参与城市社会软实力建设思想基础的实践逻辑，体现在这一逻辑是从人民群众的热切期待中得出来的。经典作家恩格斯早就指出，"文明是实践的事情，是社会的素质"[1]。从中华文明来看，我们有鲜明的价值导向——惠民利民、安民富民。从新时代中国来看，就是要使人民获得感、幸福感、安全感更加充实、更有保障、更可持续。软实力是社会实践的果实，要旨就在于提高人民的生活水平。显然，城市的核心是人，关键是十二个字：衣食住行、生老病死、安居乐业。民生问题是社会治理中与人最直接相关的现实问题。《上海市城市更新条例》强调"民生优先、共建共享"[2]。市民群众的社会实践行为是城市软实力的动态体现，反映着城市的基本风貌和具体形象。社会长期稳定是对当代中国社会文明发展巨大成就的生动凝练，其背后蕴含着软实力密码。当然，必须指出的是，"硬实力的问题，只能靠硬实力解决。而软实力所做的，就是使这些硬实力可以真正在正确的地方发挥出最大作用，并且使这样的作用得到认可，引起良好的社会效应，形成良性循环"[3]。在社会领域，我们强调"人民至上、生命至上"[4]，"平安中国""社会治理共同体""新时代枫桥经验"等话语影响力大。社会

---

① 马克思恩格斯文集：第1卷 [M]. 北京：人民出版社，2009：97.

② 上海市城市更新条例 [N]. 解放日报，2021-08-29（5）.

③ 张国祚，兰卓. 关于公安文化软实力的思考 [J]. 湖南社会科学，2021（6）：121.

④ 韩庆祥. 21世纪马克思主义的基础性问题 [J]. 中国社会科学，2022（4）：21.

治理强调社会各方以合作协商、共建共享的方式处理复杂的社会问题。现代化的本质是人的现代化。制度层面往往用"以改善民生为重点的社会建设"来限定社会建设的内容。一个社会的目标是在协调各种社会关系的过程中得以形成、得到认同。这里的社会软实力除吸引力之外，主要侧重共建共治共享的亲和力。这种亲和力的彰显，旨在处理好城市中人与社会的关系，既注重共享社会民生发展成果，也注意在共治共建中形成良好社会环境。通过构建具有高度亲和力的社会软实力，有助于凝聚共识、明确社会建设的发展目标和实现途径，构建一个和谐的社会环境，充分发挥软实力建设的社会整合、社会动员作用，使社会成员以公正、安全、有序等正向价值理念投身社会实践活动，推动人们心往一处想，劲往一处使，凝心聚力推进社会发展与人的全面发展的辩证统一。因此，明晰强化全社会广泛参与城市社会软实力建设思想基础的实践逻辑，意义重大。

一、让和谐有序增添舒适，提升人民的归属需求

人类社会发展是一个历史过程，城市是复杂有序的人化空间。现实的具体的人必是处于一定社会关系中的人。治理和管理一字之差，体现的是系统治理、依法治理、源头治理、综合施策。走符合超大城市特点和规律的社会治理新路子，建设一个各要素充分发展的协调性城市社会，这是上海的使命。以智能化为突破口，以绣花般功夫推进城市管理精细化，做优共治自治平台，上海社会软实力建设让人人有序参与治理、亲和力不断提升的生动实践处处可见。上海被视为一个为人民的美好明天不断努力的城市。让和谐有序增添舒适，提升人民的归属需求，成为城市社会软实力建设的题中之义。

（一）实践依据审思

社会治理与人民群众的日常生活紧密相关。共治，意味着坚持以人民为中心的价值遵循，共同参与社会治理。十八届三中全会首次提出创新社会治理体制。治理是价值引领、制度保障和工具支持等的有机统一。社会行为在很大程度上是制度安排的结果。十九届五中全会要求完善共建共治

共享的社会治理制度。国民素质与社会文明程度显著提高，人民群众的积极性、主动性、创造性及其实践智慧和实践经验，是中国特色社会主义的力量源泉。这里，我们依次从社会化、法治化、智能化、专业化来思考和谐有序的城市社会软实力建设。

第一，从社会化来思考和谐有序的城市社会软实力建设。人与社会的关系是所有实践活动无法回避的逻辑。人民是社会进步的主要推动者，是创造社会历史的主体。现代治理理论鼓励公民参与基层社区的公共事务管理，在"社会化"上下工夫。显然，基层社区事务很多很繁杂，单靠政府是干不了、也干不好的，必须充分发挥社会各方面作用，群众的事同群众多商量，大家的事人人参与，不断提升亲和力。加强和创新社会治理，关键在体制创新，核心是人，只有人与人和谐相处，社会才会安定有序。要完善党建引领基层自治共治格局，引导驻区单位、社会组织、群团组织等各类社会力量参与社区治理。要培育扶持社区社会组织发展，加大政府购买公共服务的力度，努力构建共建共享的社会治理新格局。群众实践中蕴藏的经验智慧，办公室里想不到。要推进社会化参与、人人尽力，同心同向促进共治。

治理和管理一字之差，体现的是系统治理，需要社会协同、公众参与。现代治理强调多方参与和双向互动。要推进社会服务零距离、社会治理全覆盖、社会力量齐参与。社会治理的具体推动必须依靠群众，激发其主人翁意识、参与精神。重心下移是我国社会治理的一条基本规律。社区基层可谓当下城市社会治理的着力点所在。要贯彻好群众路线，秉承社会治理为了人民，坚持和发展新时代"枫桥经验"，把治理重点落实到城乡、社区。治理的最终目的就是促进人的全面发展。质言之，要打造人人有责、人人尽责的社会治理共同体，激发市场、社会参与社会治理的动力，实现政府治理与社会调节、居民自治的良性互动。人民城市的社会治理要从人民的生活出发，鼓励企业和市民多方式参与人民城市的建设。诚如上海强调的，"积极营造步行街区社会共治的氛围"[①]，始终关注社会

---

① 上海市南京路步行街区管理办法［J］．上海市人民政府公报，2022（4）：6.

和谐与人生幸福。

第二，从法治化来思考和谐有序的城市社会软实力建设。法治是第二个层次社会层面的社会价值观。法治化是现代文明的重要标志，"治理能力现代化的关键是制度文明与制度认同"[①]。法治正义是社会主要矛盾转化下的人民心声。全面推进依法治国势已成、时已至。依法治国和以德治国可以形成强大合力。法治思维和法治方式是社会治理法治化的逻辑起点，是解决城市治理顽症难题的法宝。法治的含义天然地包含了完善的法律制度。人民对正义的追寻与践行，有赖于"制度性事实"。制度带有根本性、全局性、稳定性与约束性，是社会行为规范的硬尺度。我们要加强社会治理制度建设、完善体制，把以人民为中心融入制度设计与执行各个层面，以法治化筑牢社会治理创新的"防火墙"。中国制度体系符合中国国情和人民利益。例如，《中华人民共和国网络安全法》2017年6月1日起施行，旨在从法治视角强化网络社会的治理，维护社会公共利益和公民合法权益。我们致力于各项制度之间的紧密衔接、相互配合。

第三，从智能化来思考和谐有序的城市社会软实力建设。智能化是社会治理方式现代化的重要手段。社会治理的智能化离不开先进科学技术的应用。党的十八大以来，新一轮科技革命深入演进，进入一个新的活跃期、勃兴期与开拓期。人工智能已经发生了革命性的变化。人工智能、大数据、云计算与实体经济社会相融合，其鲜明属性和突出特征是万物智能。智能发展是引导未来城市转型发展的关键变量。智能化为基层治理提供"共治"的新理念与平台，有助于推进城市治理制度创新、模式创新。城市软实力建设就要"提升管理水平，着力打造智慧城市"[②]。智能化的发展潜移默化地影响着社会文明的演进。新时代以来，人工智能、5G、智慧城市等深刻融入社会发展。"智慧社会—智慧政府—智慧城市"构成了复合结构。智能化水平是衡量社会服务效能的重要标尺。目前中国5G

---

① 崔桂田, 吉秀华. 国家治理现代化是加强党对制度建设领导的主旨要义[J]. 当代世界社会主义问题, 2020(3): 68.

② 中央城市工作会议在北京举行[N]. 人民日报, 2015-12-23(1).

基站覆盖所有地级以上城市。要加强社会治理基础建设，提升治理整体效能。"智慧协同是现代市域数字化发展的新趋势"①，建设智慧社会的时间紧迫、任务艰巨。要加快将大数据智能化技术融入基层治理，贴近群众生活。要对苗头性、倾向性、潜在性问题及时做出预警。共享发展毫无疑问是社会主义的本质追求。要面向全体市民群众，着力促进"线上"高质量回应，同时不断提升"线下"治理能力。顺应时代潮流和人民期盼，《上海市城市更新条例》明确强调"推动经济、生活、治理全面数字化转型"②。

第四，从专业化来思考和谐有序的城市社会软实力建设。社会治理专业化是社会文明发展的必然要求。首先，规律是指事物之间内在的必然联系，是人们认识世界的依据、改造世界的遵循。社会治理必须遵循规律，以专业化确保实效化。其次，社会治理专业化，要求社会服务和治理有专业的队伍、专业的理念、专业的技术和方法来进行社会治理和开展社会服务。要加强社会治理的专业人才队伍的建设，培养有专业知识和专业技能的人才。城市社区是观察社会治理水平的微观窗口。社区规划师对于推动社区治理起到重要作用。③《上海市城市更新条例》明确强调"探索建立社区规划师制度"④。在解决群众急难愁盼问题的过程中，广泛征求居民意见，推动形成共识，高素质专业化队伍是重要保障。如上海强调的，"到2025年全市持证社会工作者达到4.5万人"⑤。

（二）实践信心传导

人民是社会生活的主体、历史舞台的主角。人的全面发展既是现代化的目标归宿，又是经济社会发展的重要条件。社会治理为了人民、依靠人

---

① 周林兴，谢林蓉. 城市数字化转型视域下公共数据资源协同治理研究——以10个城市统计数据为分析对象 [J]. 现代情报，2022（8）：115.

② 上海市城市更新条例 [N]. 解放日报，2021-08-29（5）.

③ 朱弋宇，等. 上海社区规划师制度的实践探索及治理视角的优化建议 [J]. 国际城市规划，2021（6）：48.

④ 上海市城市更新条例 [N]. 解放日报，2021-08-29（5）.

⑤ 上海市国民经济和社会发展第十四个五年规划和二〇三五年远景目标纲要 [N]. 解放日报，2021-01-30（11）.

民，需要人民群众共建共治共享，取得群众口碑好、社会亲和力强的良好效果。

首先，在社会化方面，基层社会治理已形成"以社区为抓手，从纵向到横向的单位组织、社会组织、志愿者和广大民众广泛参与"[①]的新格局。上海"累计组建9894个住宅小区业主大会"[②]，有利于促进社会治理的良性运行，积累了许多宝贵经验。

其次，互联网的快速发展成为社会生活的亮点，对城市软实力建设具有显著的正向影响。上海着力促进"互联网+社会服务"发展，以网络化融合推动社会服务均衡普惠，在政府和公众间形成新的互动机制。上海"社区通"获评中国社会治理创新实践十佳案例、全国城市基层党建创新最佳案例、全国乡村治理典型案例等。[③]在社会治理中，"一网通办"全面提升了市民与组织办事的便利性。[④]毫无疑问，数字韧性层面的智能高效改善了沟通反馈效率。2022年6月12日，《上海市数字经济发展"十四五"规划》要求，加快研究部署未来虚拟世界与现实社会相交互的平台。

再次，政策赢得人民群众的广泛支持和拥护。上海成功举办世界城市日中国主场活动。上海出台实施促进城市数字化转型的若干政策措施，形成便捷就医少等待、为老服务一键通、快捷停车助通畅、数字酒店智管家、数字赋能示范校等数字生活标杆场景，彰显了数字赋能。

最后，上海强调"专业化政务服务体系全面建立"[⑤]，集中体现了以人民为中心的价值追求，避免工作方式的简单化、片面性。总之，让现代

---

① 李培林. 中国式现代化和新发展社会学[J]. 中国社会科学, 2021(12): 20.

② 上海市人民政府办公厅关于印发《上海市城市管理精细化"十四五"规划》的通知[J]. 上海市人民政府公报, 2021(20): 42.

③ 谭羿, 韩瑞波. 基层智慧治理的运作机制与关系解构——基于上海B区"社区通"的考察[J]. 探索, 2021(6): 139.

④ 钟伟军. 地方政府的分散创新与中央主导下的创新整合——长三角政务服务"一网通办"的实践路径[J]. 江苏社会科学, 2022(1): 67.

⑤ 上海市人民政府办公厅关于印发《上海市就业和社会保障"十四五"规划》的通知[J]. 上海市人民政府公报, 2021(17): 41.

治理引领未来，越来越强调构成城市治理系统的各要素处于协调发展的状态，不断提升市民群众的归属需求。

（三）实践优化设想

社会生活千头万绪、错综复杂，治理始终关涉人民群众的幸福感、获得感和安全感。作为治理现代化的重要组成部分，社会治理创新这一话语在软实力发展话语建构中意义重大，将深化对社会主义建设规律的认识。夯实基层基础，有利于形成强大的社会亲和力。如上海强调的，要"以社区为重心筑牢超大城市治理的稳固底盘"①。自信不是靠说出来的，而是靠干出来的。基于整体性治理"目标—结构—行动"视域，我们要从纵向和横向优化城市社会治理。我们要推动治理手段、治理模式、治理理念的持续创新，全面提升城市数字化治理水平，在探索超大城市社会治理新路子上走在前面。②"共治"一般意义上是指多方主体共同参与治理。治理的过程实际上就是党的领导实现的过程。社会文明程度将达到新的高度。

1.纵向治理强调贯通

"纵"，就是要确保上下贯通、一纵到底。《关于加强和改进城市基层党的建设工作的意见》强调，要强化市、区、街道、社区党组织四级联动。③

生活方便不方便，城市管理和服务状况是重要评判标准。大都市均在不断完善其基础设施，数字化新基建是题中之义，要把抓基层打基础作为长远之计和固本之策，在治理数字化等重要领域率先突破。网络信息技术更多地用于增加参与的广度，如参与网络公示、通过网络征集意见建议等。人机协同的"双服务提供者"治理形态需要持续优化。要加快治理数字化，再推出一批零跑动、零材料、免申即享、智能速办事项，加快打造线上线下深度融合的全方位服务体系，推进城市数字底座建设，强化数据

① 上海市国民经济和社会发展第十四个五年规划和二〇三五年远景目标纲要［N］.解放日报，2021-01-30（11）.

② 用改革开放思路和创新办法闯出新路［N］.解放日报，2022-08-09（3）.

③ 中办印发《关于加强和改进城市基层党的建设工作的意见》［N］.光明日报，2019-05-09（3）.

共享。"每一个层级中的每一个组织都是行动者"①，如上海强调的，要
"纵向贯通市、区、街镇三级城运平台"②。

2.横向治理注重协调

"横"，就是要加强各部门、各机构、各组织等的配合协作。其中
《关于加强和改进城市基层党的建设工作的意见》强调充分发挥街道党
（工）委统筹协调各方、领导基层治理的作用。③

"杨浦滨江党群服务站·杨树浦驿站"，平均每700米就有一处。越
来越多的市民来到杨浦滨江感受人民城市。要夯实基础，引导居民积极有
序地参与社区治理，支持群团组织参与基层治理。共治共享归结起来是对
人民智慧与劳动成果的尊重。更如上海强调的，要"引入社会力量参与城
市管理，探索政府支持、市场投入、社区参与的'路管会''弄管会'制
度，引导市民深度参与城市综合治理"④。商量出共识、商量出最大公约
数，这样有助于系统、综合反映社会各方面意见、愿望，能最大限度地集
中体现公众的意志。

社会主义是对中国道路的根本性规定。党组织是城市社区治理的领导
核心，政府、群众自治组织、社会组织、企事业单位、社区居民等力量是
城市社区治理的协同力量。《上海市城市更新条例》明确强调"打造绿色
生态城区"⑤。诚如上海强调的，"以更大力度推进城市有机更新，吸引
市场主体参与，探索政府—市场—市民—社团的四方协同工作机制"⑥。
协同治理是利益相关者之间开展协商的过程，他们生活联系得更为紧密，
城市亲和力将得到提升。

①　张贤明, 张力伟. 国家纵向治理体系现代化: 结构、过程与功能 [J]. 政治学研究, 2021（6）: 69.

②　上海市国民经济和社会发展第十四个五年规划和二○三五年远景目标纲要 [N]. 解放日报,
　　2021-01-30（8）.

③　中办印发《关于加强和改进城市基层党的建设工作的意见》[N]. 光明日报, 2019-05-09（3）.

④　上海市国民经济和社会发展第十四个五年规划和二○三五年远景目标纲要 [N]. 解放日报,
　　2021-01-30（11）.

⑤　上海市城市更新条例 [N]. 解放日报, 2021-08-29（5）.

⑥　上海市人民政府办公厅关于印发《上海市自然资源利用和保护"十四五"规划》的通知 [J]. 上海
　　市人民政府公报, 2021（20）: 67.

互联网数字化信息技术平台为城市有效整合社情民意提供了通畅渠道。上海要运用好现代科技最新成果有效破解难题，要拿出抓铁有痕、踏石留印的韧劲，建设具有世界影响力的国际数字之都，促进全方位赋能，深化拓展贴近群众、为群众排忧解难的新途径。要在城市治理中创新监督理念和手段，推动智慧执法。要运用新兴数字技术打破部门藩篱、信息孤岛，促进横向协调联动。城市网格化治理要更好发挥优化资源共享、协同工作、精细运作等系列优势。面向未来，要加快实现城运网格、警务网格、综治网格的"多格合一"。基于长三角一体化的视野，"数字长三角""轨道上的长三角"要不断提速，上海要致力于深入推进居民服务"一卡通"、医保一体化合作。要"以社会保障卡为载体扩宽社会保障卡使用场景"①。

此外，治理能力的提升有赖于治理体系的建构。基层治理是国家治理的基石，风险管理是一项系统工程。要适时聚焦发展所需、基层所盼，提升制度韧性。②创新社会治理，必须依靠法治来统筹社会力量。一个健全的社会，法律与道德是相互支撑的。要注意发挥道德的教化作用，提升全社会文明程度，"社会主义核心价值观、中国共产党人的精神谱系等在内的道德资源或精神资源，都可以成为以德治国的有益支撑"③。市民有权在道德和法律的框架内追求其幸福康宁生活。本着法安天下、德润人心的原则，应当更为重视发挥法治与德治、自治等在基层治理中的相互补充作用。诚如上海强调的，"步行街区范围内推进实施商户自律管理"④。基层社会共同体成员之间所形成的亲和力是内生动力，具有持久性。⑤居民的自治能力是人的自觉性与主体性的表现。共治以自治为基础，没有良好的自治，便不能形成良好的共治。形成社会合力，说到底就是凝聚人心、

---

① 刘晓梅,等.党的十八大以来我国社会保障事业的成就与经验[J].管理世界,2022(7):46.

② 张树华,李墨洋.从"中国之制"到"中国之治"——论推进国家治理能力现代化的着力点和关键点[J].治理现代化研究,2022(2):45.

③ 项久雨.中国式现代化的显著优势[J].马克思主义研究,2022(5):4.

④ 上海市南京路步行街区管理办法[J].上海市人民政府公报,2022(4):4.

⑤ 王湘军,康芳.和合共生:基层治理现代化的中国之道[J].中国行政管理,2022(7):21.

人力。要加强社会动员，发挥社会组织作用，强化区域资源统筹和多方主体联动，完善党组织领导的自治、法治、德治、共治相结合的城乡基层社会治理体系。

　　总之，治理现代化，不可能在朝夕之间完成。但要与时俱进，从当今世界发展、变革、调整的视角去理解，坚持用改革的办法解决发展中的问题。今天的奋斗、明天的成就必将继续证明，上海将推动自治共治平台协同运转，打造治理体系和治理能力现代化的城市样本。

二、让安全韧性全面增强，观照人民的安全需求

　　平安是最基本的社会发展环境。安全发展是城市现代文明的重要标志。面对突如其来的风险挑战时，城市的脆弱性往往难以掩饰，社会治理面临的形势与环境更为复杂。我们绝不能麻痹大意、掉以轻心，而应根据这一形势，增强系统思维。真正的短板是那些平时看不见的地方，城市软实力建设就是要"把住安全关"[1]。对此我们要有清醒的认识并汲取经验教训。特大型城市的社会治理是一个难题。社会治理的效能直接影响了社会的平安程度。统筹发展与安全是应深思熟虑的问题，提升"城市韧性"成为破解这一问题的路向。韧性最早来自物理学领域，城市韧性就是要重点关注城市功能维持平稳运作、城市结构快速恢复机能与秩序的能力。2021年3月，国家层面强调建设"韧性城市"[2]。为此，要坚持把安全作为城市软环境的硬指标，构筑城市安全预防体系，加强韧性城市建设，"加快建立应对各种风险和不确定性的机制"[3]。要全面提升城市功能韧性、过程韧性、系统韧性，强化风险防控和应急处置能力，不断提升市民的安全感和亲和力，使上海始终位于全球最安全城市前列，建设坚韧而可亲的城市。

---

① 中央城市工作会议在北京举行[N]. 人民日报, 2015-12-23（1）.

② 中华人民共和国国民经济和社会发展第十四个五年规划和2035年远景目标纲要[N]. 人民日报, 2021-03-13（9）.

③ 关信平. 中国共产党百年社会政策的实践与经验[J]. 中国社会科学, 2022（2）: 121.

（一）实践依据审思

城市系统的软实力来自其社会系统的韧性。①共建，意味着共同参与社会建设。就是要建久安之势、成长治之业，为每个社会成员创造更好的发展环境。为此，要加快补好短板，聚焦影响城市安全、制约发展、群众反映强烈的突出问题，加强综合整治，形成常态长效管理机制，努力让城市更安全有序。城市风险治理应该牢牢依靠人民群众。危机会带来失序，也会催生变革。对于风险，要及时向全体社会成员进行解读。我们决不能有松口气、歇歇脚的念头。要发挥好企事业单位的作用，充分发挥其在资源、技术、管理、人才等多方面的优势，引导人尽其才、才尽其用、用有所成，促进公共安全，使韧性之城经得起各种风浪考验。

处于潜在状态的事物、特质，并非不存在。②提高软实力"重在自我修行，重在练内功"③。毫无疑问，社会的良性和谐运转与健康有序发展需要安全稳定作保障，要完善立体化社会治安防控体系。我们的发展奇迹和稳定奇迹，为人类追求美好生活提供了方案，宝贵经验值得弘扬。世界百年未有之大变局语境中，复杂与不确定成为国家安全新的现实。为此，我们强调"统筹发展与安全"这一制度性话语。我们的发展是"以人民为中心的发展"，是以供给侧结构性改革为主线的高质量发展。我们的安全是总体国家安全观下的大安全。新时代不仅建构了平安中国的理论话语，还创造性地提出了总体国家安全观，在一个有机整体中去审视人民群众的安全感。上海强调，要"深入贯彻总体国家安全观"④。十九届四中全会提出建设社会治理共同体，这有助于平安中国的建设，提升群众安全感。城市系统的软实力来自其社会系统的韧性。⑤这种坚韧而可亲体现在止损

① 林雪，张海波. 城市系统的软实力：地方政府韧性能力概念框架的构建［J］. 行政论坛，2020（5）：88.
② 郝书翠. 文化软实力"潜"与"显"的唯物史观解读［J］. 当代世界社会主义问题，2019（1）：79.
③ 李庚香. 树立文化自信，打造"文化软实力学"［J］. 河南社会科学，2017（1）：4.
④ 上海市国民经济和社会发展第十四个五年规划和二〇三五年远景目标纲要［N］. 解放日报，2021-01-30（11）.
⑤ 林雪，张海波. 城市系统的软实力：地方政府韧性能力概念框架的构建［J］. 行政论坛，2020（5）：88.

减失、救死扶伤、维稳处突、功能恢复上。

安而不能忘危，治而不能忘乱。城市软实力包括常态与非常态两个方面，通过加强城市应急管理中的软实力而提高城市非常态治理能力，提升城市安全感，日益重要。[①]世界上唯一不变的就是一切都在变化之中。统筹安全和发展体现了深刻的思辨性，以坚强战略定力应对外部风险挑战。随着大数据、云计算、人工智能等新兴科技成果不断涌现以及社会结构的改变，人们的认识活动也在发生一系列深刻复杂的变化。人工智能为人类认识世界引入新范式，增强科学发现能力。让城市安全韧性全面增强，从各方面观照市民群众的安全需求，这一城市社会形象的建立与维护都是必须持续进行的工作。必须坚持以人民为中心，坚持人民主体地位，在人民群众中获取化解风险的力量。

（二）实践信心传导

上海作为重要的口岸城市，要尊重城市发展的客观规律，自觉秉承居安思危、防患于未然的审慎考量，加强平安建设，让安全韧性全面增强，事关长远发展、事关人民福祉。更如上海强调的，要"共建安全韧性城市"[②]。2021年出台的《上海市城市更新条例》明确强调"提升城市韧性"[③]。

在世情、市情发生深刻变化的新形势下，我国城市正处于数字化的时代浪潮中。数字技术的发展带来了治理效率变革。没有和谐稳定的社会秩序，什么事都干不成。为此，要"用信息技术手段破解工作难题"[④]。上海市着力强化智慧公安规模应用、深度应用，深入推进立体化、信息化社会治安防控体系的建设，推进5G网络深度覆盖，加快构筑数字城市的安全防护体系。这有助于在守护平安的基础上办好一件件老百姓操心事，及时消除各种可能导致突发事件的隐患。

---

① 杨安华，江发明.应急软实力：城市软实力的新向度[J].南京社会科学，2022（9）：65.

② 上海市国民经济和社会发展第十四个五年规划和二〇三五年远景目标纲要[N].解放日报，2021-01-30（11）.

③ 上海市城市更新条例[N].解放日报，2021-08-29（5）.

④ 张国祚，兰卓.关于公安文化软实力的思考[J].湖南社会科学，2021（6）：126.

只有社会稳定，改革发展才能不断推进。这也是城市社会各项活动得以有序进行的前提之一。发展的机遇隐藏在层出不穷的挑战中。我们要强化辩证思维能力，始终保持战略定力，同时紧跟时代、与时俱进，开拓创新、锐意变革，尤其善于从人民的所想所盼中找到改革重点。

随着科技创新的深度应用，超大城市社会风险治理正从"情景—应对"管理转向"目标—预警"系统治理，其综合实践效果也愈来愈明显。正是这样一个由"简"到"钜"的努力历程，2022年夏，上海强化应急处置，倡导节能节约，全力确保居民生活用电不受影响，确保超大城市安全有序运行。

（三）实践优化设想

城市耦合系统有着典型的复杂性和不确定性等特征，直观地触发了韧性城市的建设需求。任何情况下，与市民群众同呼吸共命运的人民立场不能变。城市建设越是充满挑战，越需要知重负重。敏捷治理已经成为城市健康发展的必然趋势，是在客观规律指导下人的能动性的高度发挥。加快推进坚韧而可亲的城市建设成为客观要求。

与时俱进是实事求是精神的本质要求。上海要探究背后的形塑机理并深入推进坚韧而可亲的城市建设，维护城市安全运行、社会稳定，努力打造更高水平的平安上海。这是为了人民，也必须依靠人民。同心方能同力，同力方能致远。基层治理设若没有人民广泛参与，那是苍白无力的。为此，要提升全社会的安全意识和应急能力。要坚持关口前移，加强日常防范，加强安全公益宣传，健全公共安全社会心理干预体系，动员全社会的力量来维护公共安全。

在历史唯物主义看来，人民是历史的创造者。社会志愿服务能维护社会主义核心价值观、培育民族集体意识、聚集社会正能量、引导公民遵守社会公德、承担社会责任。当前和今后一段时间内，极富示范性的"大白""小蓝"等志愿服务活动是体现安全韧性城市建设理论与实践有机结合的新载体。这是危难时刻强大凝聚力的集中体现。这也是老百姓在日常生活中实际参与城市社会治理的可然样态。如上海强调的，"到2025年全市志愿者注册人数达到常住人口的20%"①。

数字技术赋能与技术赋权协同助力打通韧性城市建设"最后一公里"。而要真正使大数据在风险治理中发挥作用,特大城市需要贯通风险"监测—预防—应对"的全环节,形成结构化的大数据基础,构建一体化的全域性组织体系。②这需要我们在新的实践中继续探索和发展。要主动发现困难群众的实际困难、主动提供保障。

当然,信息数据已成为现代社会治理过程中的重要资源要素。为行稳致远,城市建设应当愈发重视对信息数据安全的要求与规范。这些问题是发展前进中的问题,靠继续发展前进来破解。2022年6月12日,《上海市数字经济发展"十四五"规划》要求,构建新型数字信任体系,培育事前预防、事中防护、事后补偿的全周期安全保险服务。

在全球视野下,"构建人类命运共同体的关键是实现'大禹改进',让来自其他行为体的有意安全威胁能力转变为防控共同的无意安全威胁的能力"③,为此,要全面提高城市抗风险能力。

三、让城市亲和力强起来,改善人民的民生需求

共享,意味着共同享有治理成果。人的全面发展乃马克思主义价值观之核心理念。人自身的发展是检验社会发展的根本尺度。社会发展最终是以人的全面发展为目标,成效至关重要。人民城市是满足人民美好生活需要的共享,城市社会软实力建设要深入落实以人民为中心的发展理念。显然,城市社会软实力特别是城市亲和力具有弥散性、渗透性与黏合性等特性,蕴含在市民群众日常社会生活的点点滴滴。基于城市亲和力建设的落脚点是美好生活,以人民忧乐为忧乐、以人民甘苦为甘苦,我们要致力于打造满足人民品质生活需求的服务体系。我们必须始终高度重视促进社会

① 上海市国民经济和社会发展第十四个五年规划和二○三五年远景目标纲要[N].解放日报,2021-01-30(11).

② 吴晓林,左翔羽.大数据驱动的特大城市风险治理有效吗?[J].行政论坛,2022(4):56.

③ 张宇燕,冯维江.新时代国家安全学论纲[J].中国社会科学,2021(7):157.

公正，服务最需要关心的人群，一件事情接着一件事情办，让生活在其中的人们有归属感和自豪感。必须坚持群众观点、站稳人民立场，发挥社会主义集中力量办大事的制度优势，让人民过上有"获得感、幸福感、安全感"的"好日子"。这就有着"提高公平性、高质量和可持续发展的具体要求"①。

（一）实践依据审思

社会文明是现代化国家的显著标志，具有与广大人民群众利益紧密联系的特征。群众的实际生活问题，是应当注意的问题。社会需要建立健全良好的平衡机制。特别是社会保障可谓安全网，与人民幸福安康息息相关。社会软实力已深度地渗透到人民群众生活的各个方面，是可以发挥柔性亲和作用的力量。人的生存与发展的需求是人与社会发展的动力。改善民生，解决人民群众的现实利益问题，是社会治理的重要前提与基础。全面发展成为社会发展的基本趋势。其关注度高，需求多样。社会主体处于不同的地位，有着不同的利益诉求。效率的提升离不开公平的推动。时代是思想之母，实践是理论之源。反映生活水平的很多概念在内涵上相互包容，党的十九大提出了以下七个方面的理论话语，既是既有经验的科学总结，又切实体现了发展要求，可谓形成了以"七有"为代表的新时代社会文明的客观表征。其在内容上具有全面性，在逻辑表述上具有严整性，是一个有机统一的目标体系。中国特色社会主义道路越走越宽广，城市发展的焦点也应该在居民生活质量的不断提高上。"我们的人民热爱生活，期盼有更好的教育、更稳定的工作、更满意的收入、更可靠的社会保障、更高水平的医疗卫生服务、更舒适的居住条件、更优美的环境，期盼孩子们能成长得更好、工作得更好、生活得更好"②，这实质上也是社会文明全面进步与人的全面发展的辩证统一。质言之，社会软实力"重视日常生活世界"③。具体说来，需要我们筑牢以下几个方面的城市社会软实力特别

① 关信平. 中国共产党百年社会政策的实践与经验[J]. 中国社会科学, 2022（2）: 117.
② 十八大以来重要文献选编（上）[M]. 北京: 中央文献出版社, 2014: 70.
③ 陈建洪. 做中国哲学与加减法[J]. 现代哲学, 2022（3）: 127.

是亲和力建设的基石。

第一，幼有所育。需求，是整个社会保障体系建立和运行的基石。一座对儿童友好的城市本质上也是宜居之城。城市未来社区发展图景表明，幼有所育，这是党和政府为群众办实事的重要民生工程，事关广大家庭和谐幸福。我们强化政府保基本职能，健全幼有所育的政策设计。我们还充分调动社会力量的积极性，多种形式开展托育服务，并切实在实践中去发展、去完善。

第二，学有所教。人口素质是城市软实力的关键资源。教育发展力是基石，是提升人口素质的奠基工程。教育兴则国兴，教育强则国强。教育软实力在现代化进程日益重要。[1]人民群众对教育的要求越来越高。加快教育现代化，为提高国民素质指明了方向。人民城市从价值属性上强调城市的人民性，以人民为中心发展教育是人民城市的根本追求之一。我们的人民热爱生活，期盼有更好的教育。新时代坚持以人民为中心发展教育。教育投入有助于夯实教育软实力的基础。[2]

第三，劳有所得。以人民为中心的发展思想为就业创业、劳有所得注入了新内涵。城市劳动力作为城市关键生产要素，会遵循"循环累积"效应。劳有所得在城市社会生活中扮演着至关重要的角色。让全体劳动者都有获得感，是城市共建共享的题中应有之义。在新时代让更多的人过上幸福生活，就业可谓最大的民心工程和根基工程。增收是消费需求层次提升的物质基础。持续优化居民收入分配将是解决发展不平衡、不充分的重要抓手。[3]要坚持以人民为中心的发展思想，在高质量发展中促进共同富裕，正确处理效率和公平的关系，构建初次分配、再分配、三次分配协调配套的基础性制度安排，加大税收、社保、转移支付等调节力度并提高精准性，扩大中等收入群体比重，增加低收入群体收入，合理调节高收入，取缔非法收入，形成中间大、两头小的橄榄型分配结构，促进社会公平正

---

① 吴春薇.现代教育文化软实力的探索与构建［J］.社会科学战线，2021（12）：239.

② 胡昳昀，刘宝存.国际比较视野下的中国教育软实力［J］.教育研究，2021（10）：93.

③ 龚六堂.缩小居民收入差距 扎实推进共同富裕［J］.国家现代化建设研究，2022（1）：65.

义，促进人的全面发展，使全体人民朝着共同富裕目标扎实迈进。

第四，病有所医。医疗是居民在家庭生活中最为关心的问题。[①]盖因健康是人民群众生存发展最基本的前提。重视健康是促进人的全面发展的必然要求，为此，要把人民健康放在优先发展的战略地位。社会保障是民生安全网、社会稳定器。完善的社会政策可以促进国民健康。新时代强化"全方位全生命期健康服务"体系。[②]2021年3月，国家层面强调长三角要优化"医疗卫生资源布局"[③]。

第五，老有所养。人是一种时间性的存在，必然有变老的时候。为了更好地营造一个适合老年人生活的环境，就城市软实力建设而言，我们要建设具有民族特色、时代特征的孝亲敬老文化，尤其要弘扬中华民族孝亲敬老传统美德。远方不远，未来已来，我们"将应对人口老龄化上升为国家战略"[④]。"老龄化"群体备受关注，老有所养作为幸福生活的重要指标得到关切。这也成了补齐新时代民生"短板"的内在要求。老年人接触网络的时间较短，技术能力无法达到标准，对于网络的使用会在主观上感觉受到了限制。[⑤]要增强为老服务的针对性，促进老年人积极地进行社会参与。[⑥]要加快建设老年认知障碍友好社区。

第六，住有所居。住房问题是关乎人民福祉、高品质社会生活的大问题，关系百姓的安居乐业，直接关系到美好生活的实现程度。要更好发挥社会主义市场经济体制的作用，实现全体人民共享发展成果，就需要相应

---

① 方颖, 白秀叶. 城市空间形态、公共服务空间均等化与居民满意度[J]. 经济学(季刊), 2022, (4): 1405.

② 庄琦. 始终把人民健康放在优先发展的战略地位——党的十八大以来健康中国行动的成就与经验[J]. 管理世界, 2022(7): 25.

③ 中华人民共和国国民经济和社会发展第十四个五年规划和2035年远景目标纲要[N]. 人民日报, 2021-03-13(10).

④ 关信平. 中国共产党百年社会政策的实践与经验[J]. 中国社会科学, 2022(2): 117.

⑤ 唐魁玉, 张旭. 网络美好生活主客观指标体系的初步建构——从可能性到现实性的考量[J]. 哈尔滨工业大学学报(社会科学版), 2022(1): 69.

⑥ 杨凡, 黄映娇, 王富百慧. 中国老年人的体育锻炼和社会参与: 健康促进与网络拓展[J]. 人口研究, 2021(3): 98.

的社会治理模式和治理体制与之相配合。比如，中国建成了世界上规模最大的社会保障和住房保障体系。[①]解决住有所居是一项需要始终牵挂在心的民生工程，要着力解决困难群体和新市民住房问题。

第七，弱有所扶。幸福是人际关系的和谐。中华大地有着体恤、同情弱者的文化根基。历史上如此，今天、未来依然如此。弱势群体的基础条件制约了其追求和创造美好生活的能力。但他们同样是繁华光鲜的魔都的有机组成。"弱有所扶"是新时代民生保障的新话语，是治国理政的重要体现。要传递正能量，带动更多身边人向上向善。无论前进路上还会遇到怎样的艰难险阻，我们坚持加强针对弱势群体的、托底性的最低生活保障，特别是更加注重加强其中的社会救助体系建设。要发挥好政府保基本、兜底线的作用。要推进慈善事业的创新发展，增加社会的内聚力与互动性。

（二）实践信心传导

人民性是马克思主义最可贵的品质。我们从国情出发选择现代化道路，解决了许多长期想解决而没有解决的难题，彰显社会发展连续性进步和阶段性飞跃的统一。城市美好生活涵盖对美好的社会生活的追求。社会民生是城市"元软实力"之一。"最后一公里"的服务与管理是市民利益关切所在。[②]城市亲和力强起来，其实质是市民生活"美好不美好"的问题。"三感"以民众为主体，强调的是民众的感受。其价值目标是促进人的自由全面发展。

高品质生活和良好的发展前景吸引了人群。上海强调着眼于满足人们对美好生活的多元多样多层次需求，在提供普惠均衡的基本公共服务基础上，大幅增加高质量和国际化的教育、医疗、养老、文旅、体育等优质资源和制度供给，推进15分钟生活圈建设，用优质公共服务满足市民群众、吸引八方英才。2021年，临港新片区国内人才引进同比增长216%。[③]

---

① 焦长权,董磊明.迈向共同富裕之路：社会建设与民生支出的崛起[J].中国社会科学,2022(6)：139.

② 孙柏瑛.新时代中国城市基层治理的价值基石与制度能力[J].教学与研究,2022(4)：35.

③ 谢卫群.上海临港加快扩大开放[N].人民日报,2022-08-19(10).

教育软实力建立在教育发展状况和未来潜力之上。[①]2021年上海新一轮教育综合改革全面启动，首次荣获联合国教科文组织学习型城市奖。个体的教育抉择是在变迁的社会制度结构中展开的。2022年8月17日，上海出台《关于支持中国（上海）自由贸易试验区临港新片区加快建设独立综合性节点滨海城市的若干政策措施》，强调聚焦各类人才"工作临港、居住临港、生活临港"的高品质多样化需求，加快完善城市基础设施，支持全市优质学校和师资向临港新片区布局。

社会软实力，是一种和谐力。社会和谐是中国特色社会主义的本质属性。2015年12月，上海市闵行区总工会"劳动关系和谐企业创建"入选2015年度中国政府创新优秀实践。近年来，全市层面持续推动和谐劳动关系创建活动，成效显著。截至2021年，"上海市和谐劳动关系达标企业"累计总数已超过1.1万家，使发展成果更多更公平地惠及人民。上海强调"着力让人民群众享有更多高质量的就业机会"[②]。2022年7月21日，《上海市人民代表大会常务委员会关于进一步做好当前促进就业工作的决定》指出，全社会应当共同维护公平就业环境。

民生是人民幸福之基、社会和谐之本。上海坚持把养老设施建设列在为民办实事项目中。2022年8月9日，上海批复同意《上海市养老服务设施布局专项规划（2022—2035年）》，强调坚持适度前瞻、底线管控，坚持优化布局、增存并举，建设老年友好城市。

"人民"体现在一个个鲜活的个体之中。为既有老旧住房加装电梯是提升市民品质生活的重要举措，尤其是方便"悬空老人"下楼的重要民心工程。2021年上海加装电梯一年就完成了比之前10年的3倍还多的量。人民享有更多、更直接、更实在的获得感。

如今，上海"15分钟社区生活圈"加快构建。每万人拥有家庭医生数、城市公园数量、社区生活服务圈、市民健康管理等指标，不仅达标

① 张伟，刘宝存. 全球竞争时代的教育软实力：内涵、挑战与因应［J］. 清华大学教育研究，2022（1）：88.
② 上海市人民政府办公厅关于印发《上海市就业和社会保障"十四五"规划》的通知［J］. 上海市人民政府公报，2021（17）：40.

了，甚至能够媲美发达国家和地区。①

在人民健康方面，指标之一为人口平均期望寿命，上海居民健康素养水平不断提升，市民平均预期寿命不断提高。上海正在全面推动全球著名体育城市建设，致力于以运动促进健康。上海还在全国率先开展健康生活新风尚推选，编印《上海市民健康风尚知识读本》，向全市800多万户常住居民家庭免费发放读本和公叉公勺，以"市民健康生活新风尚"为代表的社会公益活动已在申城遍地开花、蔚然成风。其有助于社会公众养成健康的生活方式和行为习惯。

（三）实践优化设想

社会发展是一条生生不息、波澜壮阔的长河。方向包括时代大势、民心所向。社会保障功能反映为其在运行过程中实现效率和公平，"目前正处于'从有到优'的关键时期"②。保障和改善民生没有终点站只有新起点。

改革创新是现代化的内生动力，作为超大城市、国际化大都市，上海在城市社会治理方面积累了大量经验，上海也是城市社会软实力建设的深入推动者。城市工作应坚持以提高人民的生活质量为核心。③《上海市城市更新条例》强调"构建多元融合的'十五分钟社区生活圈'"④。

从软实力话语来看，"社会治理创新"是行之有效的"中国之治"的有机组成部分。社会文明话语的落实是城市软实力发展话语建构的重要依托。城市社会是一个多要素所组成的严密有机整体，现代社会文明始终是市民群众的孜孜追求。"全面小康社会""善治社会""美好社会"等话语增强了市民群众对现代社会文明发展的认同。上海强调"保持各项社会

---

① 姜泓冰.人民城市，从最"实"处做起［N］.人民日报，2022-07-19（10）.

② 焦长权，董磊明.迈向共同富裕之路：社会建设与民生支出的崛起［J］.中国社会科学，2022（6）：140.

③ 王亚星，李哲，于水.中国共产党领导的城市工作：百年历程、演进特征及走向［J］.城市问题，2022（7）：40.

④ 上海市城市更新条例［N］.解放日报，2021-08-29（5）.

保险待遇水平位居全国前列"①。我们强调善治、在社会治理中贯彻法治逻辑，创新有效预防和化解社会矛盾体制，特别是注重社会民生的保障和改善，回答人民群众对"美好生活"需要的价值之问，这是社会现代化建设活力与创造力提升的要件所在。

在"推拉理论"看来，居民流动受迁出地"推力"与迁入地"拉力"合力驱动。社会软实力发展的根本在于以保障与改善居民民生为重点，发展各项社会事业，促进人的全面发展。为此，要协同打好民生发展系统补丁，全面提升居民生活品质。要聚焦医疗、教育、养老、文化旅游等领域，全方位打造数字生活服务体系，推进公共服务更加优质普惠。

第一，推进幼有善育。相关认识在逐步深化细化，发展路径愈益明晰。要优化养老托幼服务，促进居家社区机构养老服务相协调、医养康养相结合，建设儿童友好城市，完善家门口服务体系。

第二，推进学有优教。现代教育要主动适应经济社会发展与人民群众需要。②人民对美好生活的向往催生了新需求。上海明确了教育改革发展的优化方向和重点举措，将致力于切实办好人民满意的一流教育。其有利于激发人的潜能，有助于提高人的能力。随着教育事业又好又快地发展，劳动力素质将显著提高。

第三，推进劳有厚得。就业是居民收入增长的主要来源。上海将致力于"形成与上海城市定位相匹配、有利于激发干事创业活力的收入分配格局"③。上海还强调"'就业困难人员'认定后三个月内实现就业"④。无论伟大还是平凡，上海这座城市，着力建设人人参与、人人尽力、人人都有成就感的产业体系与就业机制，努力让梦想照进现实、照亮未来。要努

---

① 上海市人民政府办公厅关于印发《上海市就业和社会保障"十四五"规划》的通知 [J]. 上海市人民政府公报, 2021 (17): 40.

② 万美容, 刘志. 新时代中国特色社会主义教育事业发展的根本遵循 [J]. 中国高校社会科学, 2020 (5): 24.

③ 上海市国民经济和社会发展第十四个五年规划和二〇三五年远景目标纲要 [N]. 解放日报, 2021-01-30 (10).

④ 上海市人民政府办公厅关于印发《上海市就业和社会保障"十四五"规划》的通知 [J]. 上海市人民政府公报, 2021 (17): 42.

力创造让社会各阶层都有更好发展空间的条件，促进"每个个体都将充分彰显自己的创造性力量"[①]。

第四，推进病有良医。这牵动着千家万户的生活。上海在全国率先实现国家卫生区全覆盖、国家卫生镇基本全覆盖。在此基础上，面向现代化，上海要致力于加快建设数字医学创新中心，促进便捷就医。要培育一批具有国际竞争力的医疗服务品牌，将"病有良医"经验全球共享助力人类卫生健康共同体构建。

第五，推进老有颐养。"人口老龄化社会健康水平变化是社会经济发展面临的突出矛盾"[②]，要动员和凝聚全社会力量广泛参与老有颐养。要培养传承优良家风，孝亲敬老。上海将促进"老年人生活品质和生命质量持续提升"[③]。例如，上海致力于"打造长者运动健康之家"[④]。这契合人类文明进步的历史潮流与内在规律。

第六，推进住有宜居。上海将促进"市民住有所居、住有宜居"[⑤]。在谱写新时代城市让生活更美好的新篇章的过程中，一系列举措必将提升市民群众的宜居感。

第七，推进弱有众扶。"讲仁爱"对于当今社会友爱和谐有促进作用。提升城市软实力的一个重要措施就是建立对弱势群体的保护制度等。为此，城市温度要常留，对重点群体的关爱保障力度要加大。城市需用"善的友爱"形成人与人联系的纽带，形成弱有众扶的工作格局。

因此，上海增强全社会参与城市社会软实力建设思想基础，最重要的是要全面深入贯彻人民城市重要理念，把建设高品质生活作为根本着力

---

① 汪信砚, 刘冬冬. 马克思劳动概念的三重维度及其生存论意蕴[J]. 兰州大学学报（社会科学版），2022（1）：46.

② 王广州. 中国老年人口健康预期寿命研究[J]. 社会学研究, 2022（3）：161.

③ 上海市国民经济和社会发展第十四个五年规划和二〇三五年远景目标纲要[N]. 解放日报, 2021-01-30（10）.

④ 上海市人民政府办公厅关于印发《上海市体育发展"十四五"规划》的通知[J]. 上海市人民政府公报, 2021（20）：55.

⑤ 上海市国民经济和社会发展第十四个五年规划和二〇三五年远景目标纲要[N]. 解放日报, 2021-01-30（10）.

点，让孩子们茁壮成长，让年轻人成就梦想，让老年人乐享生命，让人们畅享健康生活，从而让城市亲和力强起来。要深入基层、深入群众、深入实际，不断改善市民的民生需求，不断满足市民对美好生活的向往，不断增强市民的获得感、幸福感和安全感。

由此，以梦想为岸、以团结作帆、以奋斗划桨，建设人人向往的幸福家园。

第八章　强化全社会广泛参与城市生态软实力建设思想基础的实践逻辑

　　生态良好是现代化的题中应有之义。强化全社会广泛参与城市生态软实力建设思想基础的实践逻辑，体现在这一逻辑是为推动解决我们面临的问题提出来的。"强化"主要是针对薄弱环节。城市是生命体、有机体，其生态软实力体现了可持续发展能力，与人民群众生产生活息息相关。"和谐共生的空间结构逻辑是中国道路的价值引领"①，为此，我们可以从着力提升人民的生产、生活、生态空间品质来系统思考。从中华文明来看，我们有内在的生存理念——道法自然、天人合一。从新时代中国来看，绿色发展"是衡量发展水平和质量的重要尺度"②。人民城市为人民，要造就最佳的生态环境来成就人民。上海明确提出"持续提升社会主义现代化国际大都市的生态文明软实力"③。基于"当今时代，人民群众对美好生活环境的向往、对环境权的维护、对公共生态产品的需求与生态资源环境的承载力、生态公共产品不足、生态环保形势严峻之间的矛盾日益凸显"④，城市软实力建设的生态维度，要做到有理念、有机制、有行动，要多做为后人做铺垫、打基础、利长远的好事。显然，生态"软实力

---

①　揭晓，王永贵. 中国道路的空间现代性价值和世界意义［J］. 学习与实践，2022（1）：16.

②　侯衍社. 新发展理念是21世纪马克思主义发展哲学的精髓［J］. 哲学研究，2022（7）：8.

③　上海市人民政府关于印发《崇明世界级生态岛发展规划纲要（2021—2035年）》的通知［J］. 上海市人民政府公报，2022（4）：14.

④　黄承梁，杨开忠，高世楫. 党的百年生态文明建设基本历程及其人民观［J］. 管理世界，2022（5）：13.

只有借助人文精神的内在张力才能生生不息"①。这里的生态软实力除吸引力之外，主要侧重万古长青、永葆美丽的生命力。这种生命力的彰显，旨在处理好城市中人与自然的关系，既注重提升人的生命质量，也注意提升可持续发展能力，具体在于着力提升人民的生产空间品质、生活空间品质、生态空间品质。换而言之，这种强大生命力源于合规律性、合目的性与合发展性的统一。②其在"实践中不断得到展示"③。因此，明晰强化全社会广泛参与城市生态软实力建设思想基础的实践逻辑，意义重大。

一、让"双碳"影响世界，着力提升人民的生产空间品质

基于系统思维，从"生产—生活—生态"复合系统视角研究，生产空间是根本动力，为生活空间和生态空间提供驱动，良好的生产空间有助于优化产业结构、推动发展，也决定着生活、生态空间的品质。各国要注重生态文明，因其关系到人类未来。许多人对此进行反思，努力探寻应对之道。指标作为衡量成效的一种工具，成为量化评估的手段。知名软实力评估机构斯科尔科沃-安永新兴市场研究所就将"二氧化碳排放情况"纳入重要指标。④让"双碳"影响世界，着力提升人民的生产空间品质，这是问题导向与目标导向的有机统一。有序推进"双碳"工作是近期引起社会广泛关注的亮点，其向世人展示了中国特色社会主义事业之新景象。

（一）实践依据审思

我们需要坚持胸怀天下，"从天下去理解世界，就是以整个世界作为思考单位去分析问题"⑤。当下世界积聚了越来越多需要各国共同应对的议题。生态环境问题是最为典型的世界性问题，也是现代化建设不可回避

---

① 张国祚.中国文化软实力建设必须回答的几个重要问题[J].科学社会主义,2015(5)：9.

② 骆郁廷,任光辉.论马克思主义强大生命力的源泉[J].南昌大学学报（人文社会科学版）,2022(2)：24.

③ 韩喜平,杨艳坪.马克思主义强大生命力的新展示[J].新长征,2022(9)：22.

④ 时宏远.印度软实力评估：比较的视角[J].印度洋经济体研究,2019(4)：4.

⑤ 赵汀阳.天下观与新天下体系[J].中央社会主义学院学报,2019(2)：71.

的重点问题。

中国式现代化是人与自然和谐共生的现代化。人因自然而生，人与自然共生。实现环境保护的认知与行动相统一，倡导低碳生活方式和新时尚是新时代的基本要求。实现碳达峰、碳中和，必须统一思想和认识，扎扎实实地把党中央决策部署落到实处。

当下发展的内在条件与外部环境均已发生深刻变化。产业结构是决定碳排放的核心因素。[①]生态产业有着低消耗、循环化与清洁化的可持续性特性，有助于为人民创造良好的生产生活环境。2020年《新时代的中国能源发展》白皮书展示了新成就。[②]截至2020年底，1327个城市提出了可再生能源政策。[③]然而，非化石电力尤其是风光电力需大规模发展。[④]把生态效益等指标和实绩作为高质量发展的重要内容，这是推进"双碳"工作的必然要求。

显然，和谐协调是生态文明价值观的本质特征。人类命运共同体理念汲取了中华优秀传统文化中求大同、尚和合、和谐相处、和衷共济等养分，顺应世界发展大势，反映人民心声。在人类命运共同体理念的引领下，我国始终高度重视应对气候变化工作，特别是"森林碳汇，为全球碳达峰碳中和树立了榜样"[⑤]。为此，要充分展示新时代中国生态文明发展的价值追求与独特魅力，拓展我国参与并引领全球生态文明开放合作的新境界。

（二）实践信心传导

人类是一个整体，地球是一个家园。中国已不可逆转地成为"世界历史"的一部分。[⑥]我们要努力推动建设一个山清水秀、清洁美丽的世界。

---

① 曲越，等.碳达峰碳中和的区域协调：实证与路径[J].财经科学，2022（1）：55.

② 刘华军，等.新时代的中国能源革命：历程、成就与展望[J].管理世界，2022（7）：7.

③ 周冯琦，尚勇敏.碳中和目标下中国城市绿色转型的内涵特征与实现路径[J].社会科学，2022（1）：54.

④ 张希良，等.碳中和目标下的能源经济转型路径与政策研究[J].管理世界，2022（1）：43.

⑤ 黄承梁，杨开忠，高世楫.党的百年生态文明建设基本历程及其人民观[J].管理世界，2022（5）：15.

⑥ 贺来.马克思哲学的"类"概念与"人类命运共同体"[J].哲学研究，2016（8）：3.

1.注重处理好发展和减排的关系

一切理论与实践都要紧紧围绕发展这个要务，同时要切实从一切不合时宜的路径依赖中解放出来。温室气体的排放总量显然不能无限增长。亟须澄清模糊认识、克服不良倾向，不断增强工作的预见性、科学性、主动性。我们的能源生产与消费模式正在发生重大转变。在减少碳排放这样的问题上不要犹豫不决、左顾右盼。在"双碳"的大背景下，2022年上海港成为全球第三个拥有LNG加注服务能力之港。

2.注重处理好整体和局部的关系

整体性属性是系统的、比较基本的属性。要强化大局意识，从整体出发透视局部。2000—2020年，全国298个城市的城际低碳技术转移量占总低碳技术转移量的52.3%，高度集中在北京、深圳、上海等城市。[①]2021年，上海制定碳达峰碳中和实施意见、碳达峰实施方案，全国碳排放权交易市场在沪上线运行。万物各得其和以生，各得其养以成。上海宝山区正在打造绿色低碳转型样板区。

3.注重处理好长远目标和短期目标的关系

从碳达峰到碳中和，中国预计需要30年的时间，相比欧盟1980年达峰、2050年前碳中和，美国2005年达峰、2050年前碳中和，中国的碳中和目标已经非常积极。[②]因为，"中国从碳达峰迈向碳中和的实现周期仅为30年，相较于发达国家缩短了近一半"[③]，唯其艰难，才更显勇毅。上海提出到2060年实现碳中和目标。"双碳"工作将循序渐进、持续发力。

4.注重处理好政府和市场的关系

因为存在市场失灵，能源经济的深刻转型不能自动实现，需要政策的推动。[④]我们推动有效市场和有为政府更好结合，有能力、有信心应对各种风险挑战，向着既定目标前进。在上海，全国碳排放权交易系统上线运

---

① 周冯琦, 尚勇敏. 碳中和目标下中国城市绿色转型的内涵特征与实现路径[J]. 社会科学, 2022
   (1): 58.

② 张希良, 等. 碳中和目标下的能源经济转型路径与政策研究[J]. 管理世界, 2022(1): 40.

③ 林伯强. 碳中和进程中的中国经济高质量增长[J]. 经济研究, 2022(1): 56.

④ 张希良, 等. 碳中和目标下的能源经济转型路径与政策研究[J]. 管理世界, 2022(1): 42.

行，交易市场促进企业减排和加快绿色低碳转型的作用初步显现。

（三）实践优化设想

当下，内外因素比历史上任何时候都要复杂，我们要把人民对美好生活的向往作为奋斗目标，积极践行低碳城市理念。

1.加强统筹协调

以系统化的政策标准、政策体系为支撑，也离不开强大的组织动员能力。要坚持历史逻辑与时代逻辑相融合，提升相关举措的针对性与可操作性。流域生态环境保护存在外溢性。以上海为代表的高新技术主导型省市，是"双碳"目标实施过程中的先导和主体，需要在强大的经济基础和技术基础上，率先实现碳捕捉、碳固和碳汇等领域的技术突破，指引"双碳"方向和趋势。[①]崇明岛"先行探索'碳中和'路径"[②]，意味着要有知难而进、勇于担当的责任意识。上海强调，"保护和统筹全域生态自然要素"[③]，将更加广泛地受到国际社会的关注。

2.推动能源革命

人生活在现在，思想又使人构想未来。能源是人类文明进步的基础和动力。然而，全球气候变化客观存在，任何一个国家都不可能置身事外。为应对全球气候和环境变迁的严峻挑战，能源革命带有技术的核心性、发展的进步性、影响的溢出性特征，这为当代中国社会普遍认同。业内"一般将碳中和简单理解为能源结构调整"[④]，为此，要推进先进储能技术规模化应用，"重视从全要素角度改善能源效率"[⑤]。瞄准"双碳"，上海将加速驶上"氢赛道"，建设具有国际话语权的能源要素市场。

---

① 曲越, 等. 碳达峰碳中和的区域协调：实证与路径 [J]. 财经科学, 2022 (1)：69.

② 上海市人民政府关于印发《崇明世界级生态岛发展规划纲要（2021—2035年）》的通知 [J]. 上海市人民政府公报, 2022 (4)：14.

③ 上海市人民政府办公厅关于印发《上海市生态空间建设和市容环境优化"十四五"规划》的通知 [J]. 上海市人民政府公报, 2021 (18)：143.

④ 林伯强. 碳中和进程中的中国经济高质量增长 [J]. 经济研究, 2022 (1)：56.

⑤ 刘华军, 等. 新时代的中国能源革命：历程、成就与展望 [J]. 管理世界, 2022 (7)：21.

3.推进产业优化升级

高新技术和服务业主导的产业结构碳排放较低。[①]我们面临转型升级、跨越发展的历史机遇，要攻克技术"堡垒"，让企业重塑发展优势。基于"生态价值"的自觉，节约资源是推动高质量发展的一项重大任务。这是顺应世界大势和时代潮流的必然要求。以新基建、数字经济和低碳经济核心产业为目标的制造业强化措施会对中国制造业比重有稳定作用。[②]要落实2022年6月24日出台的《上海市瞄准新赛道促进绿色低碳产业发展行动方案（2022—2025年）》、2022年7月8日出台的《上海市碳达峰实施方案》，加快传统产业绿色低碳改造，打造循环型产业体系，建立绿色制造和绿色供应链体系。让它们有效运转起来，是一个重要的课题。

4.加快绿色低碳科技革命

新技术革命后发优势形成弯道超车。《上海市城市更新条例》强调"绿色低碳"[③]，需要多方面协同发力、全社会长期努力。在大自然的光学频谱中，绿色是调和色。抓住科技创新就抓住了发展的牛鼻子。科技创新是推动生产方式变革的有力杠杆。绿色科技创新有利于推动实现可持续发展的目的，"也是走向碳中和的终极解决方案"[④]。必须明确目标任务，找到科学方向与路径，运用科学数据进行佐证是关键的环节。当下，环保工程也呈现出更趋复杂性与智能性等新的特点。历史从不等待一切犹豫者、观望者、懈怠者。要加快建设一批绿色低碳领域未来技术学院，推动低碳成为上海生态之城的鲜明标识，努力创造让世界刮目相看的新的更大奇迹。

① 曲越,等.碳达峰碳中和的区域协调:实证与路径[J].财经科学,2022(1):59.

② 黄群慧,杨虎涛.中国制造业比重"内外差"现象及其"去工业化"涵义[J].中国工业经济,2022（3）:20.

③ 上海市城市更新条例[N].解放日报,2021-08-29(5).

④ 王星.低碳城市试点如何影响城市绿色技术创新?——基于政府干预和公众参与的协同作用视角[J].兰州大学学报(社会科学版),2022(4):41.

二、一枝一叶总关情，着力提升人民的生活空间品质

幸福，是人类孜孜以求的理想生活状态。特别是"生态环境是人民群众生活的基本条件"[①]，生活空间是重要保障，"三生空间"（"三生空间"是对生产、生活、生态空间的总称）协调优化的最终目标是提升城镇化人群的幸福感，而这一目标的实现主要体现在生活空间中基本生态公共服务供给。一枝一叶总关情，着力提升人民的生活空间品质，这份情温暖这座大都市、温暖你我他，更是一起携手勇毅前行的强劲力量。

（一）实践依据审思

绿色发展带来环境友好。其指明了方向、提供了根本遵循。绿色发展等这些基本理念及一系列相关制度安排，用智慧和汗水书写城市发展史上的精彩篇章。民之所好好之，民之所恶恶之。环境就是民生，蓝天也是幸福。发展经济是为了民生，保护生态环境同样也是为了民生。既要创造更多的物质财富和精神财富以满足人民日益增长的美好生活需要，也要提供更多优质生态产品以满足人民日益增长的优美生态环境需要。

与时俱进是马克思主义的理论品格。绿色发展是生态文明价值观培育的本质理念，是走向生态文明新时代的精神旗帜，引发了人们对传统发展模式的深刻反思。城市软实力建设就要坚持遵循规律与问题导向相统一，充分展现中国绿色发展范式的长处、美处与精华之处。绿色发展是经济高质量发展的重要内容。绿色发展方式和生活方式，科学预见形势发展的未来走势，保障发展的可持续性。2021年3月，国家层面强调"高水平建设长三角生态绿色一体化发展示范区"[②]，展现出前所未有的光明前景。

生态是我们的宝贵资源和财富。破解发展难题，需要哲学智慧。"两山"理论以"绿水青山就是金山银山"为核心内容，做好生态环境保护工

[①]　黄承梁，杨开忠，高世楫. 党的百年生态文明建设基本历程及其人民观［J］. 管理世界，2022（5）：13.

[②]　中华人民共和国国民经济和社会发展第十四个五年规划和2035年远景目标纲要［N］. 人民日报，2021-03-13（10）.

作育成了中国智慧的重要体现。人民将享有更加幸福安康的生活。

城市生态软实力建设要"统筹生产、生活、生态三大布局"①，具有丰富而深刻的思想内涵，科学回答了新形势下如何实现绿色发展布局。为此，要以"生活方式绿色革命，倒逼生产方式绿色转型"②。这是指引人民创造美好生活的必由之路。"垃圾分类、厕所革命和治理背街小巷，都是从人民的共同利益出发"③。上海明确提出"生态保护、绿色发展、民生改善相统一"④。其在深度契合人民群众的日常生活的作用明显上升、地位愈发举足轻重。

城市软实力建设要"推进城市绿色发展"⑤，具有广阔的优化空间与发展潜力。《上海市城市更新条例》强调"按照规定进行绿色建筑建设和既有建筑绿色改造"⑥。上海还强调，"倡导绿色消费模式和绿色生活方式"⑦。

政策工具，也称为治理工具或政府工具。底线，就是不能超出的界限。经济社会发展绝不能突破生态底线。打好污染防治攻坚战可谓一场大仗、硬仗与苦仗，要开展一系列根本性、预见性、长远性工作。如上海强调的，要"使绿色低碳生产生活方式更加深入人心"⑧。要做到未雨绸缪、防患于未然，最大限度地凝聚思想共识、弘扬社会正气。

走向生态文明新时代，制度建设是关键。人类社会发生了巨大而深刻的变化，生态文明建设关系人民福祉。特别是"生态环境保护的好，全体

① 中央城市工作会议在北京举行[N].人民日报，2015-12-23(1).
② 张辉，徐越.坚持和加强党的领导 推动生态文明建设取得历史性转折性全局性变化[J].管理世界，2022(8)：9.
③ 李培林.中国式现代化和新发展社会学[J].中国社会科学，2021(12)：20.
④ 上海市人民政府关于印发《崇明世界级生态岛发展规划纲要（2021-2035年）》的通知[J].上海市人民政府公报，2022(4)：14.
⑤ 中央城市工作会议在北京举行[N].人民日报，2015-12-23(1).
⑥ 上海市城市更新条例[N].解放日报，2021-08-29(5).
⑦ 上海市南京路步行街区管理办法[J].上海市人民政府公报，2022(4)：5.
⑧ 上海市国民经济和社会发展第十四个五年规划和二〇三五年远景目标纲要[N].解放日报，2021-01-30(9).

公民就受益"①。2021年3月，国家层面强调长三角"推进生态环境共保联治"②。

（二）实践信心传导

"生活主要是指人为了生存而必须满足一定的需要"③，提升人民的生活空间品质，这一议题日益受到重视。要坚持生态惠民、生态利民、生态为民，重点解决损害群众健康的突出环境问题，加快改善生态环境质量，提供更多优质生态产品，努力实现社会公平正义，不断满足人民日益增长的优美生态环境需要。上海强调大力培育全社会绿色生活方式，以具体行动促进城市生态软实力提升。

比如，建立长三角生态绿色一体化发展示范区跨区域河湖联合河（湖）长制，签订《加强长三角生态绿色一体化发展示范区饮用水水源地生态环境保护联防联控工作备忘录》。

又如，滨水区转变为联结城市两翼的中心轴线。江岸的贯通工程是大量时间和精力不断推进的成果。改善生态环境就是发展生产力。世博会园区很多的老工业厂房、船坞、工业生产的轨道和仪器都被尽量地保留，在今天成了创意产业的集聚区。其出发点是满足人民群众对绿色环境及人与自然和谐空间的需求。

再如，从"工业锈带"到"生活秀带"的历史巨变。公共活动空间是居民社会交往的重要载体。黄浦江45公里、苏州河42公里岸线实现贯通开放。城市形象和市民满意度大幅提升。杨浦滨江岸线总长约15.5公里，其中，5.5公里的南段滨江集中了大中型企业百余家，见证了上海百年工业的发展历程。如今，"工业锈带"变成了"生活秀带"，其集商业、休闲、旅游、文化、会展、博览等多种城市功能于一体，让滨江成为"以人的使

---

① 黄承梁, 杨开忠, 高世楫. 党的百年生态文明建设基本历程及其人民观[J]. 管理世界, 2022（5）: 13.

② 中华人民共和国国民经济和社会发展第十四个五年规划和2035年远景目标纲要[N]. 人民日报, 2021-03-13（10）.

③ 杜玉华. 创造高品质生活的理论意涵、现实依据及行动路径[J]. 马克思主义理论学科研究, 2021（6）: 99.

用为核心"的城市公共空间。这体现了对群众生态幸福感的关切,其践行了人民城市重要理念,突出了"人民"与"城市"同构共生。

此外,上海污染防治攻坚战成效考核排名全国第一。这是一场关系全局、关系长远的攻坚战。生活垃圾处理能力等方面反映绿色发展水平。上海强调创建生活垃圾分类示范街区,构建生活垃圾分类常态长效机制。2021年上海完成350公里河道整治,建成老港湿垃圾二期等末端处置设施,实现了原生生活垃圾零填埋,污染防治攻坚战成效考核排名全国第一。这也是对市民改善环境质量期盼的呼应。

(三)实践优化设想

生态文明点亮美丽城市。生态环境保护始终是"国之大者"[①]。城市生态软实力建设的广泛推进,需借助一系列有效的载体和形式。建议在以市花白玉兰具象化提升上海城市软实力的时候,可以将之作为"生态之城"的标识。显然,作为"一项重要的'民心'工作"[②],还可以从以下方面着力,以"绣花功夫"提升城市的品质和"颜值",共建人和自然和谐的美丽家园。

1.办好"黄浦江节"

公共领域形成后的根本性功能是生成公共价值。生态产品具有显著的公共产品性质。优质生态产品供给是建设生态文明之重要内容。其并非少数人的福利,而是全民共同享有。上海强调"黄浦江沿岸打造成为彰显上海城市核心竞争力的黄金水岸"[③]。更如上海强调的,要"建设浦江旅游品牌"[④]。上海市人大代表和市政协委员曾在2021年上海市"两会"上建请有关政府部门重视办"黄浦江节"。课题组认为,这是上海建设美丽城

---

① 刘秀凤. 高瞻远瞩 擘画蓝图 引领美丽中国建设——以习近平同志为核心的党中央全面加强对生态文明建设和生态环境保护的领导综述 [N]. 中国环境报, 2021-11-9(1).

② 黄承梁. 中国共产党百年生态文明建设的历史逻辑和理论品格 [J]. 哲学研究, 2022(4): 20.

③ 上海市人民政府关于印发《上海市"一江一河"发展"十四五"规划》的通知 [J]. 上海市人民政府公报, 2021(20): 4.

④ 上海市国民经济和社会发展第十四个五年规划和二〇三五年远景目标纲要 [N]. 解放日报, 2021-01-30(8).

市、生态之城，使生态文明建设主体具有自觉的生态意识的重要创新性举措，应当面向社会做好调查研究工作，争取最广泛的认同，形成共识，通过一定的活动内容和形式造福市民群众。

2.深入打好污染防治攻坚战

保护生态环境就是保护人民的生态利益，为此，要"提高底线思维能力，筑牢生态保护底线"[①]。深入打好污染防治攻坚战，打的是一场场硬仗，决不能有打好一仗就一劳永逸的想法。只有内心认同才能自觉践行。显然，我们应以新发展理念为引领，要"增强人民群众对绿色空间和整洁环境的获得感"[②]。强化问题导向才能推动新的伟大斗争。污染防治好比是分子，生态保护好比是分母，要对分子做好减法降低污染物排放量，对分母做好加法扩大环境容量，协同发力。

深入打好污染防治攻坚战，这种力量如同光，可以照亮前程。要加强流动源污染防治，持续推进工业挥发性有机物综合治理，巩固提升生活垃圾分类成效。智慧城市建设有助于推动城市环境治理。[③]要重视科技力量，扎扎实实深入打好城市污染防治攻坚战，确保人民群众身心健康和全面发展。

3.把人的感受度作为最根本的衡量标尺，演绎"锦绣江南"画卷

人与自然是不可分割的统一整体。软实力具有评价上的主观性但同时具有可感性。软实力是无形的、难以量化的，但外在形象构成软实力的"外显"。要全面推进重点领域绿色生活创建活动，把宜居、宜业、宜学、宜游的城市环境建设摆在显要位置，把最好的资源留给人民，全方位营造舒适生活、极致服务和品质体验，打造更加和谐宜居的生态之城，以更好、更全面地实现人民幸福。这些关键价值信息的清晰呈现当被纳入评估。要聚焦功能品质提升，完善"一江一河"沿岸公共设施配套。

---

① 董振华, 谷耀宝.《自然辩证法》中的生态文明思想及其新时代意蕴[J]. 马克思主义哲学, 2022
　　(2)：72.

② 上海市人民政府办公厅关于印发《上海市生态空间建设和市容环境优化"十四五"规划》的通知
　　[J]. 上海市人民政府公报, 2021(18)：143.

③ 时和兴, 等. 提升新时代城市环境治理能力[J]. 行政管理改革, 2018(5)：46.

幸福是合理需要的满足。上海强调"让广大市民感受到市容市貌常新"①。统筹城市有机更新和历史风貌保护，坚持留改拆并举，加快推进旧区改造、城中村改造、城市更新。《上海市城市更新条例》强调"对城市更新项目实行全生命周期管理"②。诚如上海强调的，要"把新城建设摆在突出位置"③。新城在区域功能网络中的作用日益凸显。要按照最生态的要求，把"五个新城"建设成为诗意栖居之地。在世界级生态岛的发展上，上海强调"共享幸福美好高品质生活"④。

总之，上海强调，"人民对优美生态环境和高品质生活的向往给发展赋予了新动力"⑤。

三、让人民城市绚丽多姿，着力提升人民的生态空间品质

中国梦是具有高度生态文明的美丽中国梦。习近平生态文明思想指引城市发展范式。⑥生态空间是关键支撑，生态环境为城市建设提供一定程度的资源环境承载容量，同时，生态空间的质量也受到其他空间活动的直接影响。毫无疑问，生态环境是提高城市软实力的重要资源。国际社会对于可持续发展的呼声更加强烈。中国强调实现人与自然和谐共生、协调发展，走出了一条适合国情的生态文明建设路子。我们通过美丽中国建设，结合地域特色与民族文化打造生态文化品牌，实现望得见山，看得见水，

① 上海市人民政府办公厅关于印发《上海市城市管理精细化"十四五"规划》的通知[J].上海市人民政府公报，2021（20）：43.

② 上海市城市更新条例[N].解放日报，2021-08-29（5）.

③ 上海市国民经济和社会发展第十四个五年规划和二〇三五年远景目标纲要[N].解放日报，2021-01-30（5）.

④ 上海市人民政府关于印发《崇明世界级生态岛发展规划纲要（2021-2035年）》的通知[J].上海市人民政府公报，2022（4）：20.

⑤ 上海市人民政府办公厅关于印发《上海市生态空间建设和市容环境优化"十四五"规划》的通知[J].上海市人民政府公报，2021（18）：143.

⑥ 廖茂林，等.习近平生态文明思想对公园城市建设的指导价值[J].中国人口·资源与环境，2021（12）：144.

记得住乡愁。上海强调，"积极打造人民满意的美丽上海"①。要着力呈现从"绿色+"到"+绿色"的外延拓展，塑造打动人心的"城市表情"。人本身是自然界的产物。新时代生态文明发展话语的建构，十分重视"人与自然"的关系，深刻揭示了生态文明建设的特点与规律。人民生态城市日益成为具有重要魅力的生活美学、生态美学的实践场所。上海强调"为市民提供更多的公共休闲、生态绿色空间"②，不断输出满足人民群众需求的优质生态产品。我们看到了一幅幅人与自然和谐共生的"水墨山水画"。这样的特征特别有利于生态文化话语的具身表达。

（一）实践依据审思

人类奋斗的一个重要目标即生活在青山绿水中，生态文明建设已经成为历史的必然、时代的应然。

若人与自然的关系处理不好，会导致文明衰退。要提高群众的生态空间意识，提倡从我做起，让人民城市绚丽多姿。生态空间是能够生产生态产品或提供生态服务，且具有一定自我调节、修复、维持和发展能力，并具有水源涵养、土壤保持、防风固沙、生物多样性、洪水调蓄、产品提供或人居保障等功能，在保障生态安全及维护生态系统可持续发展等方面有一定推动作用的国土空间。人是自然界的一部分，人是自然界的产物，若"天地人三者失去平衡，最终将损害人类自身"③。

"天人合一"等生态文化为着力提升人民的生态空间品质提供了支撑。中华文明是具有五千多年历史的古老文明。优秀传统生态文化可谓极具"中国特色"的文化因子，它是深厚又持久的群体记忆。"天人合一"具有可实践性，表明人与自然环境是相融相通的。这种文化植根于中国特色社会主义伟大实践的沃土，具有强大的生命力，不断创造出中国

---

① 上海市人民政府办公厅关于印发《上海市生态空间建设和市容环境优化"十四五"规划》的通知[J].上海市人民政府公报，2021(18)：144.

② 上海市人民政府关于印发《上海市"一江一河"发展"十四五"规划》的通知[J].上海市人民政府公报，2021(20)：4.

③ 黄承梁.中国共产党百年生态文明建设的历史逻辑和理论品格[J].哲学研究，2022(4)：21.

奇迹。①例如"中国塞罕坝林场、库布齐沙漠的神奇转变，为全球生态治理带来希望"②。曾经，塞罕坝是"黄沙遮天日，飞鸟无栖树"的荒漠沙地；如今，这里建成了世界最大的百万亩人工林海，成为守卫京津的重要生态屏障。塞罕坝的务林人奋斗不息，成就了绿色梦想，创造了人间奇迹，向世界贡献了中国智慧。这里不仅成了中国"生态文明建设范例"，林场建设者还被联合国环境规划署授予"地球卫士奖"。

（二）实践信心传导

不审天下之势，难应天下之务。为此，要"回应人民群众对城市优美生态环境的期盼"③。生态文明是人民群众共同参与、共同建设、共同享有的事业，要把建设美丽中国转化为全体人民的自觉行动。每个人都是生态环境的保护者、建设者、受益者，没有哪个人是旁观者、局外人。

1.绿色低碳循环发展进行时

绿色发展是实现高质量发展的必要条件，蕴含着对人民根本利益的深切关怀。只有"留得青山在"，才能"不怕没柴烧"。清洁美丽世界的主张赢得国际社会热烈反响。④城市软实力建设就是要"按照绿色循环低碳的理念进行规划建设"⑤。上海徐汇区凌云绿主妇环境保护指导中心案例"上海社区垃圾分类减量项目"荣获生态环境部、中央文明办开展的"美丽中国，我是行动者"2019年"十佳公众参与案例"等一系列荣誉。⑥

2.促进经济社会发展全面绿色转型

良好生态环境是最普惠的民生福祉。上海杨浦滨江居民幸福度高达

① 张国祚.提高中国文化国际影响力[J].红旗文稿，2018（10）：27.

② 黄承梁，杨开忠，高世楫.党的百年生态文明建设基本历程及其人民观[J].管理世界，2022（5）：15.

③ 上海市国民经济和社会发展第十四个五年规划和二〇三五年远景目标纲要[N].解放日报，2021-01-30（9）.

④ 张国祚.提高中国文化国际影响力[J].红旗文稿，2018（10）：27.

⑤ 中央城市工作会议在北京举行[N].人民日报，2015-12-23（1）.

⑥ 徐选国，吴佳峻，杨威威.有组织的合作行动何以可能?——上海梅村党建激活社区治理实践的案例研究[J].公共行政评论，2021（1）：30.

98%，对生活"秀带"的满意度高达96%。①崇明世界级生态岛建设扎实推进，具有很强的战略性、前瞻性与针对性。上海"临港新片区试点被联合国南南合作办公室发布的可持续城市发展专题报告作为典型案例推介"②。2021年上海市全面推行林长制，世博文化公园北区开园，免费或延长开放公园增加42个；成功举办第十届中国花卉博览会；打造"一江一河"高品质"生活秀带"。

建设"无废城市"，是促进城市经济社会发展全面绿色转型的又一重要探索，需要人人参与。2022年4月24日，静安区、长宁区、宝山区、嘉定区、松江区、青浦区、奉贤区、崇明区、中国（上海）自由贸易试验区临港新片区入选生态环境部"十四五"时期"无废城市"建设名单。2022年8月，《长宁区"无废城市"建设实施方案（征求意见稿）》已经编制完成。

3.陆海统筹——指引生态文明建设的科学方法论

生态是统一的自然系统，是相互依存、紧密联系的有机链条。"陆海统筹"意味着用系统论的思想方法分析和解决问题，必须立基固本、久久为功。2021年3月，国家层面强调"打造可持续海洋生态环境"③。上海正在推进海洋生态保护修复。诚如上海强调的，"东海近海海域，抓好生态保护红线"④。上海临港滨海海洋生态保护修复项目于2022年7月16日开工。其被列为《全国重要生态系统保护和修复重大工程总体规划（2021—2035年）》重点项目。其将修复形成一条高品质亲海岸线，为上海南汇新城"湖海相融，开放共享"的空间增添更多海洋特色。

如今，"陆海统筹"不仅仅成为上海生态文明建设上的辩证法，而且

① 杜欢政，聂雨晴，陆莎.打造"共建共治共享"共同体，构建人民城市环境治理新格局[EB/OL].
上观新闻: https://www.jfdaily.com/news/detail?id=443684

② 上海市人民政府办公厅关于印发《上海市城市管理精细化"十四五"规划》的通知[J].上海市人民政府公报，2021（20）：42.

③ 中华人民共和国国民经济和社会发展第十四个五年规划和2035年远景目标纲要[N].人民日报，2021-03-13（10）.

④ 上海市人民政府办公厅关于印发《上海市自然资源利用和保护"十四五"规划》的通知[J].上海市人民政府公报，2021（20）：66.

成为上海"五个新城"建设的科学方法论和未来发展路径取向。不同地区的现代化建设路径应因地制宜。例如,奉贤新城特色定位为数字江海,加快建设面向未来的数字底座,提升新城数字孪生新能力,全新构筑跨界融合创新的产业空间、温馨友好的生活空间、便捷高效的公共空间,着力打造"赋能之海+释能之江+场景之岛"数字化转型生态系统。

(三)实践优化设想

我们懂得事业越宏伟,使命就越艰巨。环境文化是环境保护最内在的力量。这在传播框架层面不仅要呈现出愿景式传播的设计,更要展现人的"内心与外物契合的审美能动性"①。应当说,"是人民美丽城市"的观念与"做人民美丽城市"的实践之间要构成一种双向建构、持续联动的关系,要"将美感倾注于传播过程的始终"②。"是人民美丽城市"的理念认知要持续推进"做人民美丽城市"的实践;"做人民美丽城市"的实践经验,利益和价值的获得,要深入形塑"是人民美丽城市"的身份认同。这些都必须紧紧依靠人民群众来实现。更如上海强调的,要"从政府管理为主转向各方主体多元治理"③。

1."是人民美丽城市"体现的是一种观念

良好生态环境是最普惠的民生福祉。新型城镇化实现发展与保护内在统一、相互促进,是意味着人与自然共生共荣的生态文明优化。"是人民美丽城市"体现的是一种观念,也反映人民群众的理想愿望和审美要求。面向未来,上海将着力提升绿化、彩化、珍贵化、效益化水平,使市民在城市有机体中感受到城市的功能自洽,自觉成为良好生态环境的守护者。上海市将围绕提升生态空间品质,深入实施崇明世界级生态岛新一轮发展规划纲要,持续放大花博会后续利用效应,不断推进公园城市建设,新增森林绿地绿道,加快建设开放共享、多彩可及的生态空间。要让寄托理想

---

① 吴恒,何文俊.因何而美:旅游审美体验的溯源与机制[J].旅游学刊,2022(1):100.

② 夏德元,薛雅丹.艺术化转向:中国文化国际传播的"破圈"之道——文化软实力视域下国际传播的观念变革、内容甄选与话语转换[J].当代传播,2022(3):12.

③ 上海市国民经济和社会发展第十四个五年规划和二〇三五年远景目标纲要[N].解放日报,2021-01-30(9).

信念的美景始终在心中闪亮。

2."做人民美丽城市"折射的是一种实践及其经验

城市软实力建设是对"做人民美丽城市"诉求进行恰如其分的反映，是一个认知和再造城市的过程。"做人民美丽城市"折射的是一种实践及其经验，与人民的幸福追求、发展信心融为一体，不断向社会注入活力和精神动力。环境治理是系统工程，需要综合运用行政、市场、法治、科技等多种手段。上海"'美丽家园'建设实施各类旧住房更新改造5300余万平方米"①。"天人合一"也是今天现代化建设的重要遵循。这是历史的结论，也是现实的必然。城市生态制度是推动其绿色发展的根本保证，《上海市城市更新条例》明确强调"打造绿色生态城区"②。黄浦江是上海的地标河流，其江岸的贯通工程应是投入大量时间与精力久久为功的成果。相关规划应当鼓励社会的全纳性参与。要善于从人民的实践创造中汲取智慧，鼓励各利益相关方参与生态环境保护。这是一种真实的以人民为中心的"美"。要进一步优化"一江一河一带"生态空间布局，加快打造世界级滨水区。共同受益也是自然生态良好的一种基本体现。要以绿色发展理念为指引，推动宝山、金山生产岸线向生活岸线、生态岸线转型。要把"做人民美丽城市"，当作一种生活习惯、当作一种精神追求。

3.终将找回记忆中最美的那份"乡愁"

自然界是人类栖息的家园，保护自然的根本目的是满足人民的需要。"诗意的栖居"，是大家所期许的美好生活境界。长三角区域城市开发建设早、旧城区多，改造任务很重，这件事涉及群众切身利益和城市长远发展，再难也要想办法解决。同时，不能一律大拆大建，要注意保护好历史文化和城市风貌。《上海市红色资源传承弘扬和保护利用条例》强调，规划资源、生态环境等部门在组织编制国土空间规划以及环境保护等专项规划时，应当体现红色资源保护利用的要求。③既要保护单体建筑生态，也

---

① 上海市人民政府办公厅关于印发《上海市城市管理精细化"十四五"规划》的通知[J].上海市人民政府公报,2021(20):42.

② 上海市城市更新条例[N].解放日报,2021-08-29(5).

③ 上海市红色资源传承弘扬和保护利用条例[N].解放日报,2021-05-31(11).

要保护街巷街区生态。要加强城市规划和设计引领，塑造注重人情味、体现高颜值、充满亲近感、洋溢文化味的"城市表情"，让街区更加宜人，营造更多越细品越有味道的城市意境，记得住"乡愁"。要做实绿色发展理念，携手共建绿色美丽长三角。例如，青浦新城将成为"引领绿色创新发展和江南文化传承的生态宜居之城"①。此外，重要的是"鼓励企事业单位、社会团体、市民积极参与世界遗产保护"②。

历史车轮滚滚向前，时代潮流浩浩荡荡。内在特质往往要通过外在形象体现出来。总之，如上海强调的，要"塑造美丽上海新形象"③，由此"彰显中国式现代化道路的中国内涵和中国气度"④。

① 上海市国民经济和社会发展第十四个五年规划和二〇三五年远景目标纲要［N］.解放日报，2021-01-30(9).

② 上海市人民政府关于印发《崇明世界级生态岛发展规划纲要（2021—2035年）》的通知［J］.上海市人民政府公报，2022(4):17.

③ 上海市国民经济和社会发展第十四个五年规划和二〇三五年远景目标纲要［N］.解放日报，2021-01-30(11).

④ 杨荣刚.中国式现代化道路蕴含的辩证逻辑及其实践要求［J］.马克思主义研究，2022(2):134.

主要参考文献

[1] 本刊记者. 中国 "新时代" 与世界 "大变局" ——访中国文化软实力研究中心主任张国祚教授 [J]. 马克思主义研究, 2022 (3): 15.

[2] 柏路. 精神生活共同富裕的时代意涵与价值遵循 [J]. 马克思主义研究, 2022 (2): 70.

[3] 陈柏峰. 社会诚信建设与基层治理能力的再造 [J]. 中国社会科学, 2022 (5): 128.

[4] 陈国政, 朱秋, 屠可昕. 全球城市一般公共预算与上市公司活力——上海建设卓越全球城市演进规律探索 [J]. 上海经济研究, 2022 (6): 120.

[5] 陈建洪. 做中国哲学与加减法 [J]. 现代哲学, 2022 (3): 127.

[6] 陈军亚, 王浦劬. 以双重革命构建新型现代国家 [J]. 政治学研究, 2022 (1): 38.

[7] 陈曙光. 世界大变局与人类文明的重建 [J]. 哲学研究, 2022 (3): 14.

[8] 陈岩英. 新时代旅游城市的高质量发展: 内涵与路径 [J]. 旅游学刊, 2022 (2): 13.

[9] 陈忠. 城市软实力的日常生活营建 [J]. 探索与争鸣, 2021 (7): 40.

[10] 程鹏, 李健. 在人民城市建设中放大中心辐射作用的机制与路径研究——以上海实践为例 [J]. 南京社会科学, 2022 (1): 66.

[11] 程遂营, 张野. 国家文化公园高质量发展的关键 [J]. 旅游学刊, 2022 (2): 9.

[12] 成志芬, 周尚意. 历史文化街区表征与非表征之间的关联——以北京历史文化街区文化意义变化分析为例 [J]. 人文地理, 2021 (2): 133.

[13] 崔桂田, 吉秀华. 国家治理现代化是加强党对制度建设领导的主旨要义 [J]. 当代世界社会主义问题, 2020(3): 68.

[14] 崔玉军. 近年来海外中国软实力研究述评 [J]. 国外社会科学, 2016(5): 35.

[15] 崔占峰, 崔宏瑜, 原欣欣. 共享经济持续稳定发展的前因机制研究—— 以生活服务型共享经济为例 [J]. 经济问题, 2022(2): 66.

[16] 邓路, 刘帷韬. 国家软实力能促进我国的出口贸易吗? [J]. 中国流通经济, 2019(4): 63.

[17] 邓元兵, 范又文. 政务短视频对城市形象的建构与传播——以"上海发布"等政务抖音号为例 [J]. 中国编辑, 2021(11): 62.

[18] 丁任重, 张航. 社会主要矛盾 [J]. 经济研究, 2022(2): 15.

[19] 董慧. 中国式现代化的唯物史观意蕴 [J]. 哲学研究, 2022(6): 11.

[20] 董振华, 谷耀宝. 《自然辩证法》中的生态文明思想及其新时代意蕴 [J]. 马克思主义哲学, 2022(2): 72.

[21] 杜梁. "2020世界城市文化论坛 (上海)" 综述 [J]. 上海文化, 2021(2): 126.

[22] 杜坤, 田莉. 基于全球城市视角的城市更新与复兴: 来自伦敦的启示 [J]. 国际城市规划, 2015, 30(4): 44.

[23] 杜尚泽, 等. 寻访上海的红色足迹 [N]. 人民日报, 2021-01-19(1).

[24] 杜涛, 等. 红色旅游资源的社会建构与核心价值 [J]. 旅游学刊, 2022, 37(7): 16.

[25] 杜玉华. 创造高品质生活的理论意涵、现实依据及行动路径 [J]. 马克思主义理论学科研究, 2021(6): 99.

[26] 樊丽明. 弘扬中华文明 构建中国特色哲学社会科学体系 [J]. 中国高等教育, 2021(11): 19.

[27] 方颖, 白秀叶. 城市空间形态、公共服务空间均等化与居民满意度 [J]. 经济学 (季刊), 2022(4): 1405.

[28] 封丽霞. 不断增强法治思维和依法办事能力 [J]. 秘书工作, 2020(11): 9.

[29] 高福进. 试论文化软实力提升的战略意义 [J]. 贵州社会科学, 2017(9): 24.

[30] 高国希. 关于社会主义核心价值观逻辑结构的思考 [J]. 复旦学报（社会科学版），2021（6）：7.

[31] 高雅，杨兵. 规划赋能下伦敦东区科创驱动式城市更新实践 [J]. 国际城市规划，2020（6）：137.

[32] 葛红兵. 以创意城市建设为抓手提升城市文化软实力 [J]. 探索与争鸣，2021（7）：43.

[33] 龚六堂. 缩小居民收入差距 扎实推进共同富裕 [J]. 国家现代化建设研究，2022（1）：65.

[34] 顾江. 党的十八大以来我国文化产业发展的成就、经验与展望 [J]. 管理世界，2022（7）：51.

[35] 关信平. 中国共产党百年社会政策的实践与经验 [J]. 中国社会科学，2022（2）：117.

[36] 韩庆祥. 21世纪马克思主义的基础性问题 [J]. 中国社会科学，2022（4）：21.

[37] 韩喜平，杨艳坪. 马克思主义强大生命力的新展示 [J]. 新长征，2022（9）：22.

[38] 郝立新. 当代中国马克思主义的文化意涵 [J]. 中国高校社会科学，2022（4）：28.

[39] 郝书翠. 文化软实力"潜"与"显"的唯物史观解读 [J]. 当代世界社会主义问题，2019（1）：79.

[40] 贺来. 马克思哲学的"类"概念与"人类命运共同体" [J]. 哲学研究，2016（8）：3.

[41] 侯衍社. 新发展理念是21世纪马克思主义发展哲学的精髓 [J]. 哲学研究，2022（7）：6.

[42] 胡键. 城市软实力的构成要素、指标体系编制及其意义 [J]. 探索与争鸣，2021（7）：47.

[43] 胡键. 软实力研究在中国：一个概念演进史的考察 [J]. 国际观察，2018（6）：123.

[44] 黄承梁. 中国共产党百年生态文明建设的历史逻辑和理论品格 [J]. 哲学研究，2022（4）：20.

[45]黄承梁,杨开忠,高世楫.党的百年生态文明建设基本历程及其人民观[J].管理世界,2022(5):13.

[46]黄建军.唯物史观视野下中国式现代化的历史坐标与世界意义[J].马克思主义研究,2022(6):40.

[47]黄启哲.与亚洲演艺之都和人民城市相匹配的传世之作在哪里?[N].文汇报,2021-07-12(1).

[48]黄群慧.协调发展是实现共同富裕的必由之路[J].金融理论探索,2022(1):3.

[49]黄群慧,杨虎涛.中国制造业比重"内外差"现象及其"去工业化"涵义[J].中国工业经济,2022(3):20.

[50]黄晓春.党建引领下的当代中国社会治理创新[J].中国社会科学,2021(6):121.

[51]洪银兴.论中国式现代化的经济学维度[J].管理世界,2022(4):4.

[52]洪银兴,杨玉珍.构建新发展格局的路径研究[J].经济学家,2021(3):6.

[53]蒋硕亮.加快政府职能转变:上海自贸区的探索与创新[J].苏州大学学报(哲学社会科学版),2021(6):38.

[54]焦长权,董磊明.迈向共同富裕之路:社会建设与民生支出的崛起[J].中国社会科学,2022(6):159.

[55]揭晓,王永贵.中国道路的空间现代性价值和世界意义[J].学习与实践,2022(1):16.

[56]李家祥.制度自信的生成逻辑与国家制度软实力的提升[J].科学社会主义,2020(4):79.

[57]李捷.在新中国史上具有里程碑意义[N].人民日报,2022-09-09(9).

[58]李金华.中国建设制造强国软实力与硬实力的比较研究[J].兰州大学学报(社会科学版),2018(3):5.

[59]李利文.中国城市更新的三重逻辑:价值维度、内在张力及策略选择[J].深圳大学学报(人文社会科学版),2020(6):48.

[60]李林子.社会组织参与城市社区治理的制度嵌入性分析——基于社会工作机构的跨案例研究[J].城市发展研究,2022(6):22.

[61] 李培超. 中国传统美德叙事中的道德榜样意象 [J]. 湖南师范大学社会科学学报, 2020 (5): 15.

[62] 李培林. 中国式现代化和新发展社会学 [J]. 中国社会科学, 2021 (12): 5.

[63] 李强. 弘扬伟大建党精神 践行人民城市理念 加快建设具有世界影响力的社会主义现代化国际大都市 [N]. 解放日报, 2022-06-30 (4).

[64] 李佑新. 为人民服务思想在新时代的传承与发展 [J]. 新湘评论, 2021 (14): 29.

[65] 林伯强. 碳中和进程中的中国经济高质量增长 [J]. 经济研究, 2022 (1): 56.

[66] 林进平. 中国式现代化是推进中华民族伟大复兴的必由之路 [J]. 中山大学学报 (社会科学版), 2022 (3): 5.

[67] 林雪, 张海波. 城市系统的软实力: 地方政府韧性能力概念框架的构建 [J]. 行政论坛, 2020 (5): 88.

[68] 刘超. 全面建设社会主义现代化国家的内在逻辑——基于国家与社会关系的视角 [J]. 思想理论教育, 2022 (1): 53.

[69] 刘华军, 等. 新时代的中国能源革命: 历程、成就与展望 [J]. 管理世界, 2022 (7): 7.

[70] 刘佳. 马克思主义视野下文化软实力新解——中国式文化软实力理论的认知、解释与框架建构 [J]. 青海社会科学, 2014 (6): 151.

[71] 刘晶明. 上海应当好创新发展先行者——以社会主义现代化进程中的品牌意识创新为视角 [J]. 毛泽东邓小平理论研究, 2021 (10): 52.

[72] 刘士安, 巨云鹏, 田泓. 上海加快建设社会主义现代化国际大都市 [N]. 人民日报, 2022-08-09 (2).

[73] 刘同舫. 当代中国马克思主义的哲学境界 [J]. 中国社会科学, 2021 (9): 19.

[74] 刘伟, 邱海平. 中国特色社会主义政治经济学 [J]. 经济研究, 2022 (1): 25.

[75] 刘晓梅, 等. 党的十八大以来我国社会保障事业的成就与经验 [J]. 管理世界, 2022 (7): 46.

[76] 娄文冰. 城市地铁品牌识别的整合传播设计与人文价值积淀——从伦敦到东京、香港[J]. 装饰, 2012 (11): 82.

[77] 陆铭, 彭冲. 再辩大城市: 消费中心城市的视角[J]. 中山大学学报 (社会科学版), 2022 (1): 177.

[78] 罗珊珊. 进博会 展会质量持续提高[N]. 人民日报, 2022-08-31 (19).

[79] 骆郁廷. 文化软实力: 基于中国实践的话语创新[J]. 中国社会科学, 2013 (1): 22.

[80] 骆郁廷. 中国共产党 "思想先行" 的历史经验及其现实价值[J]. 马克思主义研究, 2021 (9): 40.

[81] 骆郁廷, 任光辉. 论马克思主义强大生命力的源泉[J]. 南昌大学学报 (人文社会科学版), 2022, 53 (2): 24.

[82] 马峰. 中国式现代化创造人类更好发展 "中国蓝图" [J]. 哲学研究, 2022 (6): 13.

[83] 马怀德. 法治与国家治理[J]. 社会科学, 2022 (8): 11.

[84] 马克·阿博拉姆苏. 软实力与当前国际关系若干问题——访中国文化软实力研究中心主任张国祚教授[J]. 马克思主义研究, 2014 (1): 13.

[85] 马娜, 刘士林. 北京建设全国文化中心的历史还原与理论思考[J]. 甘肃社会科学, 2019 (6): 108.

[86] 毛强. 坚持和发扬党百年奋斗的宝贵历史经验[J]. 新视野, 2022 (1): 15.

[87] 缪鲁加, 方力力. 人类命运共同体视角下的中国治理软实力效应[J]. 社会科学家, 2021 (6): 144.

[88] 潘春阳, 吴柏钧. 从 "硬环境" 到 "软实力": 人力资本吸引FDI效应的实证研究[J]. 上海对外经贸大学学报, 2019 (1): 72.

[89] 潘闻闻. 上海范式: 要素市场全球资源配置的引领性[J]. 探索与争鸣, 2021 (10): 131.

[90] 裴长洪. 中国开放型经济学的马克思主义政治经济学逻辑[J]. 经济研究, 2022 (1): 53.

[91] 秦宣. 论中国共产党的特质和优势[J]. 马克思主义研究, 2021 (2): 8.

[92] 曲洪波, 金钰昕. 中国共产党关于历史机遇期认识的三重逻辑[J]. 哈尔

滨工业大学学报（社会科学版），2020（4）：66.

[93] 曲越，等. 碳达峰碳中和的区域协调：实证与路径［J］. 财经科学，2022（1）：55.

[94] 任栋，曹改改，龙思瑞. 基于人类发展指数框架的中国各地社会发展协调度分析［J］. 数量经济技术经济研究，2021（6）：88.

[95] 上海市城市更新条例［N］. 解放日报，2021-08-29（5）.

[96] 上海市国民经济和社会发展第十四个五年规划和二○三五年远景目标纲要［N］. 解放日报，2021-01-30（7）

[97] 上海市红色资源传承弘扬和保护利用条例［N］. 解放日报，2021-05-31（11）.

[98] 上海市人民政府办公厅关于印发《上海市体育发展"十四五"规划》的通知［J］. 上海市人民政府公报，2021（20）：55.

[99] 上海市审改办. 上海市一体推进"放管服"改革打造市场化法治化国际化一流营商环境［J］. 中国行政管理，2022（7）：14.

[100] 邵景均. 以人民为中心加强数字政府建设［J］. 中国行政管理，2022（7）：5.

[101] 沈蕾娜. 互惠与正义：大学与城市协同发展的空间逻辑——以英国大伦敦区为例［J］. 国家教育行政学院学报，2020（11）：93.

[102] 沈壮海. 文化图强的世界图景［J］. 武汉大学学报（哲学社会科学版），2022（3）：6.

[103] 十八大以来重要文献选编（上）［M］. 北京：中央文献出版社，2014：70.

[104] 石静霞. "一带一路"倡议与国际法——基于国际公共产品供给视角的分析［J］. 中国社会科学，2021（1）：156.

[105] 时和兴，等. 提升新时代城市环境治理能力［J］. 行政管理改革，2018（5）：46.

[106] 宋超，龚洁. 人类命运共同体生产力发展特点的系统哲学解读［J］. 系统科学学报，2022（3）：61.

[107] 宋道雷. 从城市生产到文化治理：中国城市文化建设实践的历史、现实和机制研究［J］. 山东大学学报（哲学社会科学版），2021（6）：41.

[108] 宋凯. 北京文化形象的媒体呈现——基于大数据和社会网络分析方法 [J]. 现代传播（中国传媒大学学报），2020，42（10）：20.

[109] 宋义明，张士海. 数字经济与我国经济高质量发展 [J]. 中国高校社会科 学，2022（2）：149.

[110] 苏涛永，王柯. 数字化环境下服务生态系统价值共创机制——基于上海 "五五购物节" 的案例研究 [J]. 研究与发展管理，2021（6）：146.

[111] 孙柏瑛. 新时代中国城市基层治理的价值基石与制度能力 [J]. 教学与 研究，2022（4）：35.

[112] 孙乾坤，董博怀. 北京文化影响力综合发展水平评价及提升策略 [J]. 城 市问题，2021（12）：19.

[113] 孙熙国，陈绍辉. 中国式现代化新道路的独特创造 [J]. 国家现代化建设 研究，2022（2）：50.

[114] 孙正聿. 从大历史观看中国式现代化 [J]. 哲学研究，2022（1）：11.

[115] 孙正聿. 当代中国哲学的主体性与原创性 [J]. 中国社会科学，2022（3）： 36.

[116] 孙周兴. 开拓面向技术人类文明的艺术人文学 [J]. 探索与争鸣，2022 （3）：5.

[117] 谭好哲. 百年中国马克思主义文艺价值观的思想谱系与理论积淀 [J]. 文 学评论，2021（3）：5.

[118] 谭荧，韩瑞波. 基层智慧治理的运作机制与关系解构——基于上海B区 "社区通" 的考察 [J]. 探索，2021（6）：139.

[119] 唐魁玉，张旭. 网络美好生活主客观指标体系的初步建构——从可能性 到现实性的考量 [J]. 哈尔滨工业大学学报（社会科学版），2022（1）： 69.

[120] 唐正东. 社会主要矛盾新阐释：内涵及意义 [J]. 唯实，2017（11）：21.

[121] 田心铭. 论坚持人民立场 [J]. 马克思主义研究，2022（1）：7.

[122] 田旭明. 开创人类文明新形态的伟大意义 [J]. 马克思主义研究，2022 （4）：59.

[123] 万美容，刘志. 新时代中国特色社会主义教育事业发展的根本遵循 [J].

中国高校社会科学, 2020 (5): 24.

[124] 汪信砚, 刘冬冬. 马克思劳动概念的三重维度及其生存论意蕴 [J]. 兰州大学学报 (社会科学版), 2022 (1): 46.

[125] 汪涌豪. 回归城市精神性本质的软实力发展之路 [J]. 探索与争鸣, 2021 (7): 35.

[126] 王丛虎, 乔卫星. 基层治理中 "条块分割" 的弥补与完善——以北京城市 "一体两翼" 机制为例 [J]. 中国行政管理, 2021 (10): 49.

[127] 王广州. 中国老年人口健康预期寿命研究 [J]. 社会学研究, 2022 (3): 161.

[128] 王国华, 江波. 文化软实力的提升路径 [J]. 人民论坛, 2018 (16): 238.

[129] 王珺, 杨本建. 中心城市辐射带动效应的机制及其实现路径研究 [J]. 中山大学学报 (社会科学版), 2022 (1): 166.

[130] 王利明. 试论法学的科学性 [J]. 法治研究, 2022 (3): 9.

[131] 王维国. 精神主动的科学立场、基本规定及实践进路 [J]. 马克思主义研究, 2022 (4): 32.

[132] 王湘军, 康芳. 和合共生: 基层治理现代化的中国之道 [J]. 中国行政管理, 2022 (7): 21.

[133] 王晓阳, 牛艳华. 全球城市研究的批判与反思——以上海的城市规划策略为例 [J]. 国际城市规划, 2021 (6): 62.

[134] 王岩. 生态正义的中国意涵与逻辑进路 [J]. 哲学研究, 2022 (5): 14.

[135] 王永贵, 史梦婷. 北京率先实现共同富裕的路径选择 [J]. 新视野, 2022 (1): 50.

[136] 王正. "人" 之视野下的人类文明新形态 [J]. 哲学研究, 2022 (1): 18.

[137] 魏伟, 等. 城市文化空间塑造的国际经验与启示——以伦敦、纽约、巴黎、东京为例 [J]. 国际城市规划, 2020 (3): 83.

[138] 吴功亮, 蔡悦灵. 中国十大城市群文化软实力的多维度分析 [J]. 统计与决策, 2017 (17): 95.

[139] 吴恒, 何文俊. 因何而美: 旅游审美体验的溯源与机制 [J]. 旅游学刊, 2022 (1): 100.

[140]吴宏政. "人类文明新形态"的世界历史贡献[J]. 马克思主义研究, 2022(3): 69.

[141]吴向东. 文化认同型国家的三个问题——评《国家文化与国民文化的构造及其转换》[J]. 社会科学动态, 2022(4): 126.

[142]吴晓明. 构建中国特色哲学社会科学的时代任务[J]. 社会科学, 2022(5): 3.

[143]吴忠民. 论中国共产党的现代化观[J]. 中国社会科学, 2022(7): 37.

[144]席文启. 十八大以来人大制度实践的新发展[J]. 新视野, 2022(1): 12.

[145]夏德元, 薛雅丹. 艺术化转向: 中国文化国际传播的"破圈"之道——文化软实力视域下国际传播的观念变革、内容甄选与话语转换[J]. 当代传播, 2022(3): 10.

[146]项久雨. 中国式现代化的显著优势[J]. 马克思主义研究, 2022(5): 2.

[147]肖怀德. 文旅融合视角下北京建设世界文化之都的思考[J]. 旅游学刊, 2020(7): 11.

[148]谢婼青, 蔡艳婷, 陈佳馨. 上海社会主义市场经济运行趋势[J]. 上海经济研究, 2021(10): 22.

[149]徐梦周. 数字赋能: 内在逻辑、支撑条件与实践取向[J]. 浙江社会科学, 2022(1): 48.

[150]徐选国, 吴佳峻, 杨威威. 有组织的合作行动何以可能?——上海梅村党建激活社区治理实践的案例研究[J]. 公共行政评论, 2021(1): 30.

[151]徐勇, 陈军亚. 国家善治能力: 消除贫困的社会工程何以成功[J]. 中国社会科学, 2022(6): 119.

[152]燕连福. 中国式现代化新道路的五个特征[J]. 北京联合大学学报(人文社会科学版), 2022(2): 13.

[153]杨安华, 江发明. 应急软实力: 城市软实力的新向度[J]. 南京社会科学, 2022(9): 65.

[154]杨灿明. 社会主义收入分配理论[J]. 经济研究, 2022(3): 8.

[155]杨传开, 蒋程虹. 全球城市营商环境测度及对北京和上海的政策启示[J]. 经济体制改革, 2019(4): 39.

[156]杨凡,黄映娇,王富百慧.中国老年人的体育锻炼和社会参与:健康促进与网络拓展[J].人口研究,2021(3):98.

[157]杨光斌.衡量国家治理能力的基本指标[J].前线,2019(12):46.

[158]杨扬.城市文化软实力建设的基础与路径[J].探索与争鸣,2021(7):38.

[159]杨一翁,孙国辉,陶晓波.北京的认知、情感和意动城市品牌形象测度[J].城市问题,2019(5):43.

[160]仰海峰.中国式现代化的特点[J].马克思主义理论教学与研究,2022,2(1):18.

[161]尹建龙.传统工业设施改造中的伦敦城市复兴计划[J].学海,2018(2):153.

[162]用改革开放思路和创新办法闯出新路[N].解放日报,2022-08-09(3).

[163]游国龙.软实力的评估路径与中国软实力的吸引力[J].现代国际关系,2017(9):21.

[164]于冰.生态文明观变革的逻辑演进和实践意义[J].马克思主义研究,2022(5):86.

[165]郁振华.关于上海城市精神之管见[J].上海城市管理职业技术学院学报,2003(2):18.

[166]张国祚.当前我国文化软实力建设研究需关注的几个问题[J].红旗文稿,2016(24):24.

[167]张国祚,邓露.对李根软实力理论的评析[J].湖南大学学报(社会科学版),2021(1):123.

[168]张国祚,兰卓.关于公安文化软实力的思考[J].湖南社会科学,2021(6):125.

[169]张国祚,刘存玲.新时代背景下的文化软实力提升[J].马克思主义研究,2020(9):82.

[170]张辉,徐越.坚持和加强党的领导 推动生态文明建设取得历史性转折性全局性变化[J].管理世界,2022(8):9.

[171]张莉,何运来.新形势下上海城市更新发展趋势及若干建议——基于对

《上海市城市更新条例》的初步解读[J].城乡规划,2022(3):101.

[172]张明.大历史观与中国道路的哲学审思[J].哲学研究,2022(5):24.

[173]张松.城市生活遗产保护传承机制建设的理念及路径——上海历史风貌保护实践的经验与挑战[J].城市规划学刊,2021(6):102.

[174]张士海.伟大建党精神:生成逻辑、内涵意蕴与弘扬路径[J].马克思主义研究,2022(2):27.

[175]张守文.经济发展、网络安全及其经济法规制[J].中国政法大学学报,2022(2):44.

[176]张树华,李墨洋.从"中国之制"到"中国之治"——论推进国家治理能力现代化的着力点和关键点[J].治理现代化研究,2022(2):45.

[177]张伟,刘宝存.全球竞争时代的教育软实力:内涵、挑战与因应[J].清华大学教育研究,2022(1):88.

[178]张希良,等.碳中和目标下的能源经济转型路径与政策研究[J].管理世界,2022(1):43.

[179]张贤明,张力伟.国家纵向治理体系现代化:结构、过程与功能[J].政治学研究,2021(6):69.

[180]张晓晶.中国共产党领导中国走向富强的百年探索[J].中国社会科学,2021(11):92.

[181]张晓明.我国当前文化软实力建设的几个问题[J].艺术评论,2012(6):68.

[182]张鑫.文化软实力与经济硬实力发展的不平衡:表现、影响及对策[J].湖湘论坛,2018(4):154.

[183]张占斌,毕照卿.经济高质量发展[J].经济研究,2022(4):24.

[184]张占斌,王海燕,毕照卿.中国式现代化的战略阶段、文明形态和时代意义[J].当代世界与社会主义,2022(4):45.

[185]张占斌,王学凯.中国式现代化:理论基础、思想演进与实践逻辑[J].行政管理改革,2021(8):4.

[186]张志丹.人类命运共同体思想国际影响力的密码解析[J].理论探讨,2020(6):47.

[187] 赵金旭, 赵娟, 孟天广. 数字政府发展的理论框架与评估体系研究——基于31个省级行政单位和101个大中城市的实证分析 [J]. 中国行政管理, 2022 (6): 54.

[188] 赵汀阳. 天下观与新天下体系 [J]. 中央社会主义学院学报, 2019 (2): 71.

[189] 郑崇选. 提升上海城市文化软实力的价值追求与基本路径 [J]. 上海文化, 2021 (8): 5.

[190] 周冯琦, 尚勇敏. 碳中和目标下中国城市绿色转型的内涵特征与实现路径 [J]. 社会科学, 2022 (1): 55.

[191] 周汉华.《个人信息保护法》"守门人条款"解析 [J]. 法律科学 (西北政法大学学报), 2022 (5): 36.

[192] 周林兴, 谢林蓉. 城市数字化转型视域下公共数据资源协同治理研究——以10个城市统计数据为分析对象 [J]. 现代情报, 2022 (8): 115.

[193] 周望, 程帆. 区域协调发展导向下城市群政府间合作意愿研究——基于三大城市群各城市政府工作报告的文本分析 [J]. 城市问题, 2022 (7): 12.

[194] 周叶中. 中国特色社会主义法治体系的鲜明特点和突出优势 [J]. 红旗文稿, 2022 (4): 15.

[195] 中办国办印发《"十四五"文化发展规划》[N]. 人民日报, 2022-08-17 (13).

[196] 中华人民共和国国民经济和社会发展第十四个五年规划和2035年远景目标纲要 [N]. 人民日报, 2021-03-13 (9).

[197] 中央城市工作会议在北京举行 [N]. 人民日报, 2015-12-23 (1).

[198] 朱弋宇, 等. 上海社区规划师制度的实践探索及治理视角的优化建议 [J]. 国际城市规划, 2021 (6): 48.

[199] 祝黄河. 中国道路的理论基础、历史进程与价值维度 [J]. 马克思主义研究, 2020 (1): 8.

[200] 庄琦. 始终把人民健康放在优先发展的战略地位——党的十八大以来健康中国行动的成就与经验 [J]. 管理世界, 2022 (7): 29.

后　记

　　中国发展是属于全人类进步的伟大事业，走向现代化是大国大城历史发展的必然趋向。世界发展态势给大国大城软实力崛起提供历史机遇。"中国式现代化是推进社会全面进步和实现人的全面发展的现代化新道路"①，把历史、现实和未来贯通起来，开创了人类文明新形态，迎来了软实力建设的新机遇。城市软实力构成国家软实力的基础，具有重要的地位和作用。上海具备作为中国现代化发展和未来主义代表的象征价值。②

　　基于前述价值逻辑、理论逻辑、历史逻辑与实践逻辑，强化全社会广泛参与城市软实力建设思想基础的发展逻辑，体现为这一逻辑强调从时代变革的大趋势中把握走势。实现现代化，必须抓好城市这个"火车头"。城市发展有阶段性、集聚和扩散性、区域差异性等特性。从发展逻辑来看，强化全社会广泛参与城市软实力建设思想基础，就是要使城市软实力建设科学把握新发展阶段，坚决贯彻新发展理念，服务构建新发展格局，深入推动高质量发展。只有坚持以人民为中心的发展思想，坚持人民城市为人民，新型城镇化才能真正走向现代化。这充分体现了过去、现在和未来的有机统一，是一种带有时间变量的长远意识。

　　从发展逻辑来看，我们坚信，上海将科学把握新发展阶段，成为全面展现建设社会主义现代化国家新气象的重要窗口。进入新发展阶段，是中华民族伟大复兴历史进程的大跨越。就上海城市软实力建设而言，其旨在将城市现代化发展和人民群众根本利益相结合，成为展现现代化国家新

---

① 孙正聿. 从大历史观看中国式现代化［J］. 哲学研究, 2022（1）: 5.
② 杜梁. "2020世界城市文化论坛（上海）"综述［J］. 上海文化, 2021（2）: 126.

气象的重要窗口。城市历史的变化与发展均有其规律。软实力通常建立在其雄厚的硬实力基础之上。上海已经拥有开启新征程、实现新的更高目标的雄厚物质基础。新发展阶段是上海提升软实力的新坐标。唯有软实力强了才能持久延展硬实力。硬实力需要软实力加以引导与佐助进而实现新拓展。软实力蕴涵的观念吸引力与人文影响力发挥着独特作用。文化软实力与硬实力并举，旨在不断增强发展的整体性。软实力为硬实力提供资源整合和价值引领。从上海发展内在需要看，随着国际经济、金融、贸易、航运、科技创新中心建设的不断推进，全市经济总量迈入了全球城市前列，但在软实力方面，按照"具有世界影响力"的定位要求，还有提升空间。软实力强是更持久、更深沉的。要通过不断增强软实力提高综合竞争力。

从发展逻辑来看，我们坚信，上海将坚决贯彻新发展理念，以城市软实力建设引领新发展潮流。新发展理念彰显了以人民为中心的价值指向，"不仅系统回答了我国全面实现社会主义新型现代化的指导原则、发展动力、发展路径、发展方式、发展目的、发展环境等一系列重要问题，揭示了我国新型现代化的基本内涵、基本特征和实践逻辑，而且集中揭示了世界现代化的内在规律、普遍要求和基本走向"[1]。要坚持系统观念，加强对各领域发展的前瞻性思考、全局性谋划、战略性布局、整体性推进，加强政策协调配合，使发展的各方面相互促进，把贯彻新发展理念的实践不断引向深入。以新发展理念引领城市软实力建设新的征程，对上海而言，这是城市治理的系统性提升、整体性升华，是城市在未来能否掌握发展主动权的关键，也是不可或缺的魅力之源。要更好地向世界展示中国理念、中国精神、中国道路，努力成为更高水平改革开放的开路先锋、全面建设社会主义现代化国家的排头兵、彰显"四个自信"的实践范例。要在软实力共建共享中丰富人民精神世界，增强人民精神力量。要坚持把服务人民、造福人民同教育引导人民、提升市民综合素质结合起来，将"全体人民富裕充实的精神生活表征出来"[2]。

① 侯衍社. 新发展理念是21世纪马克思主义发展哲学的精髓[J]. 哲学研究, 2022(7): 6.
② 柏路. 精神生活共同富裕的时代意涵与价值遵循[J]. 马克思主义研究, 2022(2): 67.

从发展逻辑来看，我们坚信，上海将服务构建新发展格局，成为我国链接和影响世界的重要纽带。软实力建设要兼顾国内国际。[①]要加强现代流通体系建设，完善硬件和软件、渠道和平台，夯实国内国际双循环的重要基础。上海有着海纳百川、追求卓越、开明睿智、大气谦和的城市精神和开放、创新、包容的城市品格，其城市软实力建设理当服务构建新发展格局，成为我国链接和影响世界的重要纽带。城市软实力建设要从大处着眼、立足全局、从长远态势看问题，特别要着力空间维度上的全局谋划。新征程上，上海要把浦东新的历史方位和使命，放在中华民族伟大复兴战略全局、世界百年未有之大变局这两个大局中加以谋划，放在构建以国内大循环为主体、国内国际双循环相互促进的新发展格局中予以考量和谋划。中心辐射是"双循环"语境中展现城市作为的重要因素。[②]上海要高起点打造国际消费中心。长三角区域要发挥人才富集、科技水平高、制造业发达、产业链供应链相对完备和市场潜力大等诸多优势，积极探索形成新发展格局的路径。上海是基于功能连接的全球性流量枢纽与显耀节点，要善用"中心—外围"逻辑与"集聚—扩散"机制，打造内外衔接网络，强化新城与长三角城市、近沪枢纽和相邻新城的便捷连接，促进与世界的立体联通。上海还要发挥在长江国家文化公园建设中的重要作用，充分彰显国家文化公园成为中华文化重要标识。要打造长江文化集成展示平台，积极实施"长江文化＋"，满足更多人民群众对美好生活的向往。最重要的是，上海将全面提升引领全国、辐射亚太、影响全球的城市软实力。上海将以"上海主场"为载体，用好中国国际进口博览会、世界城市日等重大平台，通过举办国际赛事、会展、节庆、论坛等重大活动，加强教育、文化、旅游、卫生、科技、智库等多领域合作，扩大海外"朋友圈"，合力提升长三角城市群的国际影响力。

从发展逻辑来看，我们坚信，上海将深入推动高质量发展，更好地

---

① 张国祚，邓露. 对李根软实力理论的评析 [J]. 湖南大学学报（社会科学版），2021（1）：123.

② 程鹏，李健. 在人民城市建设中放大中心辐射作用的机制与路径研究——以上海实践为例 [J]. 南京社会科学，2022（1）：64.

实现人的全面发展。高质量发展，是能够很好满足人民日益增长的美好生活需要的发展。新时代人民城市软实力建设将以高质量发展为要旨，坚持历史性、现实性和未来性的有机统一，更高程度、更好地满足人民群众的需求。上海将把握机遇，推进长三角打造引领高质量发展的第一梯队，全面提升在全球城市体系中的影响力和竞争力，要让城市成为品质生活的高地、成就梦想的舞台，使在上海者引以为豪、来上海者为之倾心、未到过上海者充满向往，促进人的全面发展。

　　总之，我们正在大力推进软实力建设的路上，必须首先做好自己的事情，这可谓"一项由时代所指派的历史使命"①。当今世界，软实力越来越成为一个国家、一个地区、一座城市综合实力的重要标识。但迄今从"人民城市为人民，人民城市人民建"理念和"五位一体"总体布局的角度来认识城市软实力全面提升问题的还比较缺乏。这里采用文献资料、逻辑分析、理论与实践结合等方法，以上海为例，展开强化全社会广泛参与城市软实力建设的思想基础研究。认为：在价值逻辑上，新时代人民城市软实力建设遵循为了人民、依靠人民、属于人民的价值取向。这样的价值逻辑本源于人民城市软实力建设为了人民，体现了共识凝聚、力量凝聚、典型引领、舆论引导的有机结合；筑基于人民城市软实力建设依靠人民，体现了方方面面积极性、主动性、创造性的内在融合；旨归于人民城市软实力建设属于人民，体现了"各美其美""美美与共""近悦远来"的辩证统一。在理论逻辑上，要深学笃用党的创新理论、人民城市重要理念和新时代软实力建设等重要论述；在历史逻辑上，基于城市发展史深入总结北京等城市软实力建设的历史经验启示；在实践逻辑上，依次从城市经济软实力、城市理政软实力（城市治理）、城市文化软实力、城市社会软实力和城市生态软实力等"五位一体"的视角系统思考城市软实力全面提升的实践体系；在发展逻辑上，展望城市软实力建设要科学把握新发展阶段，坚决贯彻新发展理念，服务构建新发展格局，深入推动高质量发展。

　　在研究过程中，本书借鉴了有关论著的素材、观点或思路，深表感

---

① 吴晓明. 构建中国特色哲学社会科学的时代任务［J］. 社会科学，2022（5）：3.

谢！有的用注释注明，有的作为主要参考文献列出，在此，深深致谢！对上海体育大学人才引进科研项目、上海体育大学马克思主义理论研究专项以及上海高水平地方高校"体育文化传播与人文传承"创新团队提供的支持，深表谢意！

由于著者当前学识和能力所限，不当之处在所难免。加以任务的繁重、时间的紧促，一些本想论及的难点、热点、疑点问题尚未论及，对已经论及的有关问题的分析论述也不够完全透彻，因此，本书的理论回应与现实关照只能说是初步的探索思考，恭请专家学者赐正。在此，深表谢意！

"一切实践的最终含义就是超越实践本身"^①，我们不是在坐等城市魅力足够大的时候才去建设软实力，而是全社会广泛参与、久久为功建设软实力后，我们自然而然彰显出更大的魅力。让我们一起走向未来，建设具有强大城市软实力的中国式现代化！

王资博

2023年6月

---

① 张士海.伟大建党精神：生成逻辑、内涵意蕴与弘扬路径［J］.马克思主义研究，2022（2）：26.